“十二五”普通高等教育本科国家级规划教材
普通高等教育精品教材
东北财经大学会计学系列
配套教材

曲明 主编　　傅胜 副主编

审计习题与案例

Auditing: Exercises and Cases

第7版

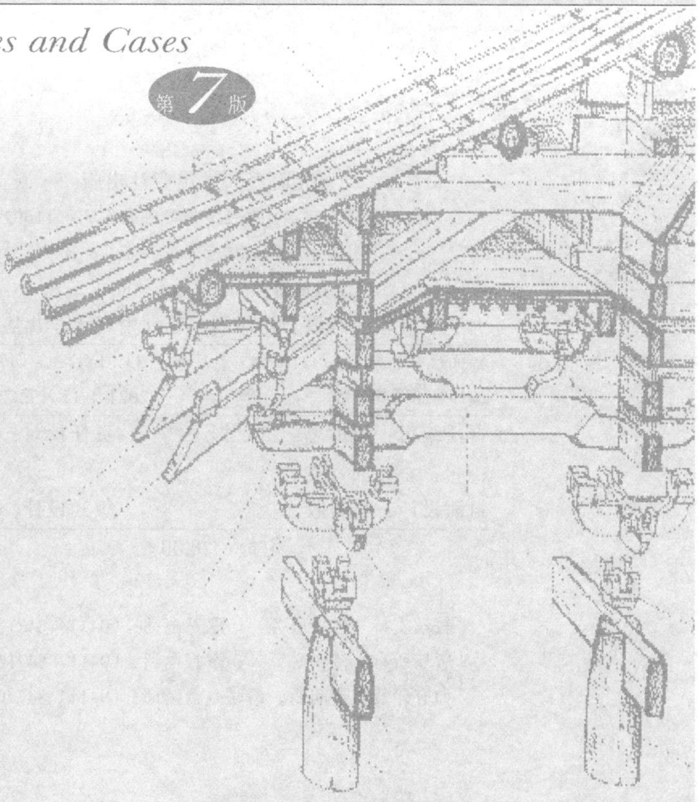

东北财经大学出版社
Dongbei University of Finance & Economics Press
大连

图书在版编目（CIP）数据

审计习题与案例 / 曲明主编．—7版．—大连：东北财经大学出版社，2019.8（2021.11重印）
（东北财经大学会计学系列配套教材）
ISBN 978-7-5654-3584-3

Ⅰ．审…　Ⅱ．曲…　Ⅲ．审计学-高等学校-教学参考资料　Ⅳ．F239.0

中国版本图书馆CIP数据核字（2019）第136619号

东北财经大学出版社出版
(大连市黑石礁尖山街217号　邮政编码　116025)
网　址：http：∥www.dufep.cn
读者信箱：dufep@dufe.edu.cn

大连永盛印业有限公司印刷　东北财经大学出版社发行

幅面尺寸：148mm×210mm　字数：337千字　印张：11.5
2019年8月第7版　2021年11月第27次印刷

责任编辑：田世忠　李　彬　周　慧　责任校对：慧　心
封面设计：冀贵收　版式设计：钟福建

定价：28.00元

教学支持　售后服务　联系电话：（0411）84710309

如有印装质量问题，请联系营销部：（0411）84710711

第7版前言

为了帮助读者更好地学习审计的基本理论、基本方法以及实务操作技术，深入地理解和掌握审计学课程的重点与难点内容，我们根据普通高等教育“十二五”国家级规划教材《审计》（刘明辉、史德刚主编，东北财经大学出版社，2019年8月第7版），并结合最新发布的会计准则体系和审计准则体系，组织编写了这本《审计习题与案例》，作为《审计》一书的配套教材。

为了方便教学和学生自我测试，本书完全按照《审计》教材的章节顺序进行编排。各章主要内容包括以下几部分：学习目的与要求；相关准则与制度；预习要览；重点与难点解析；练习题（包括单项选择题、多项选择题、判断题、分析题、讨论题等题型）；案例；阅读文献；练习题参考答案。

本书由中国大学MOOC、东北财经大学“审计学”主讲教师曲明博士担任主编，研究员级高级会计师傅胜教授担任副主编，在第7版基础上进行了修订。为本书修订提供基础素材并参与整理和校对工作的有：栾思思、左秀娟、张逢源、罗爽、文雅、武艳。

由于新的审计准则体系刚刚发布，我们对新准则的理解和把握还有待进一步深入，因此，本书的修订难免存在不足甚至疏漏之处，恳请读者指正，以便再次修订时改正和完善。

编　者

2019年6月

目　　录

第一篇　审计、鉴证与注册会计师职业

第二篇　审计程序与审计技术

第一篇

审计、鉴证与注册会计师职业

第一章　审计与鉴证概论

一、学习目的与要求

通过本章的学习，理解审计的含义，对审计进行分类，区别不同类型的注册会计师，解释财务报表审计、经营审计和合规审计的特征，理解鉴证业务、鉴证对象与鉴证对象信息的含义，理解审计产生和存在的动因，理解审计人员所扮演的社会角色；掌握西方注册会计师审计与鉴证业务产生和发展的各个阶段，中国注册会计师审计与鉴证业务的发展历程，对鉴证业务进行分类，掌握鉴证业务与相关服务的区别；了解审计假设的各种理论及其不足之处，了解我国的审计假设体系。

二、相关准则与制度

1.《中国注册会计师鉴证业务基本准则》

2.《中华人民共和国注册会计师法》

3.《中国注册会计师审计准则第1101号——注册会计师的总体目标和审计工作的基本要求》

4.《中国注册会计师审计准则第1151号——与治理层的沟通》

5.《中国注册会计师审计准则第1211号——通过了解被审计单位及其环境识别和评估重大错报风险》

6.《中国注册会计师审计准则第1341号——书面声明》

7.《中国注册会计师审计准则第1411号——利用内部审计人员的工作》

三、预习要览

（一）关键概念

审计　　　　相关服务

会计账目审计　　　　审计动因

财务报表审计　　　　审计基本假设

鉴证业务

（二）关键问题

1.为什么注册会计师审计的萌芽会出现在16世纪的威尼斯，但是真正的发展却是在英国开始的？

2.怎样理解审计的定义？

3.按照审计对象的不同，审计可以分为几个发展阶段？各阶段的特点如何？

4.按照审计模式的不同，审计可以分为几个发展阶段？各阶段的特点如何？

5.按照目的和内容的不同，审计可以分为哪几大类？具体解释各自的含义。

6.财务报表审计的主要特征有哪些？

7.注册会计师、国家审计人员和内部审计人员的资格认可、独立性有何不同？

8.为什么说审计是管理层和信息使用人共同的需求？

9.审计人员的社会角色是如何转变的？如今该如何理解审计人员的角色？

10.审计假设包括哪些内容？信息可验证性假设是否合理？有什么理由来支持这一假设？如果偏离了这个假设，对审计工作过程和结果将会有什么样的影响？

四、重点与难点解析

1.注册会计师审计的产生与发展

注册会计师审计是商品经济发展到一定程度时，随着企业财产所有权与经营权分离而产生的。18世纪下半叶，资本主义工业革命开始以后，英国的生产社会化程度大大提高，导致企业所有权与经营权进一步分离，进而出现了第一批以查账为职业的独立会计师。股份公司兴起以后，为确保财务信息的真实与公允，由独立会计师对股份公司的财务报告进行审计就显得尤为必要。1720年，英国爆发了南海公司破产事件，会计师查尔斯·斯内尔受议会聘请对南海公司的会计账目进行了检查，并以“会计师”名义出具了一份“查账报告书”，指出南海公司的财务报告存在着严重的舞弊行为，这标志着独立会计师——注册会计师——的正式诞生。随后，英国议会于1844年颁布了《公司法》，该法案有力地促进了独立会计师的发展。1853年，爱丁堡会计师协会在苏格兰成立，标志着注册会计师审计职业的诞生。

关于注册会计师审计的发展过程，从审计对象的演变过程看，注册会计师审计可以分为会计账目审计、资产负债表审计和财务报表审计3个阶段。从审计模式的演进看，审计模式和方法的演进经历了账项导向审计阶段、内控导向审计阶段和风险导向审计阶段。

中国的注册会计师审计始于辛亥革命以后。1918年，北洋政府颁布了我国第一部注册会计师审计法规——《会计师暂行章程》。同年，谢霖先生获准成为中国第一位注册会计师，并创办了第一家注册会计师审计机构——正则会计师事务所。解放初期，在我国国民经济恢复过程中，注册会计师审计曾经发挥了积极的作用。在社会主义改造完成以后，由于照搬苏联高度集中的计划经济模式，我国的注册会计师审计陷入长时期的停滞状态。以1980年财政部发布《关于成立会计顾问处的暂行规定》为标志，我国注册会计师制度开始重建。1988年11月，中国注册会计师协会成立。1994年1月，《中华人民共和国注册会计师法》正式实施。

改革开放以后，我国逐渐从计划经济体制转向市场经济体制，并出现了国有、集体、外资及个体私营经济等多种所有制经济形式，股票、债券等资本市场也得到了快速发展，注册会计师审计随着经济的发展也得到了恢复和发展，其发展大致分为恢复重建、规范发展、体制创新和国际发展4个阶段。

2.审计的概念与分类

（1）审计的概念。“审计是一个客观地获取和评价与经济活动和经济事项的认定有关的证据，以确认这些认定与既定标准之间的符合程度，并把审计结果传达给有利害关系的用户的系统过程。”需要理解和掌握审计定义中的几个关键术语：经济活动和经济事项的认定；客观地获取和评价证据；系统过程；与既定标准相符合的程度；审计结果；有利害关系的用户。

（2）审计的分类。按照不同的标准可以对审计进行不同的分类。按审计主体的不同，审计可以划分为国家审计、内部审计和注册会计师审计（也称民间审计）；按审计范围的不同，审计可以划分为全面审计和局部审计，综合审计和专题审计；按实施审计时间的不同，审计可以划分为事前审计和事后审计，定期审计和不定期审计，期中审计和期末审计；按审计执行地点的不同，审计可以划分为就地审计、送达审计和远程审计。本书按照审计目的和内容的不同，将审计划分为财务报表审计、合规审计和经营审计3类。

3.审计人员

根据审计人员所服务的单位在审计组织体系中的位置的不同，可以将其划分为注册会计师、国家审计人员和内部审计人员，前两种又叫外部审计人员。注册会计师主要是指为客户提供鉴证业务和相关服务的人员。注册会计师是依法取得注册会计师证书，并接受委托从事审计、会计咨询和会计服务的执业人员。在我国，必须参加全国统一考试且成绩合格，并从事审计业务工作两年以上，方可申请成为注册会计师。国家审计人员是在指审计机关中接受政府委托，依法行使审计监督权，从事审计业务的人员。国家审计是世界各国审计的最初形态。西周的宰夫可称为我国最早的国家审计人员。目前，我国的国家审计人员实施专业技术资格制度，既可以从事合规审计、经营审计，也可以从事与财务报表有关的审计。内部审计人员是指公司雇用的，对公司会计、财务以及其他业务情况进行审核，并向治理层和管理层进行报告和提供建议的公司在册职员。内部审计人员的工作目标主要是提高经营的效率和效果，涉及的领域包括会计问题、与财务相关的审计或经营审计等。内部审计部门的设置因与领导的关系不同，其独立性和权威性也不同，领导层次越高，审计效果越有保障。国家审计、内部审计和注册会计师审计不存在主导和从属关系，它们共同构成了我国的审计监督体系。

4.鉴证业务

（1）鉴证业务的含义。鉴证业务是指注册会计师对鉴证对象信息提出结论，以增强除责任方之外的预期使用者对鉴证对象信息信任程度的业务。需要理解和掌握鉴证业务定义的几个要素：

①鉴证业务的用户是“预期使用者”，即鉴证业务可以用来有效地满足预期使用者的需求；

②鉴证业务的目的是改善信息的质量或内涵，增强除责任方之外的预期使用者对鉴证对象信息的信任程度，即以适当保证或提高鉴证对象信息的质量为主要目的，而不涉及为如何利用信息提供建议；

③鉴证业务的基础是独立性和专业性，鉴证业务通常由具备专业胜任能力和独立性的注册会计师来执行，注册会计师应当独立于责任方和预期使用者；

④鉴证业务的“产品”是鉴证结论，注册会计师应当对鉴证对象信息提出结论，该结论应当以书面报告的形式予以传达。

（2）鉴证对象信息的含义。鉴证对象信息是按照标准对鉴证对象进行评价和计量的结果。在注册会计师提供的鉴证业务中，存在多种不同类型的鉴证对象，相应地，鉴证对象信息也具有多种不同的形式，主要包括：

①当鉴证对象为财务业绩或状况（如历史或预测的财务状况、经营成果和现金流量）时，鉴证对象信息是财务报表；

②当鉴证对象为非财务业绩或状况（如企业的运营情况）时，鉴证对象信息可能是反映效率或效果的关键指标；

③当鉴证对象为物理特征（如设备的生产能力）时，鉴证对象信息可能是有关鉴证对象物理特征的说明文件；

④当鉴证对象为某种系统和过程（如企业的内部控制或信息技术系统）时，鉴证对象信息可能是关于其有效性的认定；

⑤当鉴证对象为一种行为（如遵守法律法规的情况）时，鉴证对象信息可能是对法律、法规遵守情况或执行效果的声明。

（3）鉴证业务的类别。按照不同的标准可以对鉴证业务进行不同的分类。按照鉴证对象信息是否以责任方认定的形式为预期使用者所获取，可将鉴证业务划分为基于责任方认定的业务和直接报告业务；按照鉴证业务的保证程度，可将鉴证业务划分为合理保证的鉴证业务和有限保证的鉴证业务；按照鉴证对象信息和保证程度的不同，可将鉴证业务划分为历史财务信息审计、历史财务信息审阅和其他鉴证业务。

（4）相关服务。相关服务是相对于鉴证业务而言的，是指那些由注册会计师提供的、除了鉴证业务以外的其他服务，主要包括对财务信息执行商定程序和代编业务。其基本特征有：咨询服务以信息的使用为主要目标，而不涉及信息质量，也不对咨询业务所使用的信息加以保证；咨询服务一般是咨询服务的提供者与客户之间的两方契约；专业性是咨询服务的基础。鉴证业务和相关服务的区别主要体现在4个方面，即业务涉及的关系人不同、业务关注的焦点不同、工作结果不同以及独立性要求不同。

5.审计的动因

对审计存在和发展的动因可以从多个角度去理解，主要的学说包括：受托责任论（认为审计是在两权分离所形成的受托责任关系下，基于经济监督的客观需要而产生的）、代理理论（认为审计的出现是委托人和代理人利益最大化的共同选择）、信息理论（认为审计可以降低信息不对称，使市场更有效率）、保险理论（认为审计就是一种降低风险的活动，甚至认为审计是分担风险的一种服务）、冲突理论（认为财务报表的提供者和使用者之间的利益冲突需要外部独立专家发表意见）、多因决定论（认为多方面因素共同导致了审计的出现）。

6.审计人员的社会角色

审计人员的社会角色随着社会需要的变化而变化，即从"警犬"到"看门人"，再到"信息风险的减少者"和"保险人"。

银行向企业发放贷款，确定利率需要考虑的因素包括无风险利率、营业风险、信息风险。审计对于无风险利率和营业风险毫无作用，但是审计活动可以减少信息风险，从而降低企业的借款利率，这也说明了为什么企业需要审计。信息风险产生的原因包括信息的非直接性、信息提供者的偏见和动机、数据量大且复杂的交易业务。

如果将审计人员看作信息风险的减少者，那么审计人员应该收取多少费用才合适呢？审计的特性决定了审计不能按照工作结果来收费，只能按照劳动投入来收取费用。

如果将审计人员看作信息风险的分担者，那么审计人员应该收取多少费用才合适呢？审计已经成为分担社会风险的过程，类似于保险。按照保险理论，如果发生了损失，审计人员必须赔偿；如果没有损失，审计人员的利润就是其得到的公费。那么，审计公费就是对审计需求的强烈程度和损失可能性的函数。

7.审计假设

审计假设亦称审计假定、审计公设、审计假说、审计公理、审计前提，它是指对审计领域中存在的尚未确知或无法论证的事物按照客观事物的发展规律所做的合乎逻辑的推理或判断。

我国的审计假设体系应包括如下具体内容：信息不对称假设、信息不确定假设、信息可验证假设、信息重要性假设、审计主体独立性假设、审计主体胜任性假设、审计主体理性假设、内控相关性假设、风险可控性假设、认同一贯性假设、证据力差别假设、标准适当性假设。

五、练习题

（一）单项选择题

1.审计产生和发展的客观依据是（　　）。

A.委托监督检查关系　　B.制约控制关系

C.效益评价关系　　D.受托经济责任关系

2.在注册会计师审计发展的过程中，审计报告使用人从股东、债权人扩大到整个社会公众是在（　　）。

A.详细审计阶段　　B.资产负债表审计阶段

C.财务报表审计阶段　　D.抽样审计阶段

3.在注册会计师审计的形成和发展过程中，以会计账簿为审计对象，以查错防弊为目标的详细审计应当属于（　　）。

A.财务报表审计　　B.内部控制导向审计

C.20世纪初的美国式审计　　D.账项导向审计

4.下列事项中，标志着注册会计师审计职业诞生的是（　　）。

A.威尼斯会计师协会的成立

B.热那亚会计师协会的成立

C.美国注册会计师协会的成立

D.爱丁堡会计师协会的成立

5.编制财务报表的责任在于（　　）。

A.公司管理层　　B.审计委员会

C.注册会计师　　D.内部审计人员

6.下列关于注册会计师审计的提法，不正确的是（　　）。

A.注册会计师审计的产生早于国家审计
B.注册会计师审计产生的直接原因是财产所有权与经营权的分离
C.注册会计师审计是由会计师事务所和注册会计师实施的审计
D.注册会计师审计在经济活动中的特殊作用是提高财务信息的可靠性和可信性

7.财务报表审计的判断标准是（　　）。

A.企业内部会计制度　　B.会计准则
C.审计准则　　D.有关法律规定

8.经营审计的判断标准是（　　）。

A.会计准则
B.审计准则
C.管理层或法令设立的目标
D.政府颁布的政策、法规、规定或第三者的要求

9.经营审计的审计报告的使用者主要是（　　）。

A.企业投资者、债权人　　B.企业潜在的投资者、债权人
C.被审计单位　　D.企业股东

10.下列各项中，属于合规审计的是（　　）。

A.环境审计　　B.上市公司年度财务报表审计
C.经济效益审计　　D.财经法纪审计

11.从独立性的角度来看，在我国审计监督体系中，国家审计（　　）。

A.仅与委托者独立，不与被审计单位独立
B.与审计委托者和被审计单位均独立
C.与审计委托者和被审计单位均不独立
D.仅与被审计单位独立，不与委托者独立

12.下列各类审计中，起源、发展最早的应当是（　　）。

A.内部审计　　B.国家审计
C.注册会计师审计　　D.国际审计

13.下列各项中，不属于注册会计师审计特点的是（　　）。

A.强制审计　　B.有偿审计
C.受托审计　　D.双向注册会计师审计

14.鉴证业务是指注册会计师对鉴证对象信息提出结论，以增强除

责任方之外的预期使用者对鉴证对象信息信任程度的业务。对于鉴证业务的理解，不恰当的观点是（　　）。

A.鉴证业务的用户是“预期使用者”

B.鉴证业务的目的是改善信息的质量或内涵，增强除责任方之外的预期使用者对鉴证对象信息的信任程度

C.鉴证业务的基础是独立性和专业性

D.鉴证业务的“产品”是鉴证结论

15.财务报表审计的目标是注册会计师通过执行审计工作，对财务报表发表审计意见。其不应包括的内容是（　　）。

A.财务报表是否按照适用的会计准则的规定编制

B.财务报表是否按照适用的相关会计制度的规定编制

C.财务报表是否在所有方面公允反映被审计单位的财务状况、经营成果和现金流量

D.财务报表是否在所有重大方面公允反映被审计单位的财务状况、经营成果和现金流量

（二）多项选择题

1.从审计对象的演变过程看，注册会计师审计发展的几个阶段包括（　　）。

A.19世纪中叶至20世纪初以详细审计为标志的英国式审计

B.20世纪的前30年以资产负债表为核心的美国式审计

C.20世纪30年代之后的财务报表审计

D.20世纪40年代之后以内部控制为中心的抽样审计

2.审计概念中的“既定标准”体现在我国财务报表审计中包括（　　）。

A.企业会计准则

B.企业会计制度

C.国家其他相关财务会计法规

D.企业内部的会计制度

3.按照审计范围不同，可以将审计分为（　　）。

A.全面审计　　　　B.局部审计

C.综合审计　　　　D.专题审计

4.审计按目的和内容的不同可以划分为（　　）。

A.经营审计　　　　　　　　B.合规审计

C.全面审计　　　　　　　　D.财务报表审计

5.审计结果需要传达的对象可能包括（　　）。

A.被审计单位　　　　　　　B.审计委托人

C.股东　　　　　　　　　　D.债权人

6.财务报表审计的目标是注册会计师通过执行审计工作，对财务报表发表审计意见，其意见内容有（　　）。

A.财务报表是否按照适用的会计准则和相关会计制度的规定编制

B.财务报表是否按照适用的会计准则、会计法和相关会计制度的规定编制

C.财务报表是否在所有重大方面公允反映被审计单位的财务状况、经营成果和现金流量

D.财务报表是否在所有方面公允反映被审计单位的财务状况、经营成果和现金流量

7.与被审计单位有利害关系的用户包括（　　）。

A.股东　　　　　　　　　　B.债权人

C.证券交易机构　　　　　　D.潜在投资者

8.信息风险产生的原因有（　　）。

A.信息的非直接性　　　　　B.信息提供者的偏见和动机

C.数据量大　　　　　　　　D.复杂的交易业务

9.咨询服务是为个人或组织提供信息使用建议的专业服务，与鉴证业务相比，其基本特征有（　　）。

A.咨询服务以信息的使用为主要目标

B.咨询服务一般是咨询服务的提供者与客户之间的两方契约

C.专业性是咨询服务的基础

D.独立性是咨询服务的基础

10.基于责任方认定的业务和直接报告业务的区别主要表现在（　　）。

A.预期使用者获取鉴证对象信息的方式不同

B.注册会计师提出结论的对象不同

C.责任方的责任不同

D.鉴证报告的内容和格式不同

11. 审计的三方关系是指（　　）。

A. 审计人　　　　B. 管理人

C. 审计委托人　　　　D. 被审计人

（三）判断题

1. 财产所有权和经营权的分离是注册会计师审计产生的直接原因。（　　）

2. 审计是就有关经济活动和经济事项的一些说法加以验证。（　　）

3. 国家审计在审计监督体系中起主导作用，内部审计是国家审计的基础，独立审计是国家审计的辅助形式。（　　）

4. 经营审计的独立性要求比财务报表审计的独立性要求要低。（　　）

5. 内部审计人员、国家审计人员和注册会计师都可以从事经营审计。（　　）

6. 我国审计机关只能发表审计意见，对违反财经纪律的单位及个人无权予以经济制裁。（　　）

7. 注册会计师审计就是注册会计师接受委托对被审计单位的财务报表进行审计并发表审计意见。（　　）

8. 国家审计是独立性最强的一种审计。（　　）

9. 审计与企业财务会计的目的均是提高企业的经济效益。（　　）

10. 注册会计师审计的依据是财政部制定的会计准则。（　　）

11. 注册会计师审计发展到资产负债表审计时期，审计抽样方法得到了广泛应用。（　　）

12. 鉴证业务的目的是改善信息的质量或内涵，增强除责任方之外的预期使用者对鉴证对象信息的信任程度，即以适当保证或提高鉴证对象信息的质量为主要目的，而不涉及为如何利用信息提供建议。（　　）

13. 合理保证的鉴证业务的目标是注册会计师将鉴证业务风险降至该业务环境下可接受的低水平，以此作为以积极方式提出结论的基础。（　　）

14. 在历史财务信息审阅业务中，注册会计师作为独立第三方，运用专业知识、技能和经验对历史财务信息进行审阅并以积极方式发表专业意见，旨在提高财务报表的可信赖程度。（　　）

15.其他鉴证业务是指除历史财务信息审计和审阅业务以外的鉴证业务，如预测性财务信息审核、内部控制审核、风险管理鉴证、网誉认证等。（　　）

（四）分析题

1.有人认为，审计是会计的分支。你如何理解审计和会计的关系？

2.4位会计学专业的毕业班同学讨论未来的职业规划。甲同学希望去会计师事务所从业，他认为至少要在那里工作5年，或者终身以此为职业，他觉得在审计领域有了丰富的经验后未来会有更好的选择；乙同学希望能够成为大型企业的内部审计人员，因为他认为通过内部审计工作可以接触到大型企业集团的各个层面；丙同学打算去税务局从事税务稽查工作，该工作收入颇丰，是目前非常热门的职业；丁同学也希望从事审计工作，但是还不知道自己应该去哪里，她对专业研究非常感兴趣，但是也愿意去担任有挑战性的职务。

要求：

（1）试说明上述几类审计工作的有利方面和不利方面。

（2）对于这些有系统专业知识的同学来说，还有哪些审计职业适合他们呢？

3.在中国台湾地区，只有从事注册会计师审计业务的人员才被叫作“会计师”，在企事业单位工作的，按照其岗位称呼，如财务经理等。请你向一个台湾同胞解释，在中国大陆，什么样的人被叫作“会计师”，以及会计师和注册会计师有哪些不同。

4.你毕业后被一家民营企业所聘用，这家民营企业发展速度很快，但是管理水平有待提高。公司总经理找你谈话，希望会计专业毕业的你能够帮助企业设计其内部审计制度。请你向他解释一下内部审计的目标、内容都有哪些，如何提高内部审计的控制功能以及应该将内部审计置于哪个部门的领导之下。

5.你认为审计产生和发展的动因是什么？审计假设体系应当包括哪些内容？如果你同意或不同意教材中的某个观点，请说明理由。

六、案例

最近你无意中听到两个注册会计师（CPA）的谈话，内容如下：

CPA1：要想知道公司财务报告的所有使用人的特定需要是不可能的，比方说，我怎么能够知道工会或者银行会如何利用我审计的公司的财务报告呢？

CPA2：可是你必须知道财务报告用户的需要，否则你无法判断某一个特定的交易事项的会计处理是否对用户非常重要。

CPA1：但是我无法知道所有人的需要。我只好将注意力偏向股东或者银行放贷部门的人员，他们是更重要的报表使用人。此外，管理层最终负责报表的公允表达，我只负责对他们编制的财务报表发表意见，又不是我自己编制报表，你不要对我们注册会计师期望太高。

CPA2：是公众的期望，而非我的期望。我可不希望因为没有达到用户的要求而被告上法庭。但是我完全同意你的看法，要想知道所有用户的需要是相当困难的，而且每类用户需要的信息似乎都不同，你无法满足每一个人的需要。如果利润高了，员工会要求加工资，税务局要求收取更多税金，因而管理人员就希望将利润报告得低一点。我看我们只能运用会计准则来做判断，只要符合会计准则，我们就可以假设它是符合用户需要的。

CPA1：这点我倒是同意的。

要求：

（1）请说明为什么注册会计师需要了解可能使用审计报告的各种用户以及他们的需要。

（2）CPA2认为：因为无法知道所有使用人的需求，结果就只能依赖会计准则判断财务报表是否公允表达。请评价这一结论。

（3）请指出下列5种报表使用人的信息需求可能会和其他人的需求产生什么样的潜在冲突：

①现有股东；

②潜在投资者；

③企业内部的工会组织；

④银行信贷部经理；

⑤企业管理层。

案例提示

（1）因为审计报告的使用人对信息的需求不同，对于某个使用人而言并不重要的信息，对另一个人而言可能是非常重要的。注册会计师有责任发现重大的错误和舞弊。如果注册会计师不了解审计报告的各种用户及其需要，就无法判断究竟什么信息对于用户而言是重要的，在执行审计业务时也就无法确定重要性的标准。

（2）即使能够知道所有审计报告使用人的需求，会计准则也仍然是判断财务报表是否公允表达的标准。

（3）现有股东运用会计信息的目的是评价管理层的诚实度和管理能力，作出增加投资、减少投资或者保持现有投资不变的决定，因此重视企业的盈利能力信息。潜在投资者需要决定是否对企业进行投资，投资的价格是多少，因此重视企业未来发展潜力的信息。企业内部的工会组织需要评估组织的盈利能力、提高工资以及签订利润分享协议的可能性，因此重视企业的盈利性和利润率。银行信贷部经理需要决定是否贷款给企业，以及贷款的额度与条件，因此重视企业的财务状况、现金流量和项目的盈利性。企业管理层需要检查业绩、评价复杂交易的结果，并作出影响企业未来发展方向的决定。

现有股东希望本期能多分股利，潜在投资者恰好相反；工会希望企业提高盈利能力，从而提高员工的工资；股东和管理层则希望能降低工资，从而减少成本，增加利润；银行希望企业有大量现金，资产变现能力强；股东则希望企业的资产不要以现金形式存放，要提高资金的使用效率。

七、阅读文献

［1］卡迈克尔，威林翰，沙勒．审计概念与方法——现行理论与实务指南［M］．刘明辉，胡英坤，译．大连：东北财经大学出版社，1999.

［2］阿伦斯，洛布贝克．审计学——整合方法研究［M］．石爱中，等，译．北京：中国审计出版社，2001.

［3］查特菲尔德．会计思想史［M］．文硕，等，译．北京：中国商业出版社，1989：117.

［4］尚德尔 C W.审计理论［M］．汤云为，吴云飞，译．北京：中国财政经济出版社，1992：4.

[5] 莫茨，夏拉夫. 审计理论结构 [M]. 文硕，等，译. 北京：中国商业出版社，1990.

[6] 胡春元. 审计风险研究 [M]. 大连：东北财经大学出版社，1997.

[7] 刘明辉. 独立审计学 [M]. 2版. 大连：东北财经大学出版社，2002.

[8] WALLACE W A. The economic role of the audit in free and regulated markets [M]. New York：Touche Ross，1980.

[9] GWILLIAMD. A survey of auditing research [J]. The British Accounting Review，1988，20 (2)：203-205.

第二章　注册会计师管理

一、学习目的与要求

通过本章的学习，了解各国注册会计师资格考试制度，以及中国注册会计师资格考试的报考条件和注册登记制度等；了解我国注册会计师职业后续教育的内容、形式、组织实施、考核等内容；了解会计师事务所的组织形式，以及我国会计师事务所的审批制度和设立审批的条件；了解我国注册会计师协会的发展情况与组织结构，了解国外注册会计师行业的管理体制和我国注册会计师行业的管理体制；掌握注册会计师的业务范围和未来发展趋势，以及我国注册会计师的业务范围，掌握我国会计师事务所业务承接的有关要求。

二、相关准则与制度

1.《中华人民共和国注册会计师法》

2.《中国注册会计师鉴证业务基本准则》

3.《会计师事务所审批和监督暂行办法》（财政部令第24号）

4.《国务院办公厅转发财政部关于加快发展我国注册会计师行业若干意见的通知》（国办发〔2009〕56号）

5.《财政部　工商总局关于推动大中型会计师事务所采用特殊普通合伙组织形式的暂行规定》（财会〔2010〕12号）

6.《中国注册会计师协会章程》

三、预习要览

（一）关键概念

鉴证业务	有限责任会计师事务所
会计咨询	合伙会计师事务所

会计服务　　　　　　　　　　　　　　行业管理

（二）关键问题

1.简述注册会计师资格如何取得和注册。

2.中国注册会计师的业务范围有哪些?

3.我国允许设立哪些形式的会计师事务所？都需要什么样的条件?

4.中国注册会计师协会有哪些职责?

5.中国注册会计师行业管理体制如何?

四、重点与难点解析

1.注册会计师考试与注册制度是注册会计师制度的重要内容之一，我国于1991年开始组织全国注册会计师统一考试。根据《中华人民共和国注册会计师法》[①]（下简称《注册会计师法》）和《注册会计师全国统一考试办法》（2014年4月23日财政部令第75号修改）的规定，符合下列条件的中国公民，可以报名参加注册会计师全国统一考试：（1）具有完全民事行为能力；（2）具有高等专科以上学校毕业学历，或者具有会计或者相关专业中级以上技术职称。有下列情形之一的人员，不得报名参加注册会计师全国统一考试：（1）被吊销注册会计师证书自处罚决定之日起至报名截止日止不满5年者；（2）参加注册会计师全国统一考试违规受到停考处理，期限未满者。

对外国人，按互惠原则，其所在国允许中华人民共和国公民参加该国注册会计师（或其他相应称谓）考试者，中华人民共和国政府亦允许其公民参加我国注册会计师统一考试。中国港、澳、台地区居民及按互惠原则确认的外国人申请参加中华人民共和国注册会计师统一考试必须具有完全民事行为能力并具备下列条件之一：（1）具有中华人民共和国教育行政主管部门认可的高等专科以上学校毕业的学历；（2）已取得中国港、澳、台地区或外国法律认可的注册会计师资格（或其他相应资格）。符合上述条件的报考人员，还必须提供报名人员合法身份的有效证件（护照、身份证等）或报名人员境内、外高等专科以上学校毕业的

① 《中华人民共和国注册会计师法》，1993年10月31第八届全国人民代表大会常务委员会第四次会议通过，根据2014年8月31日第十二届全国人民代表大会常务委员会第十次会议《关于修改〈中华人民共和国保险法〉等五部法律的决定》修正。

有效学历证书或境外注册会计师资格证书，或有效的中国注册会计师考试单科成绩合格凭证等有效证明。

财政部成立注册会计师考试委员会（以下简称财政部考委会），组织领导注册会计师全国统一考试工作。财政部考委会设立注册会计师考试委员会办公室（以下简称财政部考办），组织实施注册会计师全国统一考试工作。财政部考办设在中国注册会计师协会。考试划分为专业阶段考试和综合阶段考试。考生在通过专业阶段考试的全部科目后，才能参加综合阶段考试。专业阶段考试设会计、审计、财务成本管理、公司战略与风险管理、经济法、税法6个科目；综合阶段考试设职业能力综合测试1个科目。具有会计或者相关专业高级技术职称的人员，可以申请免予专业阶段考试1个专长科目的考试。报名人员可以按互惠原则签订的互免协议免予部分考试科目。

考试为闭卷，采用计算机化考试方式或者纸笔考试方式。每科考试均实行百分制，60分为成绩合格分数线。专业阶段考试的单科考试合格成绩5年内有效。对在连续5个年度考试中取得专业阶段考试全部科目考试合格成绩的考生，财政部考委会颁发注册会计师全国统一考试专业阶段考试合格证书。对取得综合阶段考试科目考试合格成绩的考生，财政部考委会颁发注册会计师全国统一考试全科考试合格证书。

根据《注册会计师法》的规定，参加注册会计师全国统一考试成绩合格，并从事审计业务工作2年以上的，可以向省、自治区、直辖市注册会计师协会申请注册。准予注册的申请人，由注册会计师协会发给国务院财政部门统一制定的注册会计师证书。

根据《注册会计师法》的规定，注册会计师可以承办审计业务、会计咨询和会计服务业务。审计业务又包括以下4种：（1）审查企业会计报表，出具审计报告；（2）验证企业资本，出具验资报告；（3）办理企业合并、分立、清算事宜中的审计业务，出具有关的报告；（4）法律、行政法规规定的其他审计业务。通常来讲，会计咨询、会计服务业务包括资产评估、代理记账、税务代理和管理咨询等业务。注册会计师承办业务，由其所在的会计师事务所统一受理并与委托人签订委托合同。

2.由于市场经济的快速发展，企业的经济业务和经营管理日趋复杂，社会对独立审计的期望也越来越高。为顺应这种需要，审计理论和方法也不断地向前发展，为此注册会计师就应不断地更新知识结构，提高专业素质和执业水平。如今，世界各主要国家都非常注重加强注册会计师职业后续教育，并制定了相应的职业后续教育准则。我国也于1997年施行了《中国注册会计师职业后续教育基本准则》。

3.会计师事务所是依法设立并承办注册会计师业务的机构。从世界范围来看，会计师事务所的形式包括独资、普通合伙制、有限责任合伙制、股份有限公司制4种。《注册会计师法》规定，会计师事务所可以由注册会计师合伙设立；符合条件的，可以是负有限责任的法人。

为了贯彻落实《国务院办公厅转发财政部关于加快发展我国注册会计师行业若干意见的通知》(国办发〔2009〕56号)，推动大中型会计师事务所采用特殊普通合伙组织形式，促进我国会计师事务所做大做强，财政部于2010年7月21日印发财会〔2010〕12号文件《关于印发〈财政部　工商总局关于推动大中型会计师事务所采用特殊普通合伙组织形式的暂行规定〉的通知》，文件要求大型会计师事务所应当于2010年12月31日前转制为特殊普通合伙组织形式；鼓励中型会计师事务所于2011年12月31日前转制为特殊普通合伙组织形式。采用特殊普通合伙组织形式的会计师事务所，一个合伙人或者数个合伙人在执业活动中因故意或者重大过失造成合伙企业债务的，应当承担无限责任或者无限连带责任，其他合伙人以其在合伙企业中的财产份额为限承担责任。合伙人在执业活动中非因故意或者重大过失造成的合伙企业债务以及合伙企业的其他债务，由全体合伙人承担无限连带责任。

在我国，会计师事务所的组织结构大致有两种，即所长负责制和董事会领导下的主任会计师负责制。在实行所长负责制的事务所里，所长对本所工作负全面责任，副所长协助所长工作；事务所可根据需要设置若干业务部门，分别负责不同工作；设立主任会计师负责业务承接、人员安排、督促检查和报告初审等日常工作。在实行董事会领导下的主任会计师负责制的会计师事务所里，董事会为事务所最高权力机构，主任会计师负责日常业务，在机构设置上，因事务所规模、业务特点不同而有所差别。

合伙会计师事务所在其机构设置上有如下特征：一是可以设立有限责任合伙人；二是可以设立合伙人管理委员会，由若干主要合伙人组成。管理委员会推举其中一名合伙人担任负责人。管理委员会负责人即为会计师事务所负责人。不设立合伙人管理委员会的合伙会计师事务所，可由全体合伙人对会计师事务所的重大问题集体作出决定，并推举主任会计师一人担任会计师事务所负责人，主任会计师必须由合伙人担任。

在我国，注册会计师不能以个人名义承办业务，而必须由会计师事务所统一接受委托。其出具的审计报告除应由注册会计师本人签署外，还必须加盖会计师事务所的公章。注册会计师承办业务时，由会计师事务所按照收费标准统一收费。会计师事务所在承办业务时，由于委托人不同，其被授予的权限也不同。

4.中国注册会计师协会是注册会计师行业的全国性组织，依法取得社会团体法人资格。其宗旨是服务、监督、管理、协调，即以诚信建设为主线，服务本会会员，监督会员执业质量、职业道德，依法实施注册会计师行业管理，协调行业内、外部关系，维护社会公众利益和会员合法权益，促进行业科学发展。中国注册会计师协会依法接受财政部、民政部的监督、指导，依据《注册会计师法》和《中国注册会计师协会章程》行使职责。

5.中国注册会计师的行业管理属法律规范、政府干预与行业自律结合型，即外部管理和自我管理相结合。其中外部管理包括法律规范（主要是指《注册会计师法》）和行政管理，有权对注册会计师行业进行行政管理的部门包括财政部门、市场监督管理部门、税务部门和中国证券监督管理委员会（简称证监会）。行业自律是指由注册会计师协会按照章程对该行业进行管理。我国注册会计师行业自我管理的组织是各级注册会计师协会。中国注册会计师协会是注册会计师行业的全国性组织，省级注册会计师协会是其地方组织。

五、练习题

（一）单项选择题

1.注册会计师考试需要进行论文和口试的国家为（　　）。

A.美国　　B.英国

C.加拿大　　D.日本

2.注册会计师要取得注册会计师执业资格，除具备相应学历并通过全国统一考试外，还应具备的条件是（　　）。

A.接受后续教育

B.一定时间的从业经验

C.经过专门的专业训练

D.不能从事注册会计师行业以外的工作

3.下列各项中，能够成为中国注册会计师协会团体会员的是（　　）。

A.会计师事务所

B.5名以上注册会计师组成的科研团体

C.高等科研院校的相关机构

D.境外会计师组织

4.下列人员中，可以申请免予专业阶段考试1个专长科目考试的是（　　）。

A.会计学教授并具有会计工作经验

B.会计专业中级以上专业技术职称

C.会计专业学士学位获得者

D.会计专业硕士学位获得者

5.下列各项中，不属于会计咨询、会计服务业务内容的是（　　）。

A.管理咨询　　　　B.代理记账

C.审查中期财务报表　　　　D.税务代理

6.与鉴证业务相比较，咨询服务的特点是（　　）。

A.由CPA、信息使用者和信息提供者三方达成合约

B.以适当保证和提高财务信息质量为目标

C.以财务信息的使用为目标

D.以独立性与专业性为主要基础

7.《注册会计师法》规定，会计师事务所的组织形式不包括（　　）。

A.独资　　　　B.普通合伙

C.有限责任　　　　D.特殊普通合伙

8.中国注册会计师协会的最高权力机构是（　　）。

A.财政部　　　　B.全国会员代表大会

C.中国注册会计师协会理事会　D.中国注册会计师协会秘书处

9.注册会计师从事的下列工作中，属于审计业务的是（　　）。

A.审查企业内部控制制度，提出管理建议书

B.参与企业破产清算，出具审计报告

C.参与企业合并事宜，代编合并财务报表

D.参与企业管理，起草投资协议书

10.注册会计师事务所从事的下列业务中，不属于审计等鉴证业务的是（　　）。

A.验资　　B.税务咨询

C.财务报表审计　　D.内部控制审核

（二）多项选择题

1.中国公民可以申请参加注册会计师全国统一考试的条件包括（　　）。

A.大学本科学历以上

B.大专或大专学历以上

C.会计及相关专业高级技术职称

D.会计及相关专业中级或中级以上技术职称

2.中国注册会计师协会的会员包括（　　）。

A.个人会员　　B.团体会员

C.名誉会员　　D.临时会员

3.注册会计师协会将撤销注册、收回注册会计师证书的情况包括（　　）。

A.完全丧失民事行为能力的

B.受刑事处罚的

C.因在财务、会计、审计、企业管理或者其他经济管理工作中犯有严重错误受行政处罚、撤职以上处分的

D.自行停业满一年的

4.下列关于我国会计师事务所业务承接和承办的说法中正确的有（　　）。

A.以会计师事务所的名义承接业务

B.在特殊情况下可以以主任会计师的个人名义接受委托

C.由于委托人不同，会计师事务所在承办业务时被授予的权限也

不同

D.出具审计报告时，只需注册会计师个人的签章

5.下列各项中，属于注册会计师审计业务的有（　　）。

A.企业中期财务报表审计　　B.验资

C.资产评估　　D.税务代理

6.下列人员中，可以成为非执业会员的有（　　）。

A.注册会计师

B.退出会计师事务所不再执业的注册会计师

C.注册会计师全科考试合格人员

D.会计师事务所业务人员

7.下列各项中，属于会计咨询、会计服务业务的有（　　）。

A.资产评估　　B.代理记账

C.税务代理　　D.管理咨询

8.在我国，依法对注册会计师进行行政管理的部门包括（　　）。

A.财政部门

B.市场监督管理部门

C.税务部门

D.证券监督管理委员会

9.中国注册会计师协会的主要职责包括（　　）。

A.拟定注册会计师执业准则

B.制定行业自律管理规范

C.组织实施注册会计师全国统一考试

D.开展国际交往活动

10.我国法定的会计师事务所的组织形式有（　　）。

A.个人独资　　B.有限责任制

C.合伙制　　D.股份有限公司制

（三）判断题

1.凡受过刑事处罚、在经济领域中受过行政处罚或撤职以上处分的人，一律不允许参加注册会计师全国统一考试。（　　）

2.凡通过注册会计师全国统一考试，即全科合格者，且加入会计师事务所者，即为执业注册会计师。（　　）

3.会计咨询、会计服务与审计业务的不同点之一是前者不需要出具报告。 (   )

4.凡取得中国注册会计师协会会员资格的中国公民，均可执行注册会计师业务。 (   )

5.在我国，注册会计师必须在取得会计师事务所授权后，才可以以个人名义承接审计业务。 (   )

6.会计师事务所可以根据自愿的原则加入中国注册会计师协会成为团体会员。 (   )

7.审计业务属于法定业务，非注册会计师不得承办。 (   )

8.注册会计师接受委托进行代理记账，应对委托单位会计资料的合法性、真实性和完整性负责。 (   )

9.注册会计师职业后续教育总目标为：注册会计师应当不断接受职业后续教育，以提高专业胜任能力与执业水平。职业后续教育应贯穿注册会计师的整个执业生涯。 (   )

10.20×4 年，林某在会计工作中犯有严重错误，受到行政处分，他于 20×7 年申请成为注册会计师，注册会计师协会不应该予以注册。 (   )

11.财政部和各省级财政主管部门负责办理注册会计师的注册。 (   )

12.中国注册会计师协会的最高权力机构是财政部。 (   )

（四）分析题

1.你是一名在校的会计学专业本科学生，希望自己将来成为一名注册会计师。请问，你现在是否可以参加注册会计师考试？需要考哪些科目？在取得全科合格证书以前，通过的科目可以保留几年有效？如果已经取得了全科合格证书，要执行审计业务还需要经过哪些程序？

2.方先生是中国台湾的一名会计师，具有多年从业经验。近年来中国大陆的审计业务发展迅速，他看好这个市场，希望能到中国大陆来执行注册会计师审计业务。请问可以吗？如果不可以，他都需要做哪些准备呢？

3.下面是中国某会计师事务所的业务，请指出哪些是审计等鉴证业务：

（1）注册会计师对企业的财务报表是否符合企业会计制度发表意见。

（2）对盈利预测报告的编制基础、所使用的会计政策等发表意见。

（3）对财务报表的附注进行审计，并出具相应的审计报告。

（4）对证券投资风险进行评估。

（5）税务代理和税务筹划。

（6）就企业的治理结构、预算管理和内部控制进行诊断并提出专业意见。

（7）对简要财务报表进行审计并出具相应的审计报告。

（8）在企业合并过程中对被合并企业的资产进行审计，并出具审计报告。

4.近年来注册会计师的服务范围发生了哪些变化？

5.为什么中国不允许个人设立会计师事务所？会计师事务所的组织形式对注册会计师的业务有什么影响？

六、案例

方先生是中国台湾的会计师，正在参加中国注册会计师全国统一考试，已经通过了3门科目。刘先生是某高校的一名会计学教授，已经通过中国注册会计师全国统一考试，并且曾经在会计师事务所从事审计工作8年。王先生是某会计师事务所的注册会计师，持有中华人民共和国注册会计师证书，而且已经在会计师事务所从事注册会计师审计业务5年多。方先生有足够的资金，并且已经找好了办公场所，希望能够和刘先生以及王先生在北京合伙开设一家会计师事务所。请问他们是否会被批准？申请设立事务所应当准备哪些材料？向哪里报送？

案例提示

会计师事务所的合伙人或者股东，应当具备下列条件：

（1）持有中华人民共和国注册会计师证书（以下简称“注册会计师证书”）。

（2）在会计师事务所专职执业。

（3）成为合伙人或者股东前3年内没有因为职业行为受到行政处罚。

（4）有取得注册会计师证书后最近连续5年在会计师事务所从事下列审计业务的经历，其中在境内会计师事务所的经历不少于3年：

审查企业会计报表，出具审计报告；

验证企业资本，出具验资报告；

办理企业合并、分立、清算事宜中的审计业务，出具有关的报告；

法律、行政法规规定的其他审计业务。

（5）成为合伙人或者股东前1年内没有因采取隐瞒或提供虚假材料、欺骗、贿赂等不正当手段申请设立会计师事务所而被省级财政部门作出不予受理、不予批准或者撤销会计师事务所的决定。

方先生尚未取得中国注册会计师资格，不能作为合伙人。刘先生必须辞去大学教授工作才能作为合伙人。

设立合伙会计师事务所，应当具备下列条件：

（1）有2名以上的合伙人；

（2）有书面合伙协议；

（3）有会计师事务所的名称；

（4）有固定的办公场所。

如果刘先生辞去教授职务，则刘先生和王先生属于符合规定的注册会计师，可以作为合伙人，只要找到固定的办公场所，有书面合伙协议和会计师事务所的名称就可以设立合伙会计师事务所。

按照《注册会计师法》的规定，设立会计师事务所，由省、自治区、直辖市人民政府财政部门批准。

申请设立会计师事务所，申请者应当向审批机关报送下列文件：

（1）申请书；

（2）会计师事务所的名称、组织机构和业务场所；

（3）会计师事务所章程，有合伙协议的应报送合伙协议；

（4）注册会计师名单、简历及有关证明文件；

（5）会计师事务所主要负责人、合伙人的姓名、简历及有关证明文件；

（6）负有限责任的会计师事务所的出资证明；

（7）审批机关要求的其他文件。

七、阅读文献

［1］国务院办公厅. 国务院办公厅转发财政部关于加快发展我国注册会计师行业若干意见的通知（国办发〔2009〕56号）. 2009-10-03.

［2］财政部. 关于印发《财政部　工商总局关于推动大中型会计师事务所采用特殊普通合伙组织形式的暂行规定》的通知（财会〔2010〕12号）. 2010-07-21.

［3］财政部. 财政部关于修改《注册会计师全国统一考试办法》的决定（财政部令第75号）. 2014-04-23.

［4］财政部. 注册会计师全国统一考试违规行为处理办法（财政部令第57号）. 2010-02-02.

［5］财政部. 财政部关于印发《香港特别行政区、澳门特别行政区、台湾地区居民及外国人参加注册会计师全国统一考试办法》的通知（财会〔2014〕22号）. 2014-06-11.

第三章　注册会计师执业准则

一、学习目的与要求

通过本章的学习，了解中国注册会计师执业准则体系的构成及其相互之间的关系，了解业务质量控制的目的；掌握注册会计师执业准则的含义和作用，掌握注册会计师业务准则的构成与内容；掌握《中国注册会计师鉴证业务基本准则》的构成与内容；掌握会计师事务所质量控制的含义与作用，掌握中国注册会计师质量控制准则的要素与内容。

二、相关准则与制度

1.《中国注册会计师鉴证业务基本准则》

2.《中华人民共和国注册会计师法》

3.《质量控制准则第5101号——会计师事务所对执行财务报表审计和审阅、其他鉴证和相关服务业务实施的质量控制》

4.《中国注册会计师职业道德守则》

三、预习要览

（一）关键概念

注册会计师执业准则　　其他鉴证业务准则

鉴证业务基本准则　　相关服务准则

审计准则　　会计师事务所质量控制准则

审阅准则

（二）关键问题

1.中国注册会计师执业准则体系包括哪些部分？

2.注册会计师执业准则与会计师事务所质量控制准则的关系怎样？

3.会计师事务所应制定全面的质量控制制度，具体应包含哪些方面的内容？

4.列举可能影响注册会计师和会计师事务所独立性的事项。

5.解释实质上的独立和形式上的独立的含义。

6.在哪些情况下，注册会计师可以披露客户的有关信息而不属于泄密？

四、重点与难点解析

1.中国注册会计师执业准则体系包括鉴证业务准则、相关服务准则和会计师事务所质量控制准则。

2.鉴证业务准则（general assurance standards）是指注册会计师在执行鉴证业务的过程中所应遵守的职业规范。由鉴证业务基本准则统领，按照鉴证业务提供的保证程度和鉴证对象的不同，分为中国注册会计师审计准则、中国注册会计师审阅准则和中国注册会计师其他鉴证业务准则（以下分别简称审计准则、审阅准则和其他鉴证业务准则）。其中，审计准则是整个执业准则体系的核心。

审计准则（auditing standards）是注册会计师执行历史财务信息审计业务所应遵守的职业规范。在提供审计服务时，注册会计师对所审计信息是否不存在重大错报提供合理保证，并以积极方式提出结论。

审阅准则（review standards）是注册会计师执行历史财务信息审阅业务所应遵守的职业规范。在提供审阅服务时，注册会计师对所审阅信息是否不存在重大错报提供有限保证，并以消极方式提出结论。

其他鉴证业务准则（other assurance standards）是注册会计师执行历史财务信息审计或审阅以外的其他鉴证业务所应遵守的职业规范。注册会计师执业其他鉴证业务，根据鉴证业务的性质和业务约定的要求，提供有限保证或合理保证。

相关服务准则（related service standards）是注册会计师代编财务信息、执行商定程序、提供管理咨询等其他服务所应遵守的职业规范。在提供相关服务时，注册会计师不提供任何程度的保证。

3.质量控制准则（quality control standards）是会计师事务所在执行各类业务时应当遵守的质量控制政策和程序，是对会计师事务所质量控制提出的制度要求。

质量控制是会计师事务所内部控制体系的重要组成部分，是会计师事务所生存和发展的基本条件。《质量控制准则第5101号——会计师事务所对执行财务报表审计和审阅、其他鉴证和相关服务业务实施的质量控制》系统地总结了近些年审计失败的经验教训，旨在规范会计师事务所建立并保持有关财务报表审计和审阅、其他鉴证和相关服务业务的质量控制制度。

五、练习题

（一）单项选择题

1.下列各项中，既是注册会计师在执行注册会计师审计业务中必须遵循的准则，又是衡量注册会计师审计工作质量的权威性标准的是（　　）。

A.注册会计师执业准则　　B.审计质量控制准则

C.职业道德准则　　D.职业后续教育准则

2.注册会计师职业规范体系的核心是（　　）。

A.审阅准则　　B.审计质量控制准则

C.审计准则　　D.职业后续教育准则

3.鉴证业务准则由鉴证业务基本准则统领，按照鉴证业务提供的保证程度和鉴证对象的不同，不应包括（　　）。

A.中国注册会计师审计准则

B.中国注册会计师审阅准则

C.中国注册会计师其他鉴证业务准则

D.相关服务准则

4.中国注册会计师执业准则由（　　）负责拟定。

A.财政部　　B.中国注册会计师协会

C.审计署　　D.全国人民代表大会

5.会计师事务所制定的政策和程序应当强调遵守职业道德规范的重要性，并通过必要的途径予以强化，这些途径不包括（　　）。

A.会计师事务所领导层的示范

B.教育和培训

C.社会公众的监控

D.对违反职业道德规范行为的处理

6.注册会计师审计的目的是（　　）。

A.对被审计单位会计资料及其他资料的真实性、合法性发表意见

B.对被审计单位财务报表的合法性、公允性发表意见

C.对经济活动及反映经济活动的会计资料发表意见

D.对财务状况、经营成果及资金变动情况发表意见

7.注册会计师担任某审计业务的项目负责人，如果在执业过程中发现自己无法胜任，则应要求其所在的会计师事务所（　　）。

A.聘请相关专家　　B.改派其他注册会计师

C.终止该审计业务约定　　D.出具无法表示意见审计报告

8.会计师事务所业务质量控制的要素不包括（　　）。

A.对业务质量承担的领导责任

B.职业道德规范与人力资源

C.客户关系和具体业务的接受与保持

D.审计报告规范要求

9.注册会计师的服务是一种有偿服务，下列不能成为会计师事务所收费依据的是（　　）。

A.审计结果　　B.服务性质

C.工作量大小　　D.参加人员层次的高低

10.会计师事务所对无法胜任或不能按时完成的审计业务，应该（　　）。

A.减少审计收费　　B.转包给其他会计师事务所

C.聘请其他专业人员帮助　　D.拒绝接受委托

（二）多项选择题

1.注册会计师执业准则的作用主要表现在（　　）。

A.为衡量和评价注册会计师执业质量提供依据，从而有助于注册会计师执业质量的提高

B.有助于规范审计工作，维护社会经济秩序

C.有助于增强社会公众对注册会计师职业的信任

D.有助于维护会计师事务所和注册会计师的正当权益

2.中国注册会计师业务准则体系包括（　　）。

A.鉴证业务准则　　　　　　　B.相关服务准则

C.职业道德规范　　　　　　　D.质量控制准则

3.《中国注册会计师鉴证业务基本准则》的目的在于规范注册会计师执行鉴证业务，明确鉴证业务的目标和要素。适用于各种鉴证业务的准则包括（　　）。

A.中国注册会计师审计准则

B.中国注册会计师审阅准则

C.中国注册会计师其他鉴证业务准则

D.中国注册会计师相关服务准则

4.中国注册会计师执业准则的负效应表现在（　　）。

A.执业准则可能导致僵化，人为缩小注册会计师职业判断的范围

B.报告使用者往往认为依据执业准则审定的财务报表是确实可靠的

C.执业准则可能由于社会或政治压力，致使会计师职业受到操纵

D.执业准则可能抑制批评性思想、建设性思想的发展

5.审计准则涉及审计业务的主要方面有（　　）。

A.一般原则与责任

B.风险评估与应对

C.审计证据、利用其他主体的工作

D.审计结论与报告

6.会计师事务所应当建立并保持质量控制制度，质量控制制度的要素包括（　　）。

A.对业务质量承担的领导责任

B.相关职业道德要求

C.客户关系和具体业务的接受与保持

D.人力资源

7.项目质量控制复核是指在出具报告前，对项目组作出的重大判断和在准备报告时形成的结论作出客观评价的过程。会计师事务所应当制定政策和程序，要求对特定业务实施项目质量控制复核，以客观评价项

目组作出的重大判断及在准备报告时得出的结论。这些政策和程序应当包括的要求有（　　）。

A.对所有上市实体财务报表审计实施项目质量控制复核

B.对主要上市实体财务报表审计实施项目质量控制复核

C.规定适当的标准，据此评价上市实体财务报表审计以外的历史财务信息审计和审阅、其他鉴证业务及相关服务业务，以确定是否应当实施项目质量控制复核

D.对符合适当标准的所有业务实施项目质量控制复核

8.注册会计师无法将鉴证业务风险降至零，其主要限制因素有（　　）。

A.内部控制的固有局限性

B.在获取和评价证据以及由此得出结论时涉及大量判断

C.选择性测试方法的运用

D.鉴证对象的特殊性

9.下列各项中，影响注册会计师可获取证据的数量和质量的因素有（　　）。

A.鉴证对象和鉴证对象信息的特征

B.与鉴证业务相关的资料的可获得性

C.客观环境或被审计单位管理层是否施加限制

D.注册会计师的专业胜任能力

10.鉴证业务的目标可分为（　　）。

A.合理保证　　B.绝对保证

C.消极保证　　D.有限保证

（三）判断题

1.中国注册会计师执业准则体系包括鉴证业务准则、相关服务准则和会计师事务所质量控制准则。（　　）

2.鉴证业务准则由鉴证业务基本准则统领，按照鉴证业务提供的保证程度和鉴证对象的不同，分为中国注册会计师审计准则、中国注册会计师审阅准则和中国注册会计师其他鉴证业务准则。其中，鉴证业务准则是整个执业准则体系的核心。（　　）

3.审计准则用以规范注册会计师执行历史财务信息的审计业务。在提供审计服务时，注册会计师对所审计信息是否不存在重大错报提供合

理保证，并以积极方式提出结论。（ ）

4.会计师事务所合伙人拥有对客户的直接投资时，事务所不能接受该客户的审计业务，但如果是事务所其他雇员，则不影响事务所接受该审计项目。（ ）

5.中国注册会计师审计准则所规范的所有内容都属于法定要求，注册会计师在执行审计业务和出具报告时，都必须遵照执行。（ ）

6.注册会计师执行业务，均应遵照执行中国注册会计师执业准则。（ ）

7.注册会计师可以根据需要配备相应的业务助理人员和聘请专家协助工作，但应对其工作结果负责。（ ）

8.中国注册会计师执业准则体系中的相关服务准则分别从业务约定书，计划、程序与记录，报告等方面对注册会计师执行商定程序和代编财务信息业务进行了规范。在提供相关服务时，注册会计师不提供任何程度的保证。（ ）

9.质量控制准则用以规范会计师事务所在执行各类业务时应当遵守的质量控制政策和程序，是对注册会计师质量控制提出的制度要求。（ ）

10.在实务中，主任会计师通常委派专门人员负责质量控制制度的具体运作。这些受委派承担质量控制制度运作责任的人员，应当具有足够、适当的经验和能力及必要的权限以履行其责任，但这不能减轻或替代主任会计师对质量控制制度承担的最终责任。（ ）

11.会计师事务所在从事鉴证业务时，除有关法规允许的情形外，不得以服务成果的大小为条件来决定收费标准的高低。（ ）

12.会计师事务所到外地承办业务，须经当地财政部门批准。（ ）

13.审计质量合格与否的衡量标准是注册会计师执业准则。（ ）

14.审计质量控制准则是针对每个审计项目而制定的，是每个注册会计师及其助理人员都应遵守的标准。（ ）

15.会计师事务所应当制定政策和程序，以处理和解决项目组内部、项目组与被咨询者之间以及项目负责人与项目质量控制复核人员之间的意见分歧，所形成的结论应当得以记录和执行。只有意见分歧问题得到

解决，项目负责人才能出具报告。 (　　)

（四）分析题

1.会计师事务所的质量控制制度包括哪些内容？

2.简述注册会计师的合理保证鉴证业务的证据收集程序。

3.注册会计师对鉴证业务为什么不能绝对保证？

4.为了合理保证能够获知违反独立性要求的情况，会计师事务所应当制定哪些政策和程序？

六、案例

ABC会计师事务所正在制定业务质量控制制度，经过领导层集体研究，确立了下列重大质量控制制度：（1）合伙人的晋升与考核以业务量为主要考核指标，同时考虑遵循质量控制制度和职业道德规范的情况；（2）对员工介绍的客户，由员工所在部门经理根据收费的高低自行决定是否承接；（3）所有审计工作底稿应当在业务完成后90日内整理归档；（4）由于尚未取得上市公司审计资格，不予执行项目质量控制复核制度；（5）无论审计项目组内部的分歧是否得到解决，审计项目组必须保证按时出具审计报告；（6）以每3年为一个周期，选取已完成业务进行检查，检查对象为当年年度考核等级位列后3名的项目负责人。

要求：针对上述第（1）项至第（6）项，分别指出ABC会计师事务所可能违反质量控制准则的情形，并简要说明理由。

案例提示

1.第（1）项，合伙人的晋升与考核以业务量为主要考核指标违反了质量控制准则的规定。根据质量控制准则的规定，会计师事务所应当树立质量至上的意识，建立以质量为导向的业绩评价、工薪及晋升的政策和程序，以提高业务质量和遵守职业道德规范作为主要考核指标。

2.第（2）项，业务的承接以部门经理根据收费的高低自行决定违反了质量控制准则的规定。会计师事务所在制定有关客户关系和具体业务的承接与保持的政策和程序时，只有在满足下列3个条件的情况下，才能够接受或保持客户关系和具体业务，这3个条件包括：已考虑客户的诚信，没有信息表明客户缺乏诚信；能够胜任该项业务，具有执行业务必要的素质、时间和资源；能够遵守相关职业道德要求。不应该将收费作为衡量的唯一标准或关键标准。

3.第（3）项，审计工作底稿应当在业务完成后90日内整理归档违反了质量控制准则的规定。按照会计师事务所质量控制政策和程序的规定，及时将审计工作底稿归整为最终审计档案，审计工作底稿的归档期限是审计业务报告日后60日内，如果未完成审计工作，应当在审计业务中止日后60日内归档。

4.第（4）项，会计师事务所以尚未取得上市公司审计资格为借口，不执行项目质量控制复核制度违反了质量控制准则的规定。会计师事务所并不是仅仅对上市公司的审计业务执行项目质量控制复核制度，会计师事务所还应当自行建立判断标准，确定对那些涉及较大公众利益范围的，或已识别出存在重大异常情况或较高风险的特定业务，实施项目质量控制复核。

5.第（5）项，即使项目组内部分歧未得到解决，审计项目组必须保证按时出具审计报告违反了质量控制准则的规定。项目组内部的分歧没有解决的，不得出具审计报告。

6.第（6）项，检查对象仅为当年年度考核等级位列后3名的项目负责人违反了质量控制准则的规定。会计师事务所周期性地选取已完成业务进行检查，3年符合法定的周期最低标准，但是检查的对象不恰当，应当是对每个项目负责人的业务至少取一项进行检查。

七、阅读文献

[1] 萧英达. 比较审计学 [M]. 北京：中国财政经济出版社，1991：349.

[2] 张龙平. 注册会计师审计控制系统研究 [M]. 大连：东北财经大学出版社，1994：142.

[3] 董凤熙. 社会审计 [M]. 北京：中国审计出版社，1990：36.

[4] 林志军. 西方审计原理与实务 [M]. 北京：中国审计出版社，1996：23.

[5] 沙利文，格诺斯佩利奥斯，德弗利斯，等. 蒙哥马利审计学

[M]. 汤云为，周为熙，陈信元，等，译. 北京：中国商业出版社，1989：37.

[6] 中国注册会计师协会. 审计 [M]. 北京：经济科学出版社，2010.

[7] 李若山. 审计学 [M]. 沈阳：辽宁人民出版社，1995：16.

第四章 注册会计师职业道德

一、学习目的与要求

通过本章的学习，了解中国注册会计师的职业特征和《中国注册会计师职业道德守则》；掌握注册会计师职业道德的基本原则及概念框架，掌握可能对职业道德基本原则产生威胁的具体情形和应对不利影响的防范措施。

二、相关准则与制度

1.《中国注册会计师职业道德守则》

2.《中国注册会计师协会非执业会员职业道德守则》

三、预习要览

（一）关键概念

注册会计师职业道德	职业道德概念框架
专业胜任能力	或有收费

（二）关键问题

1.注册会计师行业的职业特征。

2.注册会计师职业道德守则的具体内容。

3.注册会计师职业道德的基本原则。

4.注册会计师职业道德概念框架。

5.威胁注册会计师职业道德基本原则的具体情形及防范措施。

四、重点与难点解析

1.注册会计师职业道德是指注册会计师职业品德、职业纪律、专业胜任能力及职业责任等的总称。注册会计师的职业性质决定了其对社会公众应承担的责任。为使注册会计师切实担负起这种神圣的职责，为社会公众提供高质量的、可信赖的专业服务，就必须大力加强对注册会计师的职业道德教育。注册会计师的道德水平是关系到整个行业能否生存和发展的大事。从世界各国来看，凡是建立注册会计师制度的国家，都制定了相应的职业道德规范，以昭示注册会计师应达到的道德水准。

2.2009年10月，中国注册会计师协会发布了《中国注册会计师职业道德守则》（以下简称《职业道德守则》），《职业道德守则》包括5个组成部分，全面规范了注册会计师的职业道德行为，实现了与国际会计师职业道德守则的全面趋同。

《职业道德守则》的主要作用有5个方面：一是规定了职业道德的基本原则和概念框架，从而为注册会计师职业界提供了有用的行为指南；二是促使注册会计师按照独立审计准则等执业准则的要求提供专业服务，保证与提高服务质量；三是加强注册会计师对来自外界压力的抵抗力，避免注册会计师在外界强制要求下发表不当意见，以牺牲一方利益为代价而使另一方受益；四是向社会公众昭示注册会计师应达到的道德水准，提高社会公众对注册会计师职业的信赖程度；五是明确注册会计师的职业责任，进而规范注册会计师与客户、同行以及社会公众的关系，有利于维护注册会计师的正当权益，使他们免受不正当的指责和控告。

3.注册会计师职业道德基本原则包括诚信、独立性、客观和公正、专业胜任能力和应有的关注、保密、良好职业行为。

诚信是指诚实、守信。诚信原则要求注册会计师应当在所有的职业关系和商业关系中保持正直和诚实、秉公办事、实事求是。独立性是注册会计师执行鉴证业务的灵魂。《职业道德守则》要求注册会计师执行审计和审阅业务及其他鉴证业务时，应当从实质上和形式上保持独立性，不得因任何利害关系影响其客观性。其中实质上的独立性是一种内心状态，使得注册会计师在提出结论时不受损害职业判断的因素影响，诚信行事，遵循客观和公正原则，保持职业怀疑态度；形式上的独立性是一种外在表现，使得一个理性且掌握充分信息的第三方，在权衡所有相关事实和情况后，认为会计师事务所或审计项目组成员没有损害诚信原则、客观和公正原则或职业怀疑态度。客观性是一种思想状态。客观性原则要求注册会计师应当力求公平，不得因为成见、利益冲突或他人影响而损害独立性。公正性原则要求注册会计师应当具备正直、诚实的品质，在各种压力面前不屈服，能够公平公正、不偏不倚地对待利益各方，不以牺牲一方的利益为条件而使另一方受益。

需要指出的是，客观性原则和公正性原则适用于注册会计师提供的各种专业服务，而不仅仅局限于鉴证业务。

专业胜任能力是指为提供高质量的专业服务，注册会计师必须具备的职业品德、学识与经验、专业训练及足够的分析、判断能力。注册会计师应当通过教育、培训和执业实践获取和保持专业胜任能力。注册会计师应当持续了解并掌握当前法律、技术和实务的发展变化，将专业知识和技能始终保持在应有的水平，确保为客户提供具有专业水准的服务。注册会计师应当保持应有的关注。在审计过程中，注册会计师应当保持职业怀疑态度，运用专业知识、技能和经验，获取和评价审计证据。

《职业道德守则》要求注册会计师遵守相关的法律和规章，维护本职业的良好声誉，避免任何损害职业形象的行为。

4.职业道德概念框架是指解决职业道德问题的思路和方法，用以指导注册会计师：(1) 识别对职业道德基本原则的不利影响；(2) 评价不利影响的严重程度；(3) 必要时采取防范措施消除不利影响或将其降低至可接受的水平。职业道德概念框架适用于注册会计师处理对职业道德基本原则产生不利影响的各种情形，其目的在于防止注册会计师认为只要《职业道德守则》未明确禁止的情形就是被允许的。

5.注册会计师对职业道德基本原则的遵循可能受到多种因素的威胁。威胁的性质和严重程度因注册会计师提供服务类型的不同而不同。可能对职业道德基本原则产生威胁的因素包括自身利益、自我评价、过度推介、密切关系和外在压力。在遵循职业道德基本原则时，注册会计师应当解决遇到的道德冲突问题。注册会计师遇到的不利影响或可能对职业道德基本原则遵循产生不利影响的各种情形和关系，包括专业服务委托、利益冲突、应客户要求提供第二次意见、收费、专业服务营销、礼品和招待、保管客户资产、对客观和公正原则的要求。

注册会计师应当运用判断，确定如何应对超出可接受水平的不利影响，包括采取防范措施消除不利影响或将其降低至可接受的水平，或者终止业务约定或拒绝接受业务委托。在具体工作中，应对不利影响的防范措施包括会计师事务所层面的防范措施和具体业务层面的防范措施。注册会计师应当采取适当措施，识别可能产生利益冲突的情形。这些情形可能对职业道德基本原则产生不利影响。注册会计师应当评价利益冲突产生不利影响的严重程度，并在必要时采取防范措施消除不利影响或将其降低至可接受的水平。

6.会计师事务所在确定收费时应当主要考虑专业服务所需的知识和技能、所需专业人员的水平和经验、各级别专业人员提供服务所需的时间和提供专业服务所需承担的责任。在专业服务得到良好的计划、监督及管理的前提下，收费通常以每一专业人员适当的小时收费标准或日收费标准为基础计算。或有收费是指注册会计师的收费与否或收费多少以鉴证工作结果或实现特定目的为条件。注册会计师应当评价或有收费产生不利影响的严重程度，并在必要时采取防范措施消除不利影响或将其降低至可接受的水平。注册会计师不得采用强迫、欺诈、利诱或骚扰等方式招揽业务。注册会计师不得对其能力进行广告宣传以招揽业务，但可以利用媒体刊登设立、合并、分立、解散、迁址、名称变更和招聘员工等信息。

注册会计师不得向客户索取、收受委托合同约定以外的酬金或其他财物，或者利用执行业务之便，牟取其他不正当的利益。

五、练习题

（一）单项选择题

1.按照职业道德规范对独立性的解释，注册会计师在某公司拥有直接投资，而该公司与其被审计客户有投资关系，这意味着（　　）。

A.注册会计师在客户有直接投资

B.注册会计师与客户无财务利益关系

C.注册会计师在客户有部分投资

D.注册会计师在客户有间接投资

2.职业道德规范要求注册会计师为客户保守在审计过程中获得的机密信息。按照这一要求，除非得到客户的允许，否则注册会计师不能给予答复的情况是（　　）。

A.同业检查实施小组

B.法庭的传审

C.注册会计师协会职业道德执行委员会

D.客户新聘任的注册会计师

3.会计师事务所制定的政策和程序应当强调遵守职业道德规范的重要性，并通过必要的途径予以强化，这些途径不包括（　　）。

A.会计师事务所领导层的示范

B.教育和培训

C.社会公众的监控

D.对违反职业道德规范行为的处理

4.自身利益属于可能对职业道德基本原则产生不利影响的重要因素。该因素导致不利影响的情形是（　　）。

A.会计师事务所为客户编制原始数据，这些数据构成鉴证业务的对象

B.项目组成员的近亲属担任客户的董事或高级管理人员

C.会计师事务所受到降低收费的影响而不恰当地缩小工作范围

D.会计师事务所与客户就鉴证业务达成或有收费的协议

5.自我评价属于可能对职业道德基本原则产生不利影响的重要因素。该因素导致不利影响的情形是（　　）。

A.鉴证业务项目组成员正在与鉴证客户协商受雇于该客户

B.会计师事务所为鉴证客户提供直接影响鉴证对象信息的其他服务

C.会计师事务所推介审计客户的股份

D.会计师事务所的合伙人或高级员工与鉴证客户存在长期业务关系

6.A会计师事务所在审计B公司财务报表时，B公司认为公司材料采购方面存在问题，请A会计师事务所提供管理咨询服务，A会计师事务所提供的哪种服务会有损其独立性（　　）。

A.指出由于采购监督、发票复核制度不合理，造成材料采购出现问题

B.研究和评估材料采购管理问题，并建议各种解决方法

C.监督购买、验收、库存、付款等业务的进行

D.审计解决问题的方案，由B公司派人员实施监督

7.外在压力属于可能对职业道德基本原则产生不利影响的重要因素。该因素导致不利影响的情形是（　　）。

A.客户暗示，如果会计师事务所针对财务报表发表否定意见，则下年不再续约

B.注册会计师接受客户的礼品或款待

C.注册会计师向客户表示，如果不对财务报表进行调整，则在客户与第三方发生诉讼或纠纷时不再担任客户的辩护人

D.项目组成员目前受雇于客户，所处职位能够对鉴证对象施加重大影响

8.在下列情形中，注册会计师不被视为违反保密职业道德的是（　　）。

A.发现被审计单位在相当长时期内无任何支付能力，将此告诉正在与被审计单位洽谈一笔大额短期借款事项的银行，以避免银行遭受损失

B.发现被审计单位中层管理人员舞弊后直接向监察部门打举报电话，请其出面查处

C.司法部门调查被审计单位，依法要求注册会计师出庭作证时注册会计师透露被审计单位的有关情况

D.因与其他会计师事务所的注册会计师交流经验的需要而介绍被审计单位的有关情况

9.以下有关注册会计师专业胜任能力和应有的关注的陈述不恰当的是（　　）。

A.注册会计师应当通过教育、培训和执业实践获取和保持专业胜任能力

B.在应用专业知识和技能时注册会计师无须运用职业判断

C.注册会计师应当采取适当措施确保在其领导下工作的人员得到应有的培训和监督

D.注册会计师在必要时应当使客户以及业务报告的其他使用者了解专业服务的固有局限性

10.会计师事务所承接了具体的某项审计业务后，应当有相应的业务层面的防范措施来确保消除或降低对独立性的不利影响。以下防范措施中可能无效的是（　　）。

A.由审计项目组以外的更有经验的注册会计师复核已执行的审计工作

B.向被审计单位的独立董事进行独立第三方咨询

C.向被审计单位的治理层披露服务性质

D.与被审计单位的总裁讨论职业道德问题

11.注册会计师在执业过程中应特别注意无意泄密，以下可能不属于无意泄密对象的是（　　）。

A.注册会计师的父亲

B.注册会计师的姐姐

C.注册会计师的孙子

D.注册会计师正在审计其财务报表客户所在行业的竞争对手

12.以下关于注册会计师应保持应有的关注的说法中不恰当的是（　　）。

A.应有的关注要求会员勤勉尽责执业

B.应有的关注要求会员保持职业怀疑态度，运用专业知识、技能和经验，获取和评价审计证据

C.应有的关注要求会员查出被审计单位财务报表的所有舞弊

D.应有的关注要求会员采取措施以确保在其授权下工作的人员得到适当的培训和督导

（二）多项选择题

1.注册会计师职业道德规范一般分为（　　）。

A.基本原则　　　　B.基本准则

C.具体要求　　　　D.具体准则

2.按照注册会计师职业道德规范的要求，下列情形中注册会计师应向其所在的会计师事务所声明并实行回避的有（　　）。

A.注册会计师持有客户股票、债券或与客户有其他经济利益

B.注册会计师担任客户的常年会计顾问或代为办理会计事项

C.注册会计师与客户的负责人和主管人员、董事或委托事项的当事

人有过分亲密的关系

D.注册会计师与客户的负责人和主管人员、董事或委托事项的当事人有近亲关系

3.注册会计师对客户的责任包括（　　）。

A.按时、按质完成约定业务

B.帮助被审计单位建立、健全各项内部控制

C.保守商业秘密

D.不得采用或有收费的方式收取审计费用

4.按照注册会计师职业道德规范的要求，有损注册会计师职业形象的行为有（　　）。

A.以个人名义承接业务

B.对其能力进行广告宣传

C.从一家事务所转入另一家事务所

D.跨地区执业

5.下列各项中，符合注册会计师职业道德规范的有（　　）。

A.会计师事务所在报纸上公开其名称或姓名、地址、电话、业务范围

B.会计师事务所通过降低收费招揽业务，使工作质量受到损害

C.会计师事务所为完成委托，雇用正在其他会计师事务所执业的注册会计师

D.会计师事务所为完成委托项目，聘请有关专家协助工作

6.会计师事务所对同行的责任包括（　　）。

A.不得以任何方式或任何理由对到本地区、本行业执业的会计师事务所进行阻挠和排斥

B.前任注册会计师应对后任注册会计师的工作予以支持和合作，包括必要时提供以前年度的工作底稿等资料

C.不诋毁同行，不损害同行利益

D.注册会计师不得以个人名义同时在两家或两家以上的会计师事务所执业

7.专业胜任能力要求主要指（　　）。

A.不得跨地区、跨行业执业

B.对助理人员和其他专业人员的工作负责

C.注册会计师不得宣称自己具有本不具备的专业知识、技能或经验

D.不得从事不能胜任的业务

8.注册会计师应当在所有的执业活动中保持正直、诚实、守信，业务报告、申报资料或其他信息存在下列哪些问题，则不得与这些有问题的信息发生牵连（　　）。

A.含有缺少充分依据的陈述或信息

B.含有严重虚假或误导性的陈述

C.存在重大错报的财务报表

D.存在遗漏或含糊其词的信息

9.注册会计师应客户的要求提供第二次意见时可能对职业道德基本原则产生不利影响，以下可以消除不利影响或将其降低至可接受水平的措施有（　　）。

A.在与客户沟通中说明注册会计师发表专业意见的局限性

B.向前任注册会计师提供第二次意见的副本

C.出具非无保留意见的审计报告

D.征得客户同意与前任注册会计师沟通

10.会计师事务所在确定收费时应当主要考虑的因素有（　　）。

A.专业服务所需的知识和技能

B.所需专业人员的水平和经验

C.各级别专业人员提供服务所需的时间

D.提供专业服务所需承担的责任

（三）判断题

1.独立性原则只适用于鉴证业务。（　　）

2.注册会计师只有在执行注册会计师审计业务时才需要遵守职业道德规范。（　　）

3.会计师事务所在从事鉴证业务时，除有关法规允许的情形外，不得以服务成果的大小为条件来决定收费标准的高低。（　　）

4.注册会计师应当履行保密责任，不应当接受注册会计师协会的调查。（　　）

5.注册会计师职业道德是指注册会计师职业品德、职业纪律及职业

责任等的总称。（ ）

6.客观性原则和公正性原则适用于注册会计师提供的各种专业服务，而不仅仅局限于鉴证业务。（ ）

7.保密原则要求注册会计师对在执业过程中获知的信息保密。除非有法定的或专业的披露权利及义务，在未经正当或特别授权的情况下，注册会计师不得使用或披露任何类似信息。保密原则在注册会计师与客户的关系终止后仍应继续。（ ）

8.客户要求注册会计师发表标准审计报告，否则就不付费，这属于收费与否型的或有收费；客户按照审计后的净利润水平高低付费，这属于收费水平型的或有收费。（ ）

9.会计师事务所的一般管理人员或员工可以担任鉴证客户的董事（包括独立董事）、经理及其他关键管理职务，但会计师事务所的高级管理人员不得担任鉴证客户的董事（包括独立董事）、经理及其他关键管理职务。（ ）

10.注册会计师在接受客户关系前需要考虑审计客户是否有较高的财务报表重大错报风险水平。（ ）

（四）分析题

1.职业道德规范的基本目的是什么？

2.小刘是某全国会计师事务所大连分所的一名注册会计师，小刘的弟弟刚刚应聘担任该分所一位客户的财务主管，请问，小刘的独立地位是否受到损害？假设小刘不参加该客户的审计工作，该分所的独立地位是否受到损害？

3.注册会计师小刘与客户达成一致意见，审计收费额度按完成审计任务所需的天数计算。请回答以下问题：

（1）或有收费职业行为规则的实质是什么？制定这条规则的原因有哪些？

（2）这位注册会计师违反了这条职业行为规则吗？

4.注册会计师小刘做了许多努力，希望能扩展业务，请你指出他下面的这些举动是否违反了注册会计师职业道德规范，并解释其原因。

（1）小刘想和别人合伙成立一家事务所，取名“AAA”，这样在电话黄页上可以被放在第一位的醒目位置，从而达到做广告的效果。

（2）小刘以前和他的同事审计过许多国有企业。他计划与其他注册会计师联系，请他们帮忙介绍更多这种类型的工作。他打算付给每个介绍人2 000元人民币的介绍费。

（3）小刘精通税法。他有许多朋友都自己编制所得税申报单。他向他们提议，在向税务局申报以前，他先为他们进行复核，如果通过他的复核能够为他们找到合法的避税机会，省下来税款的1/3作为他的收入，如果他找不到，则他不收取费用。

5.×银行拟公开发行股票，委托ABC会计师事务所审计其2×08年度、2×09年度和2×10年度的财务报表。双方于2×10年年底签订审计业务约定书。

假定ABC会计师事务所及其审计小组成员与该银行存在以下情况：

（1）ABC会计师事务所与该银行签订的审计业务约定书约定：审计费用为1 500 000元，该银行在ABC会计师事务所提交审计报告时支付50%的审计费用，剩余50%视股票能否上市决定是否支付。

（2）2×09年7月，ABC会计师事务所按照正常借款条件和程序，向该银行以抵押贷款方式借款10 000 000元，用于购置办公用房。

（3）ABC会计师事务所的合伙人A注册会计师目前担任该银行的独立董事。

（4）审计小组成员C注册会计师自2×09年以来一直协助该银行编制财务报表。

（5）审计小组成员D注册会计师的妻子自2×08年以来一直担任该银行的统计员。

请分别针对上述5种情况，判断ABC会计师事务所或相关注册会计师的独立性是否会受到损害，并简要说明理由。

六、案例

刘宏伟是鸿坤会计师事务所的新任总经理，他曾经做过营销工作，此番出任，踌躇满志。刘宏伟上任后，一改从前鸿坤创办人的稳健作风，以经营企业的策略和手段来经营会计师事务所，使事务所的业务快速扩展。

20×5年，中国证券市场放松了上市公司的条件，使得证券市场异常活跃，有意申请股票上市的公司如雨后春笋。刘宏伟适时聘请了在证监会任要职的王先生做顾问，并大肆宣传。据说鸿坤会计师事务所在各地签约承接了约80家极富发展潜力并欲上市的大中型企业的审计业务。这些公司以前大都是中小型事务所的客户。好不容易花了数年甚至10余年培养的客户，忽然被鸿坤抢走，那些中小型事务所对此极其不满。于是，指责鸿坤会计师事务所缺乏职业道德之声在业界此起彼落。

资料来源　改编自王立彦．会计师职业道德与责任［M］．北京：北京大学出版社，2001.

要求：

（1）经营会计师事务所，是否如同经营其他公司？是否能用广告或其他促销方式来扩大业务量？

（2）招揽其他会计师事务所的长期客户是否合乎这一行业的职业道德？

案例提示

（1）经营会计师事务所不能同经营其他公司一样采用广告或其他促销方式来扩大业务量。《注册会计师法》第二十二条规定：注册会计师不得“对其能力进行广告宣传以招揽业务”。2009年10月颁发的《中国注册会计师职业道德守则第3号——提供专业服务的具体要求》第六章第三十四条规定：“注册会计师通过广告或其他营销方式招揽业务，可能对职业道德基本原则产生不利影响。”注册会计师不应通过广告或其他不恰当的营销方式拓展业务。

下面我们将对上述规定做理论上的分析：

会计师事务所属于服务行业，但是它与其他服务行业又有很大区别。注册会计师的审计行为具有服务双重性，既为企业提供公信力信誉服务，同时又为股东、债权人和公众进行提供真实、公允情况的服务。审计工作只有同时满足企业和公众的要求才有意义。其中“向公众提供真实、公允的情况”是会计师事务所的最终服务目标，因为只有事务所在相当长的时期内，向公众提供了真实、公允的情况而且被公众所知，事务所才能具有其本身作为企业所需要的公信力。如果单纯依据上面的理论进行分析，便存在这样一个道理：如果A事务所在相当长的时期内，向公众提供了真实、公允的情况而且有良好的公众声誉，那么我们就可以假定它一定为企业所知，这样A事务所就不需要做广告。而如果A事务所需要靠做夸张的广告才能被企业所知，那么它的公众声誉（即公众信任力）一定不会太高。因此，会计师事务所不应该也不必做广告。广告只能增加知名度，而知名度与公众信任力是两个不同的概念。

但是如果从实务来看，情况又不同。首先，会计师事务所做广告的目的很可能不是获得公信力，而是向企业推销其拥有的某种特殊能力，如与政府官员的“关系”、低廉的价格、意见购买的可能性等。这些是明显违背职业道德的，当然不能这么做。其次，会计师事务所的公众信任力并不是来自“在相当长的时期内，向公众提供了真实、公允的情况”，而是来自其庞大的规模和雄厚的资本（赔付能力强）。最后，国际知名大型事务所（包括“四大”）不断地设法做广告是由于行业内部竞争的不断加剧，它们需要经常地显示自身的实力与活力以适应竞争需要。

（2）招揽其他会计师事务所的长期客户不合乎会计师事务所的职业道德。注册会计师行业在客观上是一个竞争激烈的行业，会计师事务所独立核算、自收自支，能否在竞争中得到较多的客户，关系到一家事务所能否生存。但注册会计师行业又是一个极需同业之间相互尊重、团结合作的行业，同业之间能否保持一种良好关系，关系到整个业界能否在社会公众中保持良好的形象和声誉。注册会计师在执业过程中必须与同行保持良好的工作关系，不诋毁同行，不损害同行利益，不得以不正当的手段与同行争揽业务。

本案例中，鸿坤会计师事务所采用聘请证券监督管理委员会高级官员做顾问的手段，招揽许多想进入股票市场上市的企业，而这些企业大多数是其他会计师事务所的常年客户。这样显然损害了同行的利益，而且所使用的手段也是不正当的。从案例中我们可以看出，鸿坤会计师事务所之所以能招揽到大批客户，是因为它极有可能为客户提供上市便利的好处，这其中必然会有一些不符合法律规定的行为。也就是说，鸿坤会计师事务所不是以其优质的服务吸引客户，而是采取了具有内幕交易性质的非正当手段从同行那里抢客户，这也是对社会公众的不负责任。

七、阅读文献

[1] 萧英达. 比较审计学 [M]. 北京：中国财政经济出版社，1991：349.

[2] 张龙平. 注册会计师审计控制系统研究 [M]. 大连：东北财经大学出版社，1994：142.

[3] 董凤熙. 社会审计 [M]. 北京：中国审计出版社，1990：36.

[4] 林志军. 西方审计原理与实务 [M]. 北京：中国审计出版社，1996：23.

[5] 沙利文，格诺斯佩利奥斯，德弗利斯，等. 蒙哥马利审计学 [M]. 汤云为，周为熙，陈信元，等，译. 北京：中国商业出版社，1989：37.

[6] 中国注册会计师协会. 审计 [M]. 北京：经济科学出版社，2010.

[7] 李若山. 审计学 [M]. 沈阳：辽宁人民出版社，1995：16.

[8] 中国注册会计师协会. 中国注册会计师协会关于印发《中国注册会计师职业道德守则》和《中国注册会计师协会非执行会员职业道德守则》的通知. 2009-10-14.

第五章　注册会计师法律责任

一、学习目的与要求

通过本章的学习，了解变化中的法律环境，掌握注册会计师承担法律责任的必备条件；掌握注册会计师法律责任的种类，掌握注册会计师法律责任的归责原则，了解外国注册会计师的法律责任；掌握中国注册会计师的法律责任；掌握可能导致注册会计师法律责任的原因，掌握注册会计师行业的应对措施及会计师事务所和注册会计师的应对措施。

二、相关准则与制度

1.《中国注册会计师审计准则第1141号——财务报表审计中与舞弊相关的责任》

2.《中国注册会计师审计准则第1151号——与治理层的沟通》

3.《中国注册会计师审计准则第1142号——财务报表审计中对法律法规的考虑》

4.《中国注册会计师审计准则第1221号——计划和执行审计工作时的重要性》

5.《中华人民共和国注册会计师法》

6.《中华人民共和国公司法》相关条款

7.《中华人民共和国证券法》相关条款

8.《中华人民共和国刑法》相关条款

9.《中华人民共和国会计法》相关条款

10.《最高人民法院关于审理涉及会计师事务所在审计业务活动中民事侵权赔偿案件的若干规定》

三、预习要览

（一）关键概念

法律责任	民事责任
违法行为	刑事责任
过错行为	过错责任原则
一般过失	无过错责任原则
重大过失	过错推定原则
欺诈	公平责任原则
行政责任	

（二）关键问题

1.从目前来看，注册会计师法律责任加重的法律环境主要有哪些？

2.注册会计师承担法律责任的必备条件是什么？

3.注册会计师过失或欺诈责任如何界定？

4.我国法律规定的注册会计师法律责任主要有哪几类？

5.法律责任的归责原则主要有哪些？

6.可能导致注册会计师法律责任的原因有哪些？

7.面对注册会计师法律责任的扩展和诉讼案件的急剧增加，整个注册会计师行业应采取哪些应对措施？

8.会计师事务所和注册会计师避免法律诉讼的具体措施有哪些？

四、重点与难点解析

1.从目前来看，注册会计师法律责任加重的法律环境主要表现为：(1）财务报表的使用人与注册会计师职业之间存在的期望差距日益增大。(2）许多法律判例常常将审计人员的赔偿范围扩大到被审计单位和狭义的“已知受益人”以外。(3）证监会对保护投资人利益的责任意识正在增强。(4）由于企业经营规模的扩大、业务的复杂化和计算机的应用等，会计和审计业务更为复杂。(5）社会日益赞同，受害方应向有能力赔偿的一方提起诉讼，而不问被告方错在哪里。这就是通常所说的“深口袋”责任概念。(6）有关民事法庭在有关大案审理中屡判会计师事务所败诉，这便怂恿了某些律师在或有公费的驱使下，提供法律服务，按照这种做法，受害人若胜诉，可获潜在利益，而在败诉时，受到的损失却极小。(7) 有关法律允许采取“集体诉讼”方式，也使得诉讼案件层出不穷。(8) 也有一些诉讼案件是由于审计人员未遵守一般公认审计准则所致。(9) 法院可能在某段时期，出现明显倾向于保护财务报表使用者利益的趋势，也可能使报表使用者以报表未达到期望值为由趁机控告审计人员。(10) 很多会计师事务所为节省法律事务费用，或避免不利于自己的问题张扬出来，宁愿私了，也不愿意通过司法程序来解决问题。(11) 被审计单位编制财务报表可选用的会计原则很多，而审计人员在评价所选用的原则的恰当性时，缺乏明确的标准。

2. 法律责任是指行为人由于违反法律条款而必须承担的具有强制性、惩罚性的责任，这种责任将给行为人带来不利的法律后果。注册会计师在何种情形下才需承担法律责任，应看其是否达到承担法律责任的必要条件。注册会计师承担法律责任的必备条件（即法律责任的构成要件）因法律责任类型而异。

违约行为是指注册会计师违反相关法律条款的行为。具体表现为两个方面：(1) 违反合同约定。(2) 违反法律法规，主要指注册会计师直接违反了《中华人民共和国证券法》《中华人民共和国公司法》等法律中规定的义务。过错是指行为人对其所实施的违法行为所持有的心态，即行为人违反法律行为时所表现出来的主观状态。过错包括故意和过失两种形式。注册会计师的过错主要有两类：过失和欺诈。注册会计师的过失因轻重程度不同，可以划分为一般过失和重大过失。

3. 我国法律规定的注册会计师法律责任主要有行政责任、民事责任和刑事责任3类。法律责任的归责原则主要有过错责任原则、无过错责任原则、过错推定原则和公平责任原则。

过错责任原则是指在决定侵权行为人所应负的责任时，应考虑行为人的过错程度。过错责任原则的依据是“容许性危险与违法阻却”理论。所谓“容许性危险”，是指为完成某种有益于社会的行为，而在性质上含有某种侵害法律权益的抽象危险的行为。若该危险与其有益目的相比被认为是正当的，该危险就属于容许性危险。容许性危险“虽属违法，但无责任”，如果行为人在履行了应尽的注意义务的情形下发生了可预见的危险，也不能将之归为违法。容许性危险的违法阻却事由有两种：一是危险的被容许性；二是行为人履行应尽之义务。也就是说，根据该理论，注册会计师可以以“已尽应有的职业关注”为由主张免责。

无过错责任原则是指损害发生不以行为人的主观过错为责任要件的归责标准。对于无过错责任原则的功能有不同的看法。但是，基本宗旨在于“对不幸损害之合理分配”。这种基本功能决定了这种制度必然与责任保险联系在一起。无过错责任原则的主要功能在于分担、补偿受害者的损失，它已经没有了过错责任的教育、惩戒功能。

按照过错推定原则，若原告能证明其所受的损害是由被告所致，而被告不能证明自己没有过错，则应推定被告有过错并应负民事责任。注册会计师只有能够证明自己恪尽职守和合理调查才能免除承担责任。美国、日本和我国台湾地区《证券交易法》均采用过错推定的归责原则。注册会计师只对审计报告承担“合理的保证责任”，即只要严格遵循准则，即使出具了虚假的审计报告，依法也不应承担责任。注册会计师只有在未严格遵循准则的前提下，故意或过失地出具了虚假的审计报告，才对“其他利害关系人”“承担报告不实部分或虚假证明金额范围内的赔偿责任”。

公平责任原则是指在当事人造成损害无过错，又不能适用于无过错责任原则要求加害人承担赔偿责任，而使受害人遭受重大损害而得不到赔偿显失公平的情况下，由人民法院根据实际情况依“公平合理负担”判由双方分担损失的原则。

4.外国注册会计师的法律责任主要源自习惯法和成文法。所谓习惯法，指不是通过立法而是通过法院判例引申而成的各项法律；所谓成文法，则是由联邦或州立法机构以文字所制定的法律。

我国颁布的不少重要的经济法律、法规中，都有专门规定会计师事务所、注册会计师法律责任的条款，其中比较重要的有：《中华人民共和国注册会计师法》、《中华人民共和国公司法》、《中华人民共和国证券法》及《中华人民共和国刑法》等。2007年6月11日最高人民法院发布了《最高人民法院关于审理涉及会计师事务所在审计业务活动中民事侵权赔偿案件的若干规定》（以下简称《司法解释》）。《司法解释》是根据法律法规的精神，结合审判实践中出现的新情况、新问题，作出切合实际的规定。它既寻求保护投资者合法利益，又为注册会计师行业提供了健康的发展空间。

5.注册会计师被控告的原因可能是多方面的。有的是被审计单位方面的原因，有的是注册会计师方面的责任，而有的是双方的责任，还有的是使用者误解的原因。来自注册会计师方面的原因是最重要的，如职业道德素质低、专业胜任能力不够、对被审计单位经营情况了解不够、审计程序不妥、未能保持应有职业谨慎、所收集的证据明显不足、未能将审计证据恰当地记录于工作底稿、对客户舞弊的研究与重视不够和审计欺诈的存在等。

6.面对注册会计师法律责任的扩展和诉讼案件的急剧增加，注册会计师行业的应对措施包括严格审计程序、加强行业监管、反击恶意诉讼和弥补社会公众期望差距。会计师事务所和注册会计师避免法律诉讼的具体措施，可以概括为严格遵循职业道德守则、建立会计师事务所质量控制制度、谨慎选择合伙人、招收合格的人员并予以适当培训和督导、与委托人签订业务约定书、审慎选择被审计单位、严格遵守审计准则、提取风险基金或购买责任保险及聘请律师等。

五、练习题

（一）单项选择题

1.注册会计师未能查出财务报表中重大错报、漏报，法院一般会认为注册会计师可能具有（　　）。

A.一般过失　　　　B.重大过失

C.一般过失或重大过失　　　　D.欺诈

2.注册会计师因违约、过失或欺诈给被审计单位或其他利害关系人造成损失的，按照有关法律和规定，可能被判负行政责任、民事责任或刑事责任。行政处罚对于注册会计师个人来说，并不包括（　　）。

A.没收违法所得　　　　B.警告

C.暂停执业　　　　D.吊销注册会计师证书

3.因违约和过失可能使注册会计师承担的责任是（　　）。

A.民事责任　　　　B.行政责任和刑事责任

C.民事责任和行政责任　　　　D.民事责任和刑事责任

4.甲注册会计师对B公司20×7年度财务报表进行审计，发现B公司内部控制制度极其薄弱，在执业中运用实质性程序，但仍然没查出重大错报，此时甲注册会计师（　　）。

A.没有过失　　B.应属于一般过失

C.应属于欺诈　　D.应属于重大过失

5.对于注册会计师的欺诈行为，法院可判其（　　）。

A.有行政责任和刑事责任　　B.有民事责任和刑事责任

C.只有刑事责任　　D.只有民事责任

6.注册会计师严格按照专业标准的要求执业，没有欺诈行为，即使审定后的财务报表中有错报事项，注册会计师一般也不会承担（　　）。

A.过失责任　　B.行政责任

C.法律责任　　D.民事责任

7.注册会计师在对被审计单位的存货审计时提出监盘，但被审计单位表示年终前已进行过盘点，并向注册会计师提供了盘点的全部记录。注册会计师审查了盘点记录后便认可了存货的真实性。然而，后来存货被证实存在大量虚构情况，那么注册会计师将被视为（　　）。

A.违约　　B.一般过失

C.重大过失　　D.欺诈

8.被审计单位未能向注册会计师提供编制纳税申报表所必要的信息，后来又控告注册会计师未能妥当地编制纳税申报表，这种情况可能使法院判定被审计单位存在（　　）。

A.违约　　B.一般过失

C.重大过失　　D.共同过失

9.注册会计师对A股份有限公司20×0年度财务报表进行审计，按照《中国注册会计师审计准则第1312号——函证》的规定，对有关应收账款进行了函证，但由于肯定式函证数量不足，最终仍有重大错报还是未能查出，在此种情况下一般认为注册会计师应属于（　　）。

A.一般过失　　B.没有过失

C.重大过失　　D.共同过失

10.如果财务报表存在多处错误事项，每一处都不算重大，但报表作为整体就可能严重失实，注册会计师执行审计准则规定的程序未能将错误事项查出来，该注册会计师会被认定为（　　）。

A.一般过失　　　　　　　　　B.欺诈

C.重大过失　　　　　　　　　D.没有过失

11.注册会计师是否承担民事侵权赔偿责任的关键是（　　）。

A.利害关系人起诉了有过失的注册会计师

B.会计师事务所出具了不实报告

C.利害关系人遭受了重大的损失

D.利害关系人遭受的损失是由于会计师事务所不实报告引起的

12.注册会计师是否应当承担法律责任的关键是（　　）。

A.是否查出财务报表所有重大错报

B.是否查出财务报表所有重大错误、舞弊和违反法律法规

C.是否按照执业准则的要求执业

D.是否有过失或欺诈行为

（二）多项选择题

1.使得注册会计师法律责任加重的法律环境主要表现为（　　）。

A.财务报表使用者与注册会计师之间存在的期望差距日益增大

B.政府监管部门保护投资者的意识日益加强，监管措施日益完善，处罚力度日益增大

C.由于审计环境发生很大变化，会计业务更加复杂，审计风险变大

D.“深口袋”理论的盛行

2.为减少过失或防止欺诈，注册会计师应达到的基本要求有（　　）。

A.增强执业独立性　　　　　　B.保持职业谨慎

C.强化执业监督　　　　　　　D.与委托人签订业务约定书

3.目前我国颁布的、涉及会计师事务所及注册会计师的法律责任的法律法规有（　　）。

A.中国注册会计师执业准则

B.《中华人民共和国刑法》

C.《中华人民共和国证券法》

D.《中华人民共和国公司法》

4.注册会计师李大卫审计星海公司20×7年度财务报表，并出具了无保留意见审计报告。其后，星海公司发现小额银行存款被贪污，因而控告李大卫工作有过失。对此，李大卫提起诉讼，有效的诉讼

包括（　　）。

A.按照中国注册会计师审计准则进行财务报表审计，并不能保证发现所有的错误和舞弊，李大卫并无过失

B.李大卫提供的服务是财务报表审计，不是针对错误与舞弊的专门审计

C.李大卫未能发现舞弊是因为审计工作底稿是其助理人员编制的，李大卫本人并无过失

D.防止发生和及时发现错误与舞弊，是星海公司管理层的责任

5.注册会计师的法律责任的种类有（　　）。

A.违约责任　　B.刑事责任

C.民事责任　　D.行政责任

6.会计上的错误主要包括（　　）。

A.对会计政策的误用

B.对事实的疏忽和误解

C.原始记录和会计数据的计算、抄写错误

D.隐瞒或删除交易或事项

7.会计上的舞弊包括（　　）。

A.蓄意使用不当的会计政策　　B.记录虚假的交易或事项

C.伪造、变造记录或凭证　　D.隐瞒或删除交易或事项

8.注册会计师所负过失责任，通常将过失按其程度不同分为（　　）。

A.轻微过失　　B.欺诈

C.一般过失　　D.重大过失

9.会计师事务所违约的情形有（　　）。

A.未按商定的时间提交审计报告

B.违反了与被审计单位订立的保密协议

C.修改了审计程序

D.追加了审计程序

10.我国会计师事务所和注册会计师可能承担的行政责任主要有（　　）。

A.支付违约金　　B.行政处罚

C.行政处分　　D.劳动教养

（三）判断题

1.注册会计师如果未能将财务报表中的错误与舞弊揭露出来，就一定应负审计责任。（ ）

2.过失指注册会计师的过错或失误。（ ）

3.经营失败必然引发审计失败。（ ）

4.注册会计师的审计意见应保证被审计单位财务报表的可靠性，以利于财务报表使用人作出正确的决策。（ ）

5.尽管不能发现被审计单位财务报表中存在的全部错误、舞弊和违反法律法规的行为，注册会计师仍然有责任发现财务报表中的重大错误、舞弊和对财务报表有直接影响的重大违反法律法规行为。（ ）

6.注册会计师过失程度的大小没有特别严格的界定，在实务中也很难界定。（ ）

7.一般而言，如果注册会计师发生违约或过失行为，可能要负行政责任或民事责任；如发生欺诈行为，则可能要承担民事责任或刑事责任。（ ）

8.对财务报表有直接和重大影响的违反法律法规行为，注册会计师在设计和实施审计程序以及评价和报告审计结果时，应当给予充分关注。（ ）

9.我国现行法律规定，会计师事务所和注册会计师如工作失误或者犯有欺诈行为，应对委托人或依赖审定财务报表的第三人承担法律责任。（ ）

10.被审计单位治理层与管理层的责任与注册会计师审计责任的内容是完全相同的。（ ）

11.审计风险的存在是确定的，所以审计风险的发生也是确定的。（ ）

12.注册会计师未检查出财务报表的违法行为，表示其审计工作未按中国注册会计师执业准则执行。（ ）

13.如果被审计单位认为某些项目属于商业秘密，不愿公开披露，注册会计师就应该尊重企业意愿，不能对外公布。（ ）

14.会计师事务所在报告中注明“本报告仅供年检使用”“本报告仅供工商登记使用”等类似内容的，可以作为其免责的事由。（ ）

15. 会计师事务所对一个或者多个利害关系人承担的赔偿责任应以不实审计金额为限。 (　　)

（四）分析题

光华会计师事务所承办了星海公司20×6年度财务报表审计业务。20×7年6月，星海公司股东之一张三以星海公司20×6年度财务报表审计工作存在重大过失、导致其发生重大投资损失为由，向法院提起诉讼，要求光华会计师事务所承担民事赔偿责任。

光华会计师事务所拟运用审计重要性和内部控制的观点应诉，其聘请的律师在准备应诉材料时提出以下问题：

（1）内部控制概念在区分一般过失和重大过失中有何重要作用？

（2）重要性概念在区分一般过失和重大过失中有何重要作用？

（3）在什么情况下，注册会计师可能被认为免于承担民事责任？

（4）在什么情况下，注册会计师可能对第三方承担法律责任？

（5）针对第三方的诉讼，注册会计师应当如何为自己抗辩？

假设你是光华会计师事务所的成员，如何回答上述问题？

六、案例

D注册会计师负责对上市公司丁公司20×7年度财务报表进行审计。20×7年，丁公司管理层通过与银行串通编造虚假的银行进账单和银行对账单，虚构了一笔大额营业收入。D注册会计师实施了向银行函证等必要审计程序后，认为丁公司20×7年度财务报告不存在重大错报，出具了无保留意见审计报告。

在丁公司20×7年度已审计财务报表公布后，股民甲购入了丁公司股票。随后，丁公司财务舞弊案件曝光，并受到证券监管部门的处罚，其股票价格大幅下跌。为此，股民甲向法院起诉D注册会计师，要求其赔偿损失。D注册会计师以其与股民甲未构成合约关系为由，要求免于承担民事责任。

要求：

（1）为了支持诉讼请求，股民甲应当向法院提出哪些理由？

（2）指出D注册会计师提出的免责理由是否正确，并简要说明理由。

（3）在哪些情形下，D注册会计师可以免于承担民事责任？

案例提示

（1）股民甲应当向法院提出的诉讼理由包括：丁公司报表存在重大错报但是注册会计师出具的审计报告是无保留意见；注册会计师在丁公司财务报表的审计中仅执行了银行函证等必要的审计程序，没有保持合理的谨慎，存在过失；股民甲由于丁公司股价下跌，存在损失；股民甲是由于信任了丁公司报出的20×7年度的财务报表和注册会计师的审计报告而购买丁公司股票的。

（2）D注册会计师提出的免责理由是不正确的，会计师事务所因在审计业务活动中对外出具不实报告给利害关系人造成损失的，应当承担侵权赔偿责任，能够证明自己没有过错的除外。不能以没有与利害关系人建立合约关系为由要求免于承担民事责任。

（3）D注册会计师在下列情形下可以免于承担民事责任：①已经遵守执业准则、规则确定的工作程序并保持必要的职业谨慎，但仍未能发现被审计的会计资料错误；②审计业务所必须依赖的金融机构等单位提供虚假或者不实的证明文件，注册会计师在保持必要的职业谨慎情况下仍未能发现其虚假或者不实；③已对被审计单位的舞弊迹象提出警告并在审计业务报告中予以指明。

七、阅读文献

［1］余玉苗．审计学［M］．2版．北京：清华大学出版社，2008．

［2］阿伦斯，洛布贝克．审计学——整合方法研究［M］．石爱中，等，译．北京：中国审计出版社，2001．

［3］2008年注册会计师全国统一考试审计试题．

第二篇

审计程序与审计技术

第六章　审计目标与审计过程

一、学习目的与要求

通过本章的学习，了解审计目标的含义与影响因素；了解审计目标的演变阶段；掌握现阶段我国注册会计师的总体目标；理解注册会计师目标的逻辑过程；掌握管理层和注册会计师对财务报表的责任及二者关系；掌握注册会计师总体目标、具体审计目标与管理层认定的关系；掌握被审计单位管理层认定的相关内容；掌握审计师根据管理层的认定推论得出一般审计目标；掌握项目审计目标；掌握审计目标的实现过程。

二、相关准则与制度

1.《中国注册会计师审计准则第1101号——注册会计师的总体目标和审计工作的基本要求》

2.《中国注册会计师审计准则第1121号——对财务报表审计实施的质量控制》

3.《中国注册会计师审计准则第1201号——计划审计工作》

三、预习要览

（一）关键概念

审计目标	具体审计目标
审计总体目标	审计一般目标
管理层认定	项目审计目标

（二）关键问题

1.何谓审计总目标？近年来审计总目标有何变化？

2.现阶段我国注册会计师审计的总目标的内容有哪些？

3.何谓具体审计目标？其确定依据是什么？

4.何谓审计一般目标？其包括哪些内容？

5.何谓项目审计目标？其确定依据是什么？

四、重点与难点解析

1.审计总目标

审计目标是在一定历史环境下，审计主体通过审计实践活动所期望达到的境地或最终结果，它体现了审计的基本职能，是构成审计理论结构的基石，是整个审计系统运行的定向机制，是审计工作的出发点和落脚点。影响审计目标确立与变更的因素有3个方面：社会需求的变化、审计能力的提高和社会环境的制约。

审计总目标的演变大致可划分为以查错防弊为主要审计目标、以验证财务报表的真实公允性为主要审计目标、查错防弊和验证财务报表的真实公允性两目标并重3个阶段。

自20世纪80年代以来，为缩小公众对审计的期望差距，审计职业界开始对“舞弊责任”采取了更加积极的态度。把“发现舞弊”作为审计目标有逐渐被认可的趋势。

2.我国注册会计师审计的总目标

在执行财务报表审计工作时，注册会计师的总体目标是：（1）对财务报表整体是否不存在由于舞弊或错误导致的重大错报获取合理保证，使得注册会计师能够对财务报表是否在所有重大方面按照适用的财务报告编制基础发表审计意见；（2）按照审计准则的规定，根据审计结果对财务报表出具审计报告，并与管理层和治理层沟通。

总体目标的具体化是一个系统的过程，从逻辑上讲，它至少要包括以下步骤：

（1）明确注册会计师在财务报表审计中的总体目标；

（2）明确被审计单位管理层及治理层和注册会计师对财务报表的责任；

（3）将财务报表所涉及的交易与账户划分为几个交易循环；

（4）明确管理层关于交易类别、账户余额和列报的认定；

（5）确定交易类别、账户余额及列报的具体审计目标；

（6）确定交易类别、账户余额及列报的审计程序。

3.被审计单位管理层的责任

被审计单位管理层的责任包括：按照适用的财务报告框架规定编制财务报表；设计、执行和维护必要的内部控制，使得编制的财务报表不存在由于舞弊或错误导致的重大错报；向注册会计师提供必要的工作条件。

就大多数通用目的财务报告框架而言，注册会计师的责任是针对财务报表是否在所有重大方面按照财务报告框架编制并实现公允反映发表审计意见。

被审计单位管理层的责任与注册会计师的审计责任不能相互替代、减轻或免除。

4.审计具体目标

审计具体目标是总目标的具体化，并受到总目标的制约，它包括一般目标和项目目标。

具体目标必须根据被审计单位管理层的认定和审计总目标来确定。管理层对财务报表各组成要素均作出了认定，审计人员的审计工作就是要确定管理层的认定是否恰当。

（1）与各类交易和事项相关的认定。

①发生：记录的交易和事项已发生且与被审计单位有关。由发生认定推导出的审计目标是已记录的交易是真实的。例如，如果没有发生销售交易，但在销售日记账中记录了一笔销售，则违反了该目标。发生认定所要解决的问题是管理层是否把那些不曾发生的项目记入财务报表，它主要与财务报表组成要素的高估有关。

②完整性：所有应当记录的交易和事项均已记录。由完整性认定推导出的审计目标是已发生的交易确实已经记录。例如，如果发生了销售交易，但没有在销售日记账和总账中记录，则违反了该目标。发生和完整性两者强调的是相反的关注点。发生目标针对潜在的高估，而完整性目标则针对漏记交易（低估）。

③准确性：与交易和事项有关的金额及其他数据已恰当记录。由准确性认定推导出的审计目标是已记录的交易是按正确金额反映的。

④截止：交易和事项已记录于正确的会计期间。由截止认定推导出的审计目标是接近于资产负债表日的交易记录于恰当的期间。

⑤分类：交易和事项已记录于恰当的账户。由分类认定推导出的审计目标是被审计单位记录的交易经过适当分类。

（2）与期末账户余额相关的认定。

①存在：记录的资产、负债和所有者权益是存在的。由存在认定推导出的审计目标是记录的金额确实存在。

②权利和义务：记录的资产由被审计单位拥有或控制，记录的负债是被审计单位应当履行的偿还义务。由权利和义务认定推导出的审计目标是资产归属于被审计单位，负债属于被审计单位的义务。

③完整性：所有应当记录的资产、负债和所有者权益均已记录。由完整性认定推导出的审计目标是已存在的金额均已记录。

④计价和分摊：资产、负债和所有者权益以恰当的金额包括在财务报表中，与之相关的计价或分摊调整已恰当记录。

（3）与列报相关的认定。

①发生及权利和义务：披露的交易、事项和其他情况已发生，且与被审计单位有关。将没有发生的交易、事项，或与被审计单位无关的交易和事项包括在财务报表中，则违反该目标。

②完整性：所有应当包括在财务报表中的披露均已包括。如果应当披露的事项没有包括在财务报表中，则违反该目标。

③分类和可理解性：财务信息已被恰当地列报和描述，且披露内容表述清楚。

④准确性和计价：财务信息和其他信息已公允披露，且金额恰当。

5.审计一般目标

审计一般目标是指适用于企业财务报表所有项目审计的目标，包括总体合理性、真实性、所有权、完整性、估价、截止、机械准确性、分类、披露。

6.审计项目目标

审计项目目标是指适用于财务报表具体项目审计所要达到的目标。特定财务报表项目的审计具体目标是依据管理层的认定和审计一般目标，针对被审计单位具体情况而确定的。

7.审计目标的实现过程

审计目标的实现过程通常包括接受业务委托、计划审计工作、实施风险评估程序、实施控制测试和实质性程序，以及完成审计工作并出具审计报告五个阶段。

五、练习题

（一）单项选择题

1.一般认为，注册会计师审计目标的层次为（　　）。

A.3个　　B.1个

C.2个　　D.4个

2.“发生”认定指记录的交易和事项已发生且与被审计单位有关，其目标主要针对（　　）。

A.数量　　B.低估

C.高估　　D.金额

3.“完整性”认定指所有应当记录的交易和事项均已记录，其目标主要针对（　　）。

A.数量　　B.金额

C.高估　　D.低估

4.涉及总体合理性、真实性、所有权及披露等的审计目标是（　　）。

A.审计具体目标　　B.审计一般目标

C.审计项目目标　　D.审计总目标

5.既属于被审计单位管理层的认定，又属于注册会计师的审计目标的是（　　）。

A.真实性　　B.估价

C.完整性　　D.披露

6.其组成要素与“权利和义务”认定有关的是（　　）。

A.资产负债表　　B.利润表

C.审计项目目标　　D.审计总目标

7.下列有关“完整性”的认定中，表达不正确的是（　　）。

A.该认定是指应在财务报表中列示的所有交易和项目是否都列入了

B.该认定主要与财务报表组成要素的低估有关

C.该认定所要解决的问题是被审计单位管理层是否把应包括的项目给遗漏或省略了

D.该认定还涉及所报告的交易和项目的金额是否正确

8.下列认定中与利润表组成要素无关的是（　　）。

A.发生　　　　B.完整性

C.权利和义务　　　　D.准确性

9.注册会计师计划测试M公司20×7年度主营业务收入的完整性。下述各项审计程序中，通常难以实现上述目标的是（　　）。

A.抽取20×7年12月31日开具的销售发票，检查相应的发运单和账簿记录

B.抽取20×7年12月31日的发运单，检查相应的销售发票和账簿记录

C.从主营业务收入明细账中抽取20×7年12月31日的明细记录，检查相应的记账凭证、发运单和销售发票

D.从主营业务收入明细账中抽取次年1月1日的明细记录，检查相应的记账凭证、发运单和销售发票

10.在对资产存在认定获取审计证据时，正确的测试方向是（　　）。

A.从财务报表到尚未记录的项目

B.从尚未记录的项目到财务报表

C.从会计记录到支持性证据

D.从支持性证据到会计记录

（二）多项选择题

1.审计目标是（　　）。

A.整个审计系统运行的定向机制

B.审计工作的出发点和落脚点

C.构成审计理论结构的基石

D.审计的基本职能

2.社会环境对审计目标的制约主要体现在（　　）上。

A.社会观念　　　　B.法庭判决

C.会计职业团体　　　　D.国家法律

3.审计目标的主要影响和决定因素有（　　）。

A.社会环境　　B.生产力水平

C.审计能力　　D.社会需求

4.审计具体目标的确定依据包括（　　）。

A.审计一般目标　　B.审计项目目标

C.审计总目标　　D.被审计单位管理层的认定

5.被审计单位管理层在资产负债表中列报银行存款及其金额，意味着作出了下列明确的认定（　　）。

A.记录的银行存款是存在的

B.银行存款以恰当的金额包括在财务报表中

C.所有应当记录的银行存款均已记录

D.记录的银行存款都由被审计单位拥有

6.与期末账户余额相关的认定有（　　）。

A.计价和分摊　　B.完整性

C.权利和义务　　D.存在

7.与列报相关的认定有（　　）。

A.发生及权利和义务　　B.完整性

C.分类和可理解性　　D.准确性和计价

8.与各类交易和事项相关的认定有（　　）。

A.准确性和计价　　B.发生和完整性

C.准确性　　D.截止和分类

9.在审查（　　）财务报表时，注册会计师应将被审计单位对利润的完整性认定作为重要的审计目标。

A.按有关法规的规定，上市公司对外公布的

B.为了取得长期借款，应银行要求编制的

C.按合同的约定，非上市公司在分利前向股东呈送的

D.在缴纳所得税前，计算应纳税所得额时依据的

10.账户余额的“计价和分摊”认定是指被审计单位管理层明示或暗示其财务报表的资产、负债、所有者权益（　　）。

A.金额是恰当的　　B.计价是恰当的

C.分摊已恰当记录　　D.分类是恰当的

（三）判断题

1.注册会计师审计的总目标由审计具体目标组成。（　　）

2.注册会计师审计的总目标是对被审计单位财务报表的合法性、公允性及会计处理方法的一贯性负责。（　　）

3.被审计单位管理层的认定指管理层对财务报表各组成要素所作出的认定。（　　）

4.管理层在财务报表上的认定都是明确表达的。（　　）

5.被审计单位管理层的认定就是指与各类交易和事项相关的认定。（　　）

6.特定财务报表项目的审计具体目标是依据管理层的认定和审计一般目标，结合被审计单位具体情况而确定的。（　　）

7.审计总目标包括一般目标和项目目标。（　　）

8.审计范围中的审计程序就是指审计程序的范围。（　　）

9.注册会计师有责任制订计划和实施必要程序，以保证能发现财务报表的重大错误、舞弊及对财务报表有直接影响的重大违反法律法规行为。（　　）

10.注册会计师对财务报表的编制承担完全责任。（　　）

（四）分析题

1.注册会计师通常依据各类交易、账户余额和列报的相关认定确定审计目标，根据审计目标设计审计程序。表6-1给出了各个项目的相关认定。请填写对应的审计目标和审计程序。

表6-1　　项目的相关认定对应的审计目标与审计程序

项目	认定	审计目标	审计程序
应收账款	计价和分摊		1. 2.
营业收入	发生		1. 2.
固定资产	权利和义务		1. 2.
应付账款	完整性		1. 2.
存货	存在		1. 2.

2.注册会计师甲在审查ABC股份有限公司（以下简称ABC公司）年度财务报表时，根据风险评估的结果，对该公司财务报表的若干项目分别提出了具体审计目标或审计程序，下面摘录了其中的一部分。所摘录的审计目标或审计程序对所述项目并不一定是最重要的。请指出与所列示的审计目标或审计程序最适应的管理层认定，填入表6-2。

表6-2　　具体审计目标或审计程序对应的管理层认定

具体目标或程序	管理层认定的名称
（1）确定所有的应收票据均已反映在账簿记录中	
（2）检查生产设备的购货发票，核实付款人是否为ABC公司	
（3）固定资产与低值易耗品的界限是否明确，披露是否充分	
（4）应收票据明细账余额加计是否与总账余额相符	
（5）期末存货按成本与可变现净值孰低法计价	
（6）检查已入账销售业务的支持性凭证中是否包含顾客订单	
（7）确定当年所购商品验收单的最大号码	
（8）编制或获取营业收入项目的明细表，复核加计是否正确	
（9）核实所记录的应付账款是否均已收到符合要求的材料	

六、案例

光大会计师事务所甲、乙注册会计师在对远华公司20×7年度财务报表进行审计时，发现该公司的财务报表、期末账户余额及各类交易和事项可能存在下列导致重大错报的情况：

（1）在销售交易中，发出商品的数量与账单上的数量不符；

（2）期末存货的盘点可能存在较大的差错；

（3）准备持有至到期的投资的摊余成本计算可能存在较大的差错；

（4）可能存在未入账的应付账款；

（5）长期借款中可能有一部分年内将会到期；

（6）在销售交易中，将现销记录为赊销。

请按下列要求，完成表格（见表6-3）：

表6-3 **审计目标与审计过程**

序号	管理层的认定	审计程序	审计目标	审计证据的种类
1				
2				
3				
4				
5				
6				

（1）针对上述可能存在的问题，管理层是如何针对不同层次认定的？

（2）为了证实上述问题，注册会计师应当分别执行的最主要的实质性测试程序是什么？

（3）注册会计师执行的实质性测试程序能实现哪些审计目标？

（4）注册会计师执行的实质性测试程序能获取何种审计证据？

案例提示

答案要点见表6-4。

表6-4 **审计目标与审计过程**

序号	管理层的认定	审计程序	审计目标	审计证据的种类
1	与交易和事项相关的准确性	重新计算	准确性	书面证据
2	与期末账户余额相关的存在	检查有形资产	真实存在	实物证据
3	与期末账户余额相关的准确性	重新计算	准确性	书面证据
4	与期末账户余额及报表列报相关的完整性	查找未入账的应付账款	完整性	书面证据
5	与报表列报相关的分类和可理解性	检查是否存在1年内到期的长期借款	分类和可理解性	书面证据
6	与交易和事项相关的分类	检查销售合同及销售记录	分类	书面证据

七、阅读文献

[1] 余玉苗. 审计学 [M]. 2版. 北京：清华大学出版社，2008.

[2] 阿伦斯，洛布贝克. 审计学——整合方法研究 [M]. 石爱中，等，译. 北京：中国审计出版社，2001.

[3] 中国注册会计师协会. 中国注册会计师执业准则应用指南2010 [M]. 北京：中国财政经济出版社，2010.

第七章　审计证据与审计工作底稿

一、学习目的与要求

通过本章的学习，掌握审计证据的含义和种类；掌握各类证据与具体审计目标的关系；掌握审计证据的充分性和适当性两个基本特征；掌握获取审计证据的审计程序；了解审计工作底稿的定义和编制目的；了解审计工作底稿的编制要求和性质；掌握审计工作底稿的格式、内容和范围；掌握审计工作底稿的归档要求；明确利用其他主体的工作。

二、相关准则与制度

1.《中国注册会计师审计准则第1131号——审计工作底稿》

2.《中国注册会计师审计准则第1301号——审计证据》

3.《中国注册会计师审计准则第1313号——分析程序》

三、预习要览

（一）关键概念

审计证据	重新计算
审计证据的充分性	重新执行
审计证据的适当性	分析程序
函证	审计工作底稿

（二）关键问题

1.什么是审计证据？它包括哪些内容？

2.审计证据的种类如何划分？

3.如何理解审计证据的充分性和适当性？

4.获取审计证据的审计程序有哪些？各自的适用范围是什么？

5.审计工作底稿的内容有哪些？

6.注册会计师如何利用其他主体的工作？应注意哪些事项？

四、重点与难点解析

1.审计证据

审计证据是指注册会计师为了得出审计结论和形成审计意见而使用的信息。审计证据包括构成财务报表基础的会计记录所含有的信息、其他信息、利用管理层专家的工作和使用被审计单位生成的信息。

2.审计证据的种类

根据审计证据的外在的具体形态，可以将其划分为：实物证据、书面证据、口头证据、环境证据。根据获取的证据对审计结论的支持程度，可以将审计证据分为直接证据和间接证据。按照证据的来源进行分类，可以将其划分为来自审计客户内部的证据、来自审计客户外部的证据。根据证据所提供的逻辑证明，可将其划分为正面证据和反面证据。注册会计师决定是否需要对现有的证据进行完善，或者在综合和评价审计证据时，需要考虑证据的证明力的强弱。证据的证明力可以划分为充分证明力、部分证明力和无证明力3种类型。

3.审计证据的基本特征

审计证据的充分性和适当性是审计证据的两个基本特征。

审计证据的充分性是对审计证据数量的衡量。注册会计师需要获取的审计证据的数量受其对重大错报风险评估的影响，并受审计证据质量的影响。审计证据的适当性是对审计证据质量的衡量，亦即审计证据在支持审计意见所依据的结论方面具有的相关性和可靠性。相关性是指审计证据应与审计目标相关联；可靠性是指审计证据应能如实地反映客观事实。

注册会计师判断审计证据是否充分、适当，应当考虑下列主要因素：（1）审计风险。错报风险越大，需要的审计证据可能就越多。（2）具体审计项目的重要性。越是重要的审计项目，注册会计师就越需获取充分的审计证据以支持其审计结论或意见，否则一旦出现判断错误，就会影响注册会计师对审计整体的判断，从而导致注册会计师的整体判断失误。（3）注册会计师及其业务助理人员的审计经验。丰富的审计经验可使注册会计师及其助理人员从较少的审计证据中判断出被审事项是否存在错误或舞弊行为。相对来说，此时就可减少对审计证据数量的依赖程度。（4）审计过程中是否发现错误或舞弊。一旦审计过程中发现了被审事项存在错误或舞弊行为，则被审计单位整体财务报表存在问题的可能性就增加了，因此注册会计师需增加审计证据的数量，以确保能得出合理的审计结论，形成恰当的审计意见。（5）审计证据的质量。审计证据质量越高，需要的审计证据可能越少。

4. 获取审计证据的审计程序

注册会计师可以采用检查记录或文件、检查有形资产、观察、询问、外部函证、重新计算、重新执行和分析程序等具体审计程序来获取审计证据。

检查记录或文件是指注册会计师对被审计单位内部或外部生成的，以纸质、电子或其他介质形式存在的记录或文件进行审查。

检查有形资产是指注册会计师对资产实物进行审查。

观察是指注册会计师察看相关人员正在从事的活动或执行的程序。

询问是指注册会计师以书面或口头方式，向被审计单位内部或外部的知情人员获取财务信息和非财务信息，并对答复进行评价的过程。

函证（即外部函证），是指注册会计师直接从第三方（被询证者）获取书面答复作为审计证据的过程。书面答复可以采用纸质、电子或其他介质等形式。询证函有积极式询证函和消极式询证函两种形式。

重新计算是指注册会计师以人工方式或使用计算机辅助审计技术，对记录或文件中的数据计算的准确性进行核对。

重新执行是指注册会计师以人工方式或使用计算机辅助审计技术，重新独立执行作为被审计单位内部控制组成部分的程序或控制。

分析程序是指注册会计师通过分析不同财务数据之间以及财务数据与非财务数据之间的内在关系，对财务信息作出评价。分析程序还包括在必要时对识别出的、与其他相关信息不一致或与预期值差异重大的波动或关系进行调查。

在实施风险评估程序、控制测试或实质性程序时，注册会计师可根据需要单独或综合运用上述程序，以获取充分、适当的审计证据。

5. 审计工作底稿

审计工作底稿是指注册会计师对制订的审计计划、实施的审计程序、获取的相关审计证据，以及得出的审计结论作出的记录。审计工作底稿是审计证据的载体，是注册会计师在审计过程中形成的审计工作记录和获取的资料。它形成于审计过程，也反映整个审计过程。

审计工作底稿具有存在形式多样、业务导向、内容重要等诸多性质。审计工作底稿通常包括总体审计策略、具体审计计划、分析表、问题备忘录、重大事项概要、询证函回函、管理层声明书、核对表、有关重大事项的往来信件（包括电子邮件），以及对被审计单位文件记录的摘要或复印件等。此外，审计工作底稿通常还包括业务约定书、管理建议书、项目组内部或与被审计单位举行的会议的记录、与其他人士（如其他注册会计师、律师、专家等）的沟通文件及错报汇总等。

通常，审计工作底稿包括下列全部或部分要素：审计工作底稿的标题，审计过程记录，审计结论，审计标志及其说明，索引号及编号，编制者姓名及编制日期，复核者姓名及复核日期，其他应说明事项。其他应说明事项即注册会计师根据其专业判断，认为应在审计工作底稿中予以记录的其他相关事项。

注册会计师应当按照会计师事务所质量控制政策和程序的规定，及时将审计工作底稿归整为最终审计档案。审计工作底稿的归档期限为审计报告日后60日内。如果注册会计师未能完成审计业务，审计工作底稿的归档期限为审计业务中止后的60日内。

6.注册会计师利用其他主体的工作

（1）利用组成部分注册会计师的工作。组成部分注册会计师是指基于集团审计目的，按照集团项目组的要求，对组成部分财务信息执行相关工作的注册会计师。

（2）利用专家工作。在审计中，限于自身技能、知识和经验，注册会计师可能要利用专家的工作。在利用专家的工作时，注册会计师应当获取充分、适当的审计证据，以确信专家的工作可以满足审计的需要。注册会计师应当实施以下程序，以获取专家工作能够满足审计需要的充分、适当的审计证据：①在确定是否利用专家工作时，考虑专家工作涉及项目的性质、复杂程度和重大错报风险，是否可获取其他审计证据以支持审计结论，以及项目组成员是否具有相关的知识和经验；②在计划利用专家工作时，对专家的专业胜任能力和客观性进行评价，并考虑专家的工作范围是否可以满足审计的需要；③在将专家的工作结果作为审计证据时，评价专家工作的适当性。

（3）考虑内部审计工作。注册会计师应当充分了解内部审计工作，以识别和评估财务报表重大错报风险，并设计和实施进一步审计程序。有效的内部审计通常有助于注册会计师修改审计程序的性质和时间，并缩小实施审计程序的范围，但不能完全取代注册会计师应当实施的审计程序。在某些情况下，考虑内部审计活动后，注册会计师可能认为内部审计对其实施的审计程序没有任何作用。

五、练习题

（一）单项选择题

1.注册会计师为发现被审计单位的财务报表和其他会计资料中的重要比率及趋势的异常变动应采用的审计程序是（　　）。

A.检查　　B.计算

C.分析程序　　D.估价

2.有关审计证据的下列表述中，正确的是（　　）。

A.注册会计师获取的环境证据一般属于基本证据

B.注册会计师运用观察、查询、函证、监盘、计算、检查和分析程序等方法，均可获取与内部控制相关的审计证据

C.注册会计师自行获取的审计证据通常比被审计单位提供的证据可靠

D.注册会计师运用观察、查询、函证、监盘、计算、检查和分析程序等方法，均可获取书面证据

3.实物证据通常能够证明（　　）。

A.实物资产是否存在　　B.实物资产的所有权

C.实物资产的计价准确性　　D.有关会计记录是否正确

4.注册会计师获取的下列审计证据中，可靠性最弱的是（　　）。

A.应收账款函证回函　　B.销售发票

C.购货发票　　D.入库单

5.审计工作底稿的归档期限为审计报告日后的（　　）。

A.30日内　　B.60日内

C.90日内　　D.180日内

6.注册会计师对不同质的总体比同质的总体需要的样本量（　　）。

A.不同　　B.更多

C.相同　　D.更少

7.会计师事务所应当自审计报告日起，对审计工作底稿（　　）。

A.至少保存8年　　B.至少保存10年

C.至少保存15年　　D.永久保存

8.下列事项中，难以通过观察的方法来获取审计证据的是（　　）。

A.经营场所　　B.存货的所有权

C.实物资产的存在　　D.内部控制的执行情况

9.能够证实具体审计目标中的机械准确性目标的证据是（　　）。

A.环境证据　　B.书面证据

C.实物证据　　D.口头证据

10.下列关于审计程序的说法中，不正确的是（　　）。

A.分析程序包括调查识别出的、与其他相关信息不一致或与预期数据严重偏离的波动和关系

B.对于询问的答复，注册会计师应当通过获取其他证据予以佐证

C.观察提供的审计证据仅限于观察发生的时点

D.检查有形资产可提供权利和义务的全部审计证据

（二）多项选择题

1.充分、适当的审计证据，可以据以（　　）。

A.形成合乎要求的审计工作底稿

B.发表审计意见

C.出具审计报告

D.作出投资决策

2.分析程序中运用的外部数据包括（　　）。

A.经济预测组织，包括某些银行发布的预测消息，如某些行业的业绩指标

B.公开出版的财务信息

C.预算或预测

D.证券交易所发布的信息

3.审计证据按证据的外在形式分为（　　）。

A.实物证据　　B.书面证据
C.口头证据　　D.环境证据

4.对于会计师事务所的审计档案，可以查阅的情况有（　　）。

A.股东进行决策时　　B.行业协会进行业务检查时
C.检察院因工作需要时　　D.联合审计时

5.审计证据按证据的来源分为（　　）。

A.口头证据　　B.亲知证据
C.内部证据　　D.外部证据

6.对注册会计师获取工作底稿的基础要求包括（　　）。

A.注明资料来源　　B.审计过程记录
C.实施必要的审计程序　　D.形成相应的审计记录

7.注册会计师判断审计证据是否充分、适当，应考虑（　　）。

A.经济因素　　B.审计风险
C.具体审计项目的重要性　　D.总体规模与特征

8.审计证据按证据提供的证明逻辑分为（　　）。

A.正面证据　　B.反面证据
C.不实证据　　D.真实证据

9.外部证据是由被审计单位以外的组织机构或人士所编制的书面证据，其中包括（　　）。

A.应收账款函证的回函　　B.收到的支票
C.购货发票　　D.被审计单位管理层声明

10.评价审计证据的适当性时，注册会计师一般考虑（　　）。

A.审计证据的相关性　　B.审计证据的充分性
C.审计证据的来源和及时性　　D.审计证据的客观性

11.注册会计师对财务报表审计的审计程序，按其运用的目的进行分类，可以分为（　　）。

A.风险评估程序
B.控制测试程序
C.实质性程序
D.对被审计单位财务报表发表审计意见的程序

12.环境证据包括（　　）。

A.被审计单位经营条件、经营方针

B.被审计单位各种管理制度和管理水平

C.被审计单位管理人员和会计人员的素质

D.被审计单位内部控制情况

13.作为审计证据的会计记录有（　　）。

A.会计凭证　　　　B.会计账簿

C.各种试算表　　　　D.各种汇总表

14.在完成最终审计档案的归整工作后，如果发现有必要修改现有审计工作底稿或增加新的审计工作底稿，无论修改或增加的性质如何，注册会计师均应当记录（　　）事项。

A.修改或增加审计工作底稿的时间和人员

B.修改或增加审计工作底稿的具体理由

C.修改或增加审计工作底稿对审计结论产生的影响

D.复核修改或增加审计工作底稿的时间和人员

（三）判断题

1.实物资产通常是证实被审计单位对其拥有所有权的非常有说服力的证据。（　　）

2.在完成最终审计档案的归整工作后，如果发现有必要修改现有审计工作底稿，注册会计师只需记录修改审计工作底稿对审计结论产生的影响。（　　）

3.检查有形资产可为其存在提供可靠的审计证据，但不一定能够为权利和义务或计价认定提供可靠的审计证据。（　　）

4.被审计单位管理层声明不属于审计证据。（　　）

5.注册会计师需要获取的审计证据的数量受重大错报风险的影响。重大错报风险越大，需要的审计证据可能越多。（　　）

6.被审计单位管理层声明可以替代审计人员实施其他必要的审计程序。（　　）

7.在审计过程中，注册会计师要把各种重要的口头证据做成文字记录，因而口头证据往往采取书面证据的形式。（　　）

8.对于需要获取的内部控制在某一期间有效运行的审计证据，注册会计师可以通过获取与时点相关的审计证据予以替代。（　　）

9.外部证据是由会计师事务所以外的组织机构或人士编制的书面证据。 ( )

10.审计证据的充分性是对审计证据质量的衡量。 ( )

11.一般而言，内部证据不如外部证据可靠。 ( )

12.通常，直接获取的审计证据比间接获取或推论得出的审计证据更可靠。 ( )

13.审计证据的充分性是注册会计师为形成审计意见所需要审计证据的最高数量要求。 ( )

14.注册会计师可以考虑获取审计证据的成本与所获取信息的有用性之间的关系。若获取审计证据很困难或成本很高，注册会计师可以以此为由减少不可替代的审计程序。 ( )

15.审计证据的数量越多越好。 ( )

16.会计记录中含有的信息本身并不足以提供充分的审计证据作为对财务报表发表审计意见的基础，注册会计师还应当获取用作审计证据的其他信息。 ( )

17.检查有形资产是指注册会计师对有形资产书面文件可靠程度的审阅与复核。 ( )

18.如果完成审计业务，审计工作底稿归档期限为审计报告日后60日内。 ( )

六、案例

1.注册会计师张杰在对恒基公司20×7年度财务报表进行审计时，收集到以下6组证据：

（1）收料单与购货发票；

（2）销售发票副本与产品出库单；

（3）领料单与材料成本计算表；

（4）工资计算单与工资发放单；

（5）存货盘点表与存货监盘记录；

（6）银行询证函回函与银行对账单。

要求：请分别说明每组证据中哪项审计证据较为可靠，并简要说明理由。

2.以下审计程序属于哪一种实质性程序？获取了什么证据？与哪些具体目标相关？填入相应的表格（见表7-1）中。

表7-1 审计程序分析

序号	审计程序	实质性程序名称	审计证据	审计具体目标
1	从有关记录审查至“已付款”支票			
2	重新计算应付利息费用			
3	向管理层询问存货过时情况			
4	调节年末银行存款账户			
5	计算存货周转率并与同行资料相比较			
6	向债务人函证应收账款余额			
7	从销售账记录审查至销售发票			
8	审查应予资本化却计入修理费的证据			
9	分析行业成本数据变化趋势			
10	审查年度中所购买的土地所有权契约			
11	抽查报表日后销售收入、退货记录、发货单和货运凭证			
12	盘点库存现金			

案例提示

1.答案要点如下：

（1）购货发票比收料单可靠。这是因为购货发票来自于公司以外的机构或人员，而收料单是公司自行编制的。

（2）销售发票副本比产品出库单可靠。这是因为销售发票是在外部流转的，并获得公司以外的机构或个人的承认，而产品出库单只在公司内部流转。

（3）领料单比材料成本计算表可靠。这是因为领料单预先被连续编号，并且经过公司不同部门人员的审核，而材料成本计算表只在公司的会计部门内部流转。

（4）工资发放单比工资计算单可靠。这是因为工资发放单需经会计部门以外的工资领取人签字确认，而工资计算单只在会计部门内部流转。

（5）存货监盘记录比存货盘点表可靠。这是因为存货监盘记录是注册会计师自行编制的，而存货盘点表是公司提供的。

（6）银行询证函回函比银行对账单可靠。这是因为银行询证函回函是注册会计师直接获取的，未经公司有关职员之手，而银行对账单经过公司有关职员之手，存在伪造、涂改的可能性。

2.答案要点参见表7–2。

表7–2 **审计程序分析**

序号	审计程序	实质性程序名称	审计证据	审计具体目标
1	从有关记录审查至“已付款”支票	交易细节测试	书面证据	真实性
2	重新计算应付利息费用	余额细节测试	书面证据	估价
3	向管理层询问存货过时情况	余额细节测试	口头证据	估价
4	调节年末银行存款账户	余额细节测试	书面证据	估价
5	计算存货周转率并与同行资料相比较	分析程序	书面证据	整体合理性
6	向债务人函证应收账款余额	余额细节测试	书面证据	真实性、估价、截止、所有权
7	从销售账记录审查至销售发票	交易细节测试	书面证据	完整性

续表

序号	审计程序	实质性程序名称	审计证据	审计具体目标
8	审查应予资本化却计入修理费的证据	余额细节测试	书面证据	估价、分类、披露
9	分析行业成本数据变化趋势	分析程序	环境证据	真实性、完整性、估价
10	审查年度中所购买的土地所有权契约	交易细节测试	书面证据	所有权
11	抽查报表日后销售收入、退货记录、发货单和货运凭证	交易细节测试	书面证据	截止
12	盘点库存现金	余额细节测试	实物证据	真实性

七、阅读文献

[1] 余玉苗. 审计学 [M]. 2版. 北京：清华大学出版社，2008.

[2] 阿伦斯，洛布贝克. 审计学——整合方法研究 [M]. 石爱中，等，译. 北京：中国审计出版社，2001.

[3] 中国注册会计师协会. 中国注册会计师执业准则应用指南2010 [M]. 北京：中国财政经济出版社，2010.

第八章　计划审计工作

一、学习目的与要求

通过本章的学习，了解客户关系和具体业务的接受与保持，了解评价遵守职业道德规范的情况，掌握审计业务约定书的作用、格式和内容；了解审计业务的变更；掌握总体审计策略的制定和内容，掌握具体审计计划的制订，了解审计计划的更改，了解审计工作的监督、指导与复核，了解与治理层和管理层沟通的内容与形式；理解重要性的含义，掌握确定计划的重要性水平应考虑的因素及重要性的定量考虑和定性考虑，掌握财务报表层次和各类交易、账户余额、列报认定层次的重要性水平的确定方法，理解审计风险、重要性和审计证据之间的关系；掌握审计风险的含义和审计风险模型。

二、相关准则与制度

1.《中国注册会计师审计准则第1101号——注册会计师的总体目标和审计工作的基本要求》

2.《中国注册会计师审计准则第1111号——就审计业务约定条款达成一致意见》

3.《中国注册会计师审计准则第1151号——与治理层的沟通》

4.《中国注册会计师审计准则第1201号——计划审计工作》

5.《中国注册会计师审计准则第1221号——计划和执行审计工作时的重要性》

三、预习要览

（一）关键概念

审计业务约定书　　　　审计风险

总体审计策略　　审计风险模型
具体审计计划　　重大错报风险
审计重要性　　检查风险
尚未更正错报的汇总数

（二）关键问题

1.什么是初步业务活动？注册会计师在接受和保持审计业务时通常需要进行哪些初步业务活动？

2.什么是审计业务约定书？它包括哪些主要内容？

3.什么是总体审计策略和具体审计计划？它们主要包括哪些内容？

4.什么是审计重要性？注册会计师在审计过程中为什么要考虑重要性？

5.注册会计师如何确定审计重要性水平？

6.什么是尚未更正错报的汇总数？注册会计师应当如何评价它？

7.什么是审计风险？它包含哪些组成要素？这些组成要素之间是什么关系？

8.审计风险、审计证据与重要性水平之间是什么关系？对审计过程有什么影响？

四、重点与难点解析

本章主要讲述了初步业务活动、总体审计策略和具体审计计划、审计重要性、审计风险4个方面的内容。

1.初步业务活动

注册会计师应当在本期审计业务开始时开展初步业务活动，针对保持客户关系和具体审计业务实施相应的质量控制程序，评价遵守职业道德要求的情况（包括评价遵守独立性要求的情况），就业务约定条款与被审计单位达成一致意见。

会计师事务所在确定接受客户的委托、签订业务约定书前，应先对客户的基本情况进行调查和相关评估，确定是否可以接受该项委托。会计师事务所应当制定有关客户关系和具体业务接受与保持的政策和程序，只有在已考虑了客户的诚信且没有信息表明客户缺乏诚信，本事务所能够胜任该项业务并具有执行业务必要的素质、时间和资源以及能够遵守相关职业道德要求的条件下才能接受或保持客户关系和具体业务。

在承接或保持审计业务前，注册会计师应当实施下列工作：（1）确定审计的前提条件存在；（2）确认与管理层和治理层就审计业务约定条款达成一致意见。

审计业务约定书是指会计师事务所与被审计单位签订的，用以记录和确认审计业务的委托与受托关系、财务报表审计的目标和范围、双方的责任以及拟出具审计报告的预期形式和内容等事项的书面协议。注册会计师应当在审计业务开始前，与被审计单位就审计业务约定条款达成一致意见，并签订审计业务约定书，以避免双方对审计业务的理解产生分歧。

审计业务约定书的具体内容可能因被审计单位的不同而存在差异，但应当包括下列主要方面：财务报表审计的目标；双方的责任；管理层编制财务报告采用的编制基础；审计范围，包括指明在执行财务报表审计业务时遵守中国注册会计师审计准则；执行审计工作的安排，包括出具审计报告的时间要求；注册会计师拟出具的审计报告的预期形式和内容，以及在特定情况下对出具的审计报告可能不同于预期形式和内容的说明；由于测试的性质和审计的其他固有限制，以及内部控制的固有局限性，不可避免地存在着某些重大错报可能仍然未被发现的风险；管理层向注册会计师提供的必要工作条件；注册会计师不受限制地接触任何与审计有关的记录、文件和所需要的其他信息；管理层对其作出的与审计有关的声明予以书面确认；注册会计师对执业过程中获知的信息保密；审计收费，包括收费的计算基础和收费安排；违约责任；解决争议的方法；签约双方法定代表人或其授权代表的签字盖章，以及签约双方加盖的公章。如果情况需要，注册会计师应当考虑在审计业务约定书中列明在某些方面对利用其他注册会计师和专家工作的安排；与审计涉及的内部审计人员和被审计单位其他员工工作的协调；预期向被审计单位提交的其他函件或报告；与治理层整体直接沟通；在首次接受审计委托时，对与前任注册会计师沟通的安排；注册会计师与被审计单位之间需要达成进一步协议的事项。

如果审计业务约定条款发生变更，注册会计师应当与管理层就新的业务约定条款达成一致意见，并记录于业务约定书或其他适当形式的书面协议中。

2.总体审计策略和具体审计计划

注册会计师应当制定总体审计策略，用以确定审计工作的范围、时间安排和方向，以及指导具体审计计划的制订。在制定总体审计策略时，第一，应当确定审计业务的特征，包括采用的会计准则、特定行业的报告要求以及被审计单位组成部分的分布等，以界定审计范围；第二，明确审计业务的报告目标，以及计划审计的时间安排和所需沟通的性质，包括提交审计报告的时间要求，预期与管理层和治理层沟通的重要日期等；第三，根据职业判断，考虑用以指导项目组工作方向的重要因素，包括确定适当的重要性水平，初步识别可能存在较高的重大错报风险的领域，初步识别重要的组成部分和账户余额，评价是否需要针对内部控制的有效性获取审计证据，识别被审计单位、所处行业、财务报告要求及其他相关方面最近发生的重大变化等；第四，考虑初步业务活动的结果，并考虑项目合伙人对被审计单位执行其他业务时获得的经验是否与审计业务相关；第五，确定执行业务所需资源的性质、时间安排和范围。

具体审计计划应当包括：（1）为了识别和评估财务报表重大错报风险，注册会计师计划实施的风险评估程序的性质、时间和范围。（2）针对评估的认定层次的重大错报风险，注册会计师计划实施的进一步审计程序的性质、时间和范围。（3）根据《中国注册会计师审计准则》的规定，注册会计师针对审计业务需要实施的其他审计程序。

注册会计师应当制订计划，确定对项目组成员的指导和监督，以及对其工作的复核的性质、时间安排和范围。

在财务报表审计中，注册会计师应当就财务报表审计相关事项与治理层沟通。

3.审计重要性

在财务报表审计中，如果合理预期错报（包括漏报）单独或汇总起来可能影响财务报表使用者依据财务报表作出的经济决策，则通常认为错报是重大的。通常而言，对重要性概念可从3个方面进行理解：（1）对重要性的判断与具体环境有关。（2）对重要性的判断受错报的金额或性质的影响，或受两者共同作用的影响。（3）判断重要性是从财务报表使用者整体需求的角度出发。重要性的判断是一个复杂的过程，离不开特定的环境。影响重要性的因素很多，不同的审计对象的重要性不同，同一审计对象的重要性在不同时期也可能不同。注册会计师不能机械地套用，只能根据被审计单位面临的环境，综合考虑其他因素，充分发挥其主观能动性进行专业判断，合理确定重要性水平。

注册会计师在确定计划的重要性水平时，需要考虑4个主要因素：(1) 被审计单位及其环境的基本情况。(2) 审计的目标，包括特定报告要求。(3) 财务报表各项目的性质及其相互关系。(4) 财务报表项目的金额及其波动幅度。

注册会计师应当从数量和性质两个方面考虑重要性。重要性的数量即重要性水平，是针对错报的金额大小而言的。确定多大金额的错报会影响到财务报表使用者所作出的决策，是注册会计师运用职业判断的结果。注册会计师通常先选择一个恰当的基准，再选用适当的百分比乘以该基准，从而得出财务报表层次的重要性水平。在实务中，有许多汇总性财务数据可以用作确定财务报表层次重要性水平的基准，例如总资产、净资产、流动资产、流动负债、销售收入、费用总额、毛利、净利润等。注册会计师在评价未更正错报对财务报表的影响时，不仅要考虑错报金额的大小，还要考虑错报的性质以及错报发生的特定环境，如错报对遵守法律法规要求的影响程度，错报对遵守债务契约或其他合同要求的影响程度，错报掩盖收益或其他趋势变化的程度（尤其在联系宏观经济背景和行业状况进行考虑时），错报对用于评价被审计单位财务状况、经营成果或现金流量的有关比率的影响程度，错报对财务报表中列报的分部信息的影响程度，错报对增加管理层报酬的影响程度等。在重要性的数量方面，注册会计师应当考虑财务报表层次和各类交易、账户余额、列报认定层次的重要性。

重要性与审计风险之间存在反向关系。重要性水平越高，审计风险越低；重要性水平越低，审计风险越高。注册会计师在确定审计程序的性质、时间安排和范围时应当考虑这种反向关系。重要性水平与审计证据的数量之间也存在反向关系。一般而言，重要性水平越低，所需收集的审计证据越多；重要性水平越高，所需收集的审计证据越少。

未更正错报是指注册会计师在审计过程中累积的且被审计单位未更正的错报。在评价未更正错报的影响之前，注册会计师应当重新评估之前按照审计准则的规定确定的重要性，以根据被审计单位的实际财务结果确认其是否仍然适当。

4.审计风险

审计风险是指当财务报表存在重大错报时，注册会计师发表不恰当审计意见的风险。

审计风险取决于重大错报风险和检查风险。重大错报风险是指财务报表在审计前存在重大错报的风险。检查风险是指某类交易、账户余额或披露的某一认定发生错报，该错报单独或连同其他错报可能是重大的，但注册会计师执行的实质性程序未能发现这种错报的可能性。

审计风险、重大错报风险和检查风险之间的关系用模型表示为：

审计风险=重大错报风险×检查风险

在既定的审计风险水平下，可接受的检查风险水平与认定层次重大错报风险的评估结果呈反向关系。一般而言，评估的重大错报风险越高，可接受的检查风险越低；评估的重大错报风险越低，可接受的检查风险越高。

同样，在既定的重大错报风险水平下，注册会计师可以接受的审计风险与可以接受的检查风险呈正向关系。一般而言，注册会计师可以接受的审计风险越高，可以接受的检查风险的水平就越高；反之，注册会计师可以接受的审计风险越低，可以接受的检查风险的水平就越低。

审计风险与重要性之间存在反向关系。重要性水平越高，审计风险越低；重要性水平越低，审计风险越高。

五、练习题

（一）单项选择题

1.注册会计师确定的计划阶段重要性水平与实际执行的重要性水平之间是什么关系（　　）。

A.高于　　B.低于

C.相等　　D.无关

2.在特定审计风险水平下，检查风险同重大错报风险之间的关系是（　　）。

A.同向变动关系　　B.反向变动关系

C.有时呈同向变动关系　　D.不明显的关系

3.下列关于初步确定重要性水平的考虑中，不正确的是（　　）。

A.对于管理层自主决定处理的会计事项从宽制定重要性水平

B.被审计单位的业务性质复杂，可制定较高的重要性水平，以降低审计成本

C.内部控制健全，可将重要性水平定得高一点

D.对流动性较高的项目，注册会计师应从严制定重要性水平

4.注册会计师通过设计的审计程序未能发现财务报表中存在重大错报的风险是（　　）。

A.程序风险　　B.控制风险

C.检查风险　　D.固有风险

5.注册会计师对重大错报风险的估计水平与所需审计证据的数量（　　）。

A.呈同向变动关系　　B.呈反向变动关系

C.呈比例变动关系　　D.不存在关系

6.审计计划通常是由（　　）于现场审计工作开始之前起草的。

A.会计师事务所主要负责人　　B.审计项目参与人

C.审计项目负责人　　D.会计师事务所的法人代表

7.在审计计划阶段，利用审计风险模型确定某项认定的计划检查风险水平，所使用的控制风险是审计人员的（　　）。

A.实际估计水平　　B.计划估计水平

C.实际水平　　D.计划可接受水平

8.下列事项中，属于注册会计师总体审计策略审核事项的是（　　）。

A.审计程序能否达到审计目标

B.审计程序能否适合各审计项目的具体情况

C.对审计重要性的确定和审计风险的评估是否恰当

D.重点审计程序的制定是否恰当

9.关于审计计划的下列说法中，错误的是（　　）。

A.审计计划是对审计工作的一种预先规划

B.执行过程中可随时根据情况对审计计划作出必要的修订、补充

C.注册会计师在整个审计过程中，应按照审计计划执行审计业务

D.在完成外勤审计工作之后，必须再对审计计划作出修改

10.通常情况下，审计计划阶段的主要工作不包括（　　）。

A.初步评价被审计单位的内部控制制度

B.调查了解被审计单位的基本情况

C.确定重要性，分析审计风险

D.复核审计工作底稿，审计期后事项

11.使用重要性水平，可能无助于实现下列目的的是（　　）。

A.确定风险评估程序的性质、时间和范围

B.识别和评估重大错报风险

C.确定进一步审计程序的性质、时间和范围

D.确定重大不确定事项发生的可能性

12.实质性程序的结果表明，控制风险水平高于控制风险的初步估计水平，注册会计师应当考虑是否（　　）。

A.重新了解内部控制

B.追加相应的审计程序

C.重新执行控制测试

D.重新确定重要性水平和可接受审计风险

13.审计风险不包括的风险要素是（　　）。

A.程序风险　　B.检查风险

C.固有风险　　D.控制风险

14.在采用分配法分配重要性水平时，财务报表层次的重要性水平和账户层次的重要性水平之和之间的关系是（　　）。

A.二者是相接近的　　B.前者大于后者

C.后者大于前者　　D.二者是相等的

15.财务报表在审计前存在重大错报的可能性，称为（　　）。

A.控制风险　　B.检查风险

C.审计风险　　D.重大错报风险

16.如果审计师不同意变更业务，被审计单位又不允许继续执行原审计业务，注册会计师应当（　　）。

A.解除业务约定　　B.执行新业务

C.同意变更业务　　D.出具否定意见

17.在确定重要性水平时，下列各项中通常不宜作为计算重要性水平基准的是（　　）。

A.持续经营产生的利润　　B.非经常性收益

C.资产总额　　D.营业收入

18.A注册会计师负责对甲公司20×7年度财务报表进行审计。在本期审计业务开始时，A注册会计师应当开展的初步业务活动是（　　）。

A.就审计范围与甲公司管理层沟通

B.获取甲公司管理层声明书

C.就审计责任与甲公司治理层沟通

D.评价项目组成员的独立性

19.在确定计划的审计程序后，如果C注册会计师决定接受更低的重要性水平，审计风险将增加。下列做法正确的是（　　）。

A.如有可能，通过扩大控制测试范围或实施追加的控制测试，降低评估的检查风险

B.通过修改计划实施的实质性程序的性质、时间和范围，降低检查风险

C.如有可能，通过扩大控制测试范围或实施追加的实质性程序，降低评估的重大错报风险

D.通过修改计划实施的实质性程序的性质、时间和范围，降低评估的审计风险

（二）多项选择题

1.注册会计师应当在本期审计业务开始时开展的初步业务活动包括（　　）。

A.针对保持客户关系和具体审计业务实施相应的质量控制程序

B.评价遵守职业道德规范的情况，包括评价独立性

C.风险评估程序

D.就业务约定条款与被审计单位达成一致理解

2.注册会计师应当在总体审计策略中清楚说明的内容包括（　　）。

A.向具体审计领域调配的资源

B.向具体审计领域分配资源的数量

C.何时调配这些资源

D.如何管理、指导、监督这些资源的利用

3.具体审计计划应当包括的内容有（　　）。

A.为了识别和评估财务报表重大错报风险，注册会计师计划实施的风险评估程序的性质、时间和范围

B.针对评估的认定层次的重大错报风险，注册会计师计划实施的进一步审计程序的性质、时间和范围

C.注册会计师拟实施的内部控制有效性测试的范围

D.注册会计师针对审计业务需要实施的其他审计程序

4.对项目组成员工作的指导、监督与复核的性质、时间和范围主要取决于（　　）。

A.被审计单位的规模和复杂程度

B.审计领域

C.重大错报风险

D.执行审计工作的项目组成员的素质和专业胜任能力

5.重要性的判断应考虑的方面包括（　　）。

A.定量　　B.金额

C.定性　　D.专业判断

6.总体审计策略的制定应当包括（　　）。

A.确定审计业务的特征

B.明确审计业务的报告目标

C.考虑影响审计业务的重要因素

D.考虑初步业务活动的结果

7.审计风险取决于（　　）。

A.重大错报风险　　B.控制风险

C.固有风险　　D.检查风险

8.为了做好审计计划工作，注册会计师需要查阅上一年的工作底稿，了解（　　）。

A.被审计单位内部控制薄弱点　B.上年度重要会计问题

C.上年度审计差异调整事项　　D.上年度审计报告意见类型

9.审计业务约定书应当包括（　　）。

A.重要性水平　　B.会计责任与审计责任

C.审计收费　　　　　　　　D.审计范围

10.在编制审计计划前，了解被审计单位经营及所属行业基本情况的方法包括（　　）。

A.查阅去年的工作底稿　　　　B.查阅行业业务经营资料

C.确定关联方及其交易　　　　D.询问管理层和内部审计人员

11.审计业务约定书中审计范围要明确（　　）。

A.所审计财务报表的内容　　　B.所审计财务报表的名称

C.所审计财务报表的日期　　　D.所审计财务报表的期间

12.在接受新客户业务前，注册会计师应了解被审计单位的基本情况包括（　　）。

A.业务性质、经营规模、经营情况及经营风险

B.以前年度接受审计的情况

C.财务会计机构及工作组织

D.厂房、设备及办公场所

13.会计师事务所在签署审计业务约定书前，应评价自身的胜任能力，此评价的内容有（　　）。

A.评价执行审计的能力

B.评价审计的独立性

C.评价保持应有的谨慎的能力

D.评价会计师事务所的质量控制情况

14.审计计划的繁简程度取决于（　　）。

A.被审计单位的经营规模　　　B.被审计单位声明书的情况

C.预定审计工作的复杂程度　　D.审计业务约定书的内容

15.按照审计准则的规定，下列关于审计计划的表述中正确的有（　　）。

A.注册会计师可以和被审计单位有关人员就某些重要的审计程序进行讨论

B.独立编制审计计划是注册会计师的责任

C.审计计划应在具体实施前下达给审计小组成员

D.审计程序的实施应严格按照审计计划进行，以保证审计工作质量

16.审计业务约定书中应当明确审计收费的（　　）。

A.计费依据　　B.计费标准

C.付费方式　　D.付费时间

17.根据审计准则的相关规定，会计师事务所在审计业务约定书中承诺的对被审计单位的主要义务有（　　）。

A.高效、优质地为被审计单位服务

B.按照约定时间完成审计业务，出具审计报告

C.对在执业过程中获悉的商业秘密保密

D.确保审计收费的合理性

18.在实务中，注册会计师获取信息的来源主要包括（　　）。

A.银行、监管机构　　B.前任注册会计师

C.市场监督管理部门　　D.外部调查机构

19.下列可以随每个账户的认定而变化的有（　　）。

A.审计风险　　B.重大错报风险

C.鉴证业务风险　　D.检查风险

20.确定计划的重要性水平应考虑的因素有（　　）。

A.被审计单位及其环境的基本情况

B.审计目标

C.财务报表各项目的性质及相互之间的关系

D.财务报表项目的金额及波动幅度

21.在确定财务报表层次的重要性水平时，下列情况中，注册会计师不应选用净利润作为判断基础的有（　　）。

A.被审计单位属于劳动密集型企业

B.被审计单位净利润接近于零

C.被审计单位净利润波动幅度较大

D.被审计单位财务报表各项目的金额波动幅度较大

22.被审计单位应收账款金额为300万元，重要性水平为2万元，现对其中的50%进行抽查，发现0.95万元的错报，注册会计师应当（　　）。

A.确认其金额　　B.追加审计程序

C.扩大审计范围　　D.建议调整

23.下列属于注册会计师可以控制的有（　　）。

A.审计风险　　B.重大错报风险

C.控制风险　　D.检查风险

24.以下有关重要性的理解中，正确的有（　　）。

A.重要性是针对审计报告而言的

B.重要性应从财务报表使用者的角度考虑

C.重要性的判断离不开特定的环境

D.重要性与可容忍误差呈反向关系

25.注册会计师对重要性水平作出初步判断时，除可运用其审计经验外，还应当考虑（　　）。

A.有关法规对财务会计的影响

B.财务报表各项目的金额及波动幅度

C.内部控制与审计风险的评估结果

D.财务报表各项目的性质及相互关系

26.下列情况中，注册会计师应当合理运用重要性原则的有（　　）。

A.确定是否接受委托

B.确定审计程序的性质、时间和范围

C.执行审计程序

D.评价审计结果

27.注册会计师执行年度财务报表审计时，运用重要性原则的目的主要有（　　）。

A.提高审计效率　　B.保证审计质量

C.查处错误与舞弊　　D.提高会计信息质量

28.如果已发现但尚未调整的错报或漏报的汇总数超过重要性水平，为降低审计风险，注册会计师应考虑采取的措施包括（　　）。

A.修改审计计划，将重要性水平调整至更高的水平

B.扩大实质性程序的范围，进一步确认汇总数是否重要

C.提请被审计单位调整财务报表，以使汇总数低于重要性水平

D.发表保留意见或否定意见

29.注册会计师在确定各账户层次的重要性水平时，应考虑的因素包括（　　）。

A.各账户性质

B.各账户错报、漏报的可能性

C.各账户审计成本

D.账户层次的重要性水平和财务报表层次的重要性水平之间的关系

30.如果经过实质性程序后，注册会计师认为与某一重要账户或交易类别的认定有关的检查风险不能降低至可接受的水平，那么，注册会计师应发表（　　）。

A.无保留意见　　B.保留意见

C.否定意见　　D.无法表示意见

（三）判断题

1.为保证审计的连续性和审计结果的可比性，注册会计师对同一客户所进行的多次年度财务报表审计应使用同样的重要性水平。（　　）

2.因为重要性水平与审计风险存在反向关系，审计风险与审计证据也存在反向关系，所以注册会计师确定的重要性水平越高，审计风险就越低，相应地，应当获取的审计证据就越多。（　　）

3.注册会计师在以净利润为基础判断重要性水平时，如果被审计单位净利润波动幅度较大，则当年仍以净利润为基础确定重要性水平。（　　）

4.在实际审计工作中，运用重要性概念主要以生产经营业务金额的大小为尺度，生产经营业务金额大的是重要的，生产经营业务金额小的是不重要的。（　　）

5.在对重要性水平作出初步判断时，注册会计师无须考虑被审计单位内部控制的有效性。（　　）

6.会计师事务所对任何一个审计委托项目，不论其业务繁简程度和规模大小，都应制订审计计划。（　　）

7.为保证审计计划的严肃性，审计计划一旦制订，在执行中就不能作出任何修改。（　　）

8.注册会计师可以同被审计单位就总体审计策略进行讨论，并协调工作，因此，总体审计策略可以由注册会计师和被审计单位共同编制。（　　）

9. 审计业务约定书具有与其他商业合同类似的法律效用。（ ）

10. 注册会计师查阅行业、业务经营资料所获得的信息，应做成书面记录，并保存在当期档案中。（ ）

11. 由于审计业务约定书具有法律效力，所以它应按经济合同法来规范。（ ）

12. 会计师事务所无法胜任或不能按时完成某项业务时，如能从其他会计师事务所临时聘请到相关专业人员，即可接受该项业务的委托。（ ）

13. 注册会计师审计小规模企业，应当运用专业判断，合理确定审计重要性和审计风险水平，并可根据实际情况适当简化审计计划。（ ）

14. 审计收费可以采用计件收费和计时收费两种方法。从注册会计师业务的发展趋势来看，计时收费应成为审计收费的基本方法。（ ）

15. 审计人员应该选择各财务报表中最高的重要性水平作为财务报表层次的重要性水平。（ ）

16. 账户层次的重要性水平就是实质性程序的可容忍误差。（ ）

17. 当累计尚未更正错报、漏报的汇总数接近重要性水平时，注册会计师应考虑扩大实质性程序的范围或提请被审计单位调整财务报表，以降低审计风险。（ ）

18. 不论重大错报风险的评估结果如何，注册会计师都要对各重要账户或交易类别实施实质性程序。（ ）

19. 注册会计师对重要性水平作出初步判断的目的是确定所需审计证据的数量。（ ）

20. 当重大错报风险的水平较高时，注册会计师必须追加审计程序，将检查风险尽量降低，以便使整个审计风险降低至可接受的水平。（ ）

21. 注册会计师实施有关审计程序后，如仍认为某一重要账户或交易类别认定的检查风险不能降低至可接受的水平，应当发表保留意见或否定意见。（ ）

22. 重大错报风险越高，表明财务报表存在重大错误的可能性就越

大，相应地，要求的检查风险就越低。（ ）

23.财务报表项目的性质不同，在财务报表中其被错报、漏报的风险也不一样。（ ）

24.一般而言，重要性水平愈高，所需要证据的数量就愈大。（ ）

25.重大错报风险越低，注册会计师可以执行控制测试的范围越有限。（ ）

26.审计人员只有在确定实质性程序的性质、时间和范围时，才应考虑重要性和审计风险之间的反向关系。（ ）

（四）分析题

1.某注册会计师在评价被审计单位的审计风险时，分别假定了A、B、C、D 4种情况（见表8-1）。

表8-1 **审计风险评价**

风险类别	情况A	情况B	情况C	情况D
可接受的审计风险（%）	1	2	3	4
重大错报风险（%）	60	50	80	70

要求：请计算回答以下问题：

（1）在上述4种情况下，可接受的检查风险水平分别是多少？

（2）哪种情况下注册会计师需要获取最多的审计证据？

（3）写出审计风险模型，并分析各要素与审计证据之间的关系。

（4）简要说明审计风险与重要性水平之间的关系。

2.某注册会计师接受委托审计A公司20×7年度的财务报表，通过查阅A公司的财务报表，找到如下数据（见表8-2）：

表8-2 **相关数据**

项目	金额（万元）
资产总额	90 000
净资产	44 000
主营业务收入	120 000
净利润	12 060

而且，根据以往的审计经验，确定了在计算重要性水平时各项目对应的百分比（见表8–3）。

表8–3　　各项目对应的百分比

项　目	资产总额	净资产	主营业务收入	净利润
百分比（%）	0.5	1	0.5	5

要求：

（1）试计算确定财务报表层次的重要性水平。

（2）简述重要性水平与审计证据之间的关系。

（五）讨论题

中国注册会计师协会曾经发布的《独立审计具体准则第9号——内部控制与审计风险》第3条指出："审计风险，是指会计报表存在重大错报或漏报，而注册会计师审计后发表不恰当审计意见的可能性。审计风险包括固有风险、控制风险和检查风险。"第19条指出："固有风险是指假定不存在相关内部控制时，某一账户或交易类别单独或连同其他账户、交易类别产生重大错报或漏报的可能性。"第22条指出："控制风险是指某一账户或交易类别单独或连同其他账户、交易类别产生错报或漏报，而未能被内部控制防止、发现或纠正的可能性。"

2010年，中国注册会计师协会发布《中国注册会计师执业准则（2010）》。《中国注册会计师审计准则第1101号——注册会计师的总体目标和审计工作的基本要求》应用指南第三十一条指出："审计风险取决于重大错报风险和检查风险。"第三十三条指出："重大错报风险可能存在于下列两个层次：（1）财务报表层次；（2）各类交易、账户余额和披露的认定层次。"第四十一条指出："在既定的审计风险水平下，可接受的检查风险水平与评估的认定层次重大错报风险呈反向关系。"

要求：

（1）审计风险的组成要素发生了什么变化？

（2）审计风险组成要素发生变化的原因是什么？

（3）新的审计风险模型对审计过程会产生哪些影响？

六、案例

1.A股份有限公司委托B会计师事务所对其财务报表进行审计，B会计师事务所在了解了客户的基本情况并初步评价了审计风险后，决定接受委托，双方签订的审计业务约定书如下：

审计业务约定书

甲方：A股份有限公司

乙方：B会计师事务所

甲方委托乙方对甲方20×7年度财务报表进行审计，经双方协商达成如下约定：

1.委托目的和审计范围

（1）委托目的：年度财务报表审计。

（2）审计范围：甲方20×7年12月31日的资产负债表；20×7年度的现金流量表。

2.双方的责任与义务

（1）乙方的责任与义务

①乙方应按照《中华人民共和国注册会计师法》《中国注册会计师执业准则》的要求，对被审计单位提供的财务报表和有关资料，实施必要的审计程序，出具真实、合法的审计报告。

②乙方在审计过程中，如发现被审计单位的内部控制有重大缺陷，也应将情况报告给委托方。乙方在适当的情况下应出具管理建议书。

③乙方按照约定的时间完成审计业务，出具审计报告。

（2）甲方的责任与义务

①甲方对乙方开展审计工作应给予充分的合作，提供必要的条件，并按乙方的要求，提供被审计单位完整的会计资料及其他各种与审计业务有关的资料。

②甲方应按照约定的条件，及时足额地支付审计费用。

③甲方的会计责任是建立、健全内部控制，保证资产的安全、完整，保证会计资料的真实、合法和完整。财务报表由被审计单位负责，乙方的审计责任并不能替代、减轻或免除被审计单位的会计责任。

3.出具审计报告的时间要求

甲方应于签订审计业务约定书后的15日内提供审计所需的全部资料，受托方应于委托方提供审计所需的全部资料后的45日内出具审计报告。

如果在审计过程中出现不可预见的、影响审计工作如期完成的情况或者其他情况，均需经过双方协商变更约定事项。

4.审计费用及支付方式

本项业务审计费用为人民币2万元整。上述审计费用应在审计业务约定书签订后先支付50%，审计报告完成时，再支付余下50%。

5.本约定书经双方签署后生效，约定事项全部完成后失效

6.违约责任

双方按照《中华人民共和国合同法》承担违约责任。

……

甲方：A股份有限公司（盖章）　　　　代表：（签字）

乙方：B会计师事务所（盖章）　　　　代表：（签字）

要求：

上述审计业务约定书是否存在问题？如果存在问题，请指出来，并作出相应的修改。

2.中建会计师事务所与M公司于20×7年12月20日经协商取得一致意见后签订了审计业务约定书如下：

审计业务约定书

中建会计师事务所：

兹委托该所办理下列业务，费用按规定支付，请受理为盼。

委托单位（盖章）　　　委托单位负责人（签章）

日期：20×7年12月20日

委托业务：

审计20×7年12月31日的资产负债表、20×7年度的利润表及现金流量表。

双方的责任和义务如下：

委托方：

（1）建立、健全内部控制制度，保护资产的安全、完整，保证会

计资料的真实性、合法性和完整性。

(2) 提供必要的工作条件及合作。

(3) 按本约定书的约定及时支付费用。

受托方：

(1) 按照《中国注册会计师执业准则》的要求出具审计报告，保证审计报告真实、合法。

(2) 对执业过程中知悉的商业秘密保密。

审计收费：

应收本约定审计事项的费用为：人民币叁万元整。

会计师事务所意见：同意接受委托。

会计师事务所（公章）　　　　　　　　事务所负责人（盖章）

日期：20×7年12月20日

要求：

分析该审计业务约定书的不足之处。

3.A注册会计师在对B公司实施审计的过程中，按照以下步骤编制了审计计划：

(1) 了解被审计单位经营及所属行业的基本情况；

(2) 了解被审计单位的内部控制；

(3) 执行分析性复核程序；

(4) 考虑审计风险；

(5) 初步评价重要性水平；

(6) 对重要认定制定初步审计策略；

(7) 确定检查风险及设计实质性程序；

(8) 进行控制测试及评估控制风险。

要求：

(1) 请分析上述编制审计计划的步骤是否正确。如果不正确，说明应当如何改正。

(2) 请指出上述哪些步骤属于制定总体审计策略的步骤，哪些步骤属于制订具体审计计划的步骤。

案例提示

1.以下是该审计业务约定书存在的问题及修改：

（1）审计范围表述不恰当：还应当包括20×7年度的利润表。

（2）缺少审计报告的使用责任：甲方应正确使用审计报告，由于使用不当所造成的后果，与乙方无关。

（3）缺少保密条款：乙方对在执行业务过程中知悉的商业秘密负有保密责任。

（4）缺少签订日期。

2.该审计业务约定书存在以下不足：

（1）"委托业务"应明确委托业务的范围和目的，而本约定书只说明了业务范围，即对3张财务报表进行审计，未明确目的。因此应明确：受托方经审计后，对财务报表的合法性和公允性发表审计意见。

（2）双方的义务不完整。

委托方的义务除所列两条外，还应明确：委托方为受托方及时提供审计工作所要求的全部会计资料和其他有关资料，以及全部所需资料的最后提供日期（如在20××年××月××日之前提供所需全部资料）。

受托方的义务除所列保密条款之外，还应明确：受托方应按照约定时间完成审计业务，出具审计报告，以及审计报告的最晚提交日（即在20××年××月××日之前出具审计报告）。

（3）审计业务约定书中没有明确审计报告的使用责任。

（4）审计业务约定书中没有明确该约定书的有效期间，即生效日和失效日。

（5）审计业务约定书中没有说明违约责任。

3.上述编制审计计划的步骤是错误的，正确的步骤应当是：

（1）了解B公司经营及所属行业的基本情况；

（2）执行分析程序；

（3）初步评价重要性水平；

（4）考虑审计风险；

（5）对重要认定制定初步审计策略；

（6）了解被审计单位的内部控制；

（7）进行控制测试及评估控制风险；

（8）确定检查风险及设计实质性程序。

在改正后的步骤中，（1）、（2）、（3）、（4）属于制定总体审计策略，（5）、（6）、（7）、（8）属于制订具体审计计划。

七、阅读文献

［1］卡迈克尔，威林翰，沙勒．审计概念与方法——现行理论与实务指南［M］．刘明辉，胡英坤，译．大连：东北财经大学出版社，1999.

［2］阿伦斯，洛布贝克．审计学——整合方法研究［M］．石爱中，等，译．北京：中国审计出版社，2001.

［3］中国注册会计师协会，中华人民共和国财政部．中国注册会计师执业准则2006［M］．北京：经济科学出版社，2006.

［4］海斯，等．审计学［M］．来明敏，等，译．北京：机械工业出版社，2006.

［5］乔治亚迪斯．审计程序［M］．影印版．北京：中信出版社，2004.

［6］中国注册会计师协会．中国注册会计师执业准则应用指南2010［M］．北京：中国财政经济出版社，2010.

第九章 风险评估

一、学习目的与要求

通过本章的学习，了解风险评估的意义、程序和信息来源；了解被审计单位本身及其内部和外部环境，包括相关行业状况，法律环境和监管环境及其他外部因素，被审计单位的性质，被审计单位对会计政策的选择和运用，被审计单位的目标、战略及可能导致重大错报风险的相关经营风险，对被审计单位财务业绩的衡量和评价以及被审计单位的内部控制；掌握内部控制的基本理论，了解被审计单位的控制环境、风险评估过程、信息系统与沟通、控制活动和对控制的监督；掌握识别和评估重大错报风险的审计程序；了解可能表明被审计单位存在重大错报风险的事项和情况及需要特别考虑的重大错报风险、仅通过实质性程序无法应对的重大错报风险的处理和对风险评估的修正；了解与被审计单位管理层和治理层的沟通。

二、相关准则与制度

1.《中国注册会计师审计准则第1101号——注册会计师的总体目标和审计工作的基本要求》

2.《中国注册会计师审计准则第1151号——与治理层的沟通》

3.《中国注册会计师审计准则第1211号——通过了解被审计单位及其环境识别和评估重大错报风险》

4.《中国注册会计师审计准则第1231号——针对评估的重大错报风险采取的应对措施》

5.《中国注册会计师审计准则第1341号——书面声明》

三、预习要览

（一）关键概念

风险评估　　风险评估过程
风险评估程序　　信息系统与沟通
被审计单位的性质　　控制活动
财务业绩的衡量和评价　　控制监督
内部控制　　评估重大错报风险
控制环境　　特别风险

（二）关键问题

1.什么是风险评估？其意义何在？

2.注册会计师为了解被审计单位及其环境，应当实施的风险评估程序主要包括哪些？

3.注册会计师应当了解的被审计单位本身及其内部和外部环境的内容有哪些？

4.被审计单位对会计政策的选择和运用包括哪些内容？

5.衡量和评价被审计单位财务业绩的内容有哪些？

6.内部控制的内涵、要素是什么？

7.控制环境包括哪些内容？

8.信息系统与沟通的含义及作用是什么？

9.控制活动有哪些？

10.如何对控制进行监督？

11.如何评估重大错报风险？

四、重点与难点解析

1.风险评估及其意义

风险评估是指通过了解被审计单位及其环境（包括内部控制），识别和评估财务报表层次和认定层次的重大错报风险（无论该风险是由舞弊还是由错误导致），从而为设计和实施针对评估的重大错报风险采取的应对措施提供基础。实施风险评估有以下重要意义：第一，有助于重要性水平的确定，并可帮助注册会计师随着审计工作的进程评估其对重要性的判断是否适当或是否需要调整；第二，有助于注册会计师考虑被审计单位会计政策的选择和运用是否恰当及财务报表的列报（包括披露）是否适当；第三，有助于注册会计师识别需要特别考虑的领域，包括关联方交易、管理层运用持续经营假设的合理性、交易是否具有合理的商业目的等；第四，有助于注册会计师确定实施分析程序时所使用的预期值；第五，有助于注册会计师设计和实施进一步审计程序，将审计风险降至可接受的低水平；第六，有助于评价所获取的审计证据的充分性和适当性。

2.风险评估程序

注册会计师为了解被审计单位及其环境应当实施的风险评估程序，主要包括询问被审计单位管理层和内部其他相关人员、分析程序、观察和检查、其他审计程序等。

3.被审计单位本身及其内部和外部环境

注册会计师应当了解的被审计单位本身及其内部和外部环境的内容，具体包括：（1）行业状况、法律环境与监管环境，以及其他外部因素；（2）被审计单位的性质；（3）被审计单位对会计政策的选择和运用；（4）被审计单位的目标、战略以及相关经营风险；（5）被审计单位财务业绩的衡量和评价；（6）被审计单位的内部控制。

4.被审计单位对会计政策的选择和运用

对被审计单位对会计政策的选择和运用，应重点关注以下方面：（1）重要项目的会计政策和行业惯例；（2）重大和异常交易的会计处理方法；（3）在新领域和缺乏权威性标准或共识的领域，采用重要会计政策产生的影响；（4）会计政策的变更；（5）被审计单位何时采用以及如何采用新颁布的会计准则和相关会计制度。

5.对被审计单位财务业绩的衡量和评价

对被审计单位财务业绩的衡量和评价应关注下列信息：（1）关键业绩指标；（2）业绩趋势；（3）预测、预算和差异分析；（4）管理层和员工业绩考核与激励性报酬政策；（5）分部信息与不同层次部门的业绩报告；（6）与竞争对手的业绩比较；（7）外部机构提出的报告。

6.内部控制

内部控制是被审计单位为了合理保证财务报告的可靠性、经营的效率和效果及对法律法规的遵守，由治理层、管理层和其他人员设计和执行的政策和程序，主要包括控制环境、风险评估过程、信息系统与沟通、控制活动、对控制的监督5个要素。

7.控制环境

控制环境是指对建立、加强或削弱特定政策、程序及其效率产生影响的各种因素，包括治理职能和管理职能，以及治理层和管理层对内部控制及其重要性的态度、认识和措施。控制环境设定了被审计单位的内部控制基调，影响员工对内部控制的认识和态度。良好的控制环境是实施有效的内部控制的基础。控制环境主要包括以下要素：（1）对诚信和道德价值观念的沟通与落实；（2）对胜任能力的重视；（3）治理层的参与程度；（4）管理层的理念和经营风格；（5）组织结构；（6）职权与责任的分配；（7）人力资源政策与实务。

8.信息系统与沟通

一个组织的信息系统是指为了确认、汇总、分析、分类、记录及报告公司交易和相关事件与情况，并保持对相关资产和负债的受托责任而建立的方法和记录。企业在一定的时间内要以一定的形式确定、收集和交换信息，从而使员工能够行使责任。良好的信息与沟通系统可以使企业及时掌握营运状况和组织中发生的各种情况，可以及时地为企业的员工提供履行职责所需的各种信息，从而使企业的经营和管理流畅地进行下去。一个良好的信息系统应能生成包括经营情况、财务和法规遵循情况的信息。

9.控制活动

控制活动是指为了保证管理指令得到实施而制定并执行的控制政策和程序。控制活动包括与授权、业绩评价、信息处理、实物控制和职责分离等相关的活动。

10.对控制的监督

控制活动不一定完全充分有效，因而，监督对控制的持续有效运行十分重要。对控制的监督是指被审计单位评价内部控制在一段时间内运行有效性的过程，该过程包括及时评价控制的设计和运行，以及根据情况的变化采取必要的纠正措施。对控制的监督主要包括两个方面：一是管理控制方法；二是内部审计。

11.重大错报风险

了解被审计单位及其环境的目的之一就是评估重大错报风险。注册会计师应当识别和评估财务报表层次以及各类交易、账户余额、列报认定层次的重大错报风险。在识别和评估重大错报风险时，注册会计师应当实施下列审计程序：(1) 在了解被审计单位及其环境的整个过程中识别风险，并考虑各类交易、账户余额、列报；(2) 将识别的风险与认定层次可能发生错报的领域相联系；(3) 考虑识别的风险是否重大；(4) 考虑识别的风险导致财务报表发生重大错报的可能性。某些重大错报风险可能与特定的各类交易、账户余额、列报的认定相关；某些重大错报风险可能与财务报表整体广泛相关，进而影响多项认定。

五、练习题

(一) 单项选择题

1.注册会计师应当实施风险评估程序，以了解被审计单位及其环境，其中分析程序是风险评估程序的主要方法。下列关于分析程序的说法中不正确的是（　　）。

A.注册会计师实施分析程序有助于识别异常的交易或事项，以及对财务报表和审计产生影响的金额、比率和趋势

B.在实施分析程序时，注册会计师应当预期可能存在的合理关系，并与被审计单位记录的金额、依据记录金额计算的比率或趋势相比较，如果发现异常或未预期到的关系，注册会计师应当在识别重大错报风险时考虑这些比较结果

C.如果使用了高度汇总的数据，实施分析程序的结果仅可能初步显示财务报表存在重大错报风险，注册会计师应当将分析结果连同识别重大错报风险时获取的其他信息一并考虑

D.分析程序在审计的所有阶段均应使用

2.下列说法中不正确的是（　　）。

A.内部控制只能为财务报告的可靠性提供合理的保证，而非绝对的保证

B.在了解被审计单位的内部控制时，只需关注控制的设计

C.特别风险通常与重大的非常规交易和判断事项有关

D.在某些情况下，仅通过实施实质性程序不能获取充分、适当的审计证据

3.注册会计师在执行财务报表审计时，首先应当了解被审计单位及其环境，以识别和评估（　　）。

A.可接受的检查风险　　B.审计风险水平

C.控制风险水平　　D.财务报表重大错报风险

4.了解被审计单位及其环境一般（　　）。

A.在承接客户和续约时进行　　B.在进行审计计划时进行

C.在进行期中审计时进行　　D.贯穿整个审计过程的始终

5.注册会计师应当了解被审计单位会计政策的选择和运用是否符合适用的会计准则和相关会计制度，是否符合被审计单位的具体情况。在了解被审计单位对会计政策的选择和运用是否适当时，不属于注册会计师应当予以特别关注的事项是（　　）。

A.重要项目的会计政策和行业惯例

B.常规交易的会计处理方法

C.在新领域和缺乏权威性标准或共识的领域，采用重要会计政策产生的影响

D.会计政策的变更

6.了解被审计单位财务业绩衡量和评价的最重要的目的是（　　）。

A.了解被审计单位的业绩趋势

B.确定被审计单位的业绩是否达到预期

C.将被审计单位的业绩与同行业进行比较

D.考虑是否存在舞弊风险

7.在了解被审计单位对会计政策的选择和运用是否适当时，注册会计师应当关注被审计单位重要项目的会计政策和行业惯例，重要的会计政策不包括（　　）。

A.收入确认、存货的计价方法

B.固定资产预计净残值的估计

C.长期股权投资的成本法和权益法

D.借款费用是资本化还是费用化

8.在对小型被审计单位进行的审计中，可能无法获取以文件形式存

在的有关控制环境要素的审计证据，注册会计师应当重点了解（　　）。

A.小型被审计单位内部控制要素能否实现其目标

B.治理层使用的关键财务业绩指标

C.管理层对内部控制及其重要性的态度、认识和措施

D.管理层如何识别和应对经营风险

9.被审计单位内部或外部对财务业绩的衡量和评价可能对管理层产生压力，促使其采取行动改善财务业绩或歪曲财务报表。注册会计师应当了解被审计单位财务业绩的衡量和评价情况，考虑这种压力是否导致管理层采取行动，以至于增加财务报表发生重大错报的风险。在了解被审计单位财务业绩衡量和评价情况时，注册会计师在下列信息中不应关注的是（　　）。

A.关键业绩指标　　B.业绩趋势

C.预测、预算和差异分析　　D.内部控制变化情况

10.注册会计师就下列事项与治理层沟通时，应当采取书面形式的有（　　）。

A.注册会计师的责任　　B.计划的审计范围和时间

C.注册会计师的独立性　　D.补充事项

11.小型被审计单位通常没有正式的财务业绩衡量和评价程序，管理层往往依据某些关键指标，并将其作为评价财务业绩和采取适当行动的基础，注册会计师应当了解（　　）。

A.管理层使用的关键指标　　B.业绩趋势

C.预测、预算和差异分析　　D.与竞争对手的业绩比较

12.在与治理层沟通特定事项前，注册会计师通常先与管理层讨论，除非这些事项不适合与管理层讨论。不适合与管理层讨论的事项包括（　　）。

A.注册会计师的责任

B.计划的审计范围和时间

C.管理层的胜任能力和诚信问题

D.审计工作中发现的问题

13.如被审计单位相关内部控制在被审计年度发生显著变动，注册会计师在进行控制测试时，应（　　）。

A.重点测试变动以后的内部控制

B.重点测试内部控制的变动

C.分别对变动前后的内部控制进行测试

D.重点测试内部控制的变动对相关财务报表项目的影响

14.如果以被审计单位编制的纪要作为沟通的记录，注册会计师应当（　　）。

A.直接将纪要的副本形成审计工作底稿

B.确定这些纪要恰当地记录了沟通的内容，并将其副本形成审计工作底稿

C.向被审计单位索要相关人员签字确认的纪要副本，直接将其形成审计工作底稿

D.向被审计单位索要纪要的正本，直接将其形成审计工作底稿

15.注册会计师在了解人工控制产生的特定风险时，不正确的说法是（　　）。

A.人工控制可能更容易被规避、忽视或凌驾

B.人工控制可能不具有一贯性

C.人工控制可能更容易产生简单错误或失误

D.事先可预见的错误能够通过自动化控制得以防范或发现

16.以下关于评估重大错报风险的陈述中，错误的是（　　）。

A.注册会计师应当识别和评估财务报表层次以及各类交易、账户余额、列报认定层次的重大错报风险

B.注册会计师应当利用实施风险评估程序获取评价控制设计的审计证据，作为支持风险评估结果的审计证据

C.注册会计师应当利用实施风险评估结果，确定实施进一步审计程序的性质、时间和范围

D.在评估重大错报风险时，注册会计师应当将所了解的控制与特定认定相联系

17.注册会计师应当了解与信息处理有关的控制活动，包括信息技术一般控制和应用控制。其中，信息技术应用控制是指主要在业务流程层次运行的人工或自动化程序，与用于生成、记录、处理报告交易或其他财务数据的程序相关，通常不包括（　　）。

A.检查数据计算的准确性

B.审核账户和试算平衡表

C.设置对输入数据和数字序号的自动检查

D.修改及维护控制

18.以下属于仅通过实质性程序无法应对的重大错报风险的是（　　）。

A.对日常交易采用高度自动化处理的情况

B.收入确认

C.费用确认

D.资产确认

（二）多项选择题

1.了解被审计单位及其环境是注册会计师必须执行的审计程序，这些审计程序有（　　）。

A.询问被审计单位管理层和内部其他相关人员

B.分析程序

C.观察和检查

D.函证被审计单位债务人

2.就了解被审计单位及其环境并评估重大错报风险来说，形成审计工作记录的内容有（　　）。

A.项目组对由于舞弊或错误导致财务报表发生重大错报的可能性进行的讨论，以及得出的重要结论

B.注册会计师对被审计单位及其环境各个方面的了解要点、信息来源及实施的风险评估程序

C.注册会计师在财务报表层次和认定层次识别、评估出的重大错报风险

D.注册会计师识别出的特别风险和仅通过实质性程序无法应对的重大错报风险，以及对相关控制的评估

3.注册会计师应当了解被审计单位及其环境，以充分识别和评估财务报表重大错报风险，设计和实施进一步审计程序。其中，注册会计师应当了解的被审计单位所处的法律环境及其监管环境的内容主要包括（　　）。

A.适用的会计准则、会计制度和行业特定惯例

B.对经营活动产生重大影响的法律法规及监管活动

C.对开展业务产生重大影响的政府政策，包括货币、财政、税收和贸易等政策

D.与被审计单位所处行业和所从事经营活动相关的环保要求

4.内部控制的要素包括（　　）。

A.控制环境、控制活动　　B.风险评估过程

C.信息系统与沟通　　D.对控制的监督

5.了解被审计单位的性质有助于注册会计师理解预期在财务报表中反映的各类交易、账户余额、列报。下列关于了解被审计单位的性质的叙述正确的有（　　）。

A.注册会计师应当了解所有权结构及所有者与其他人员或单位之间的关系，考虑关联方关系是否已经得到识别，以及关联方交易是否得到恰当核算

B.注册会计师应当了解被审计单位的治理结构，考虑治理层是否能够在独立于管理层的情况下对被审计单位事务（包括财务报告）作出客观判断

C.注册会计师应当了解被审计单位的组织结构，考虑复杂组织结构可能导致的重大错报风险，包括财务报表合并、商誉摊销和减值、长期股权投资核算以及特殊目的实体核算等问题

D.注册会计师应当了解被审计单位的投资性质，确认长期股权投资是否得到恰当核算和列报

6.以下关于评估重大错报风险的说法中正确的有（　　）。

A.注册会计师应当在了解被审计单位及其环境的整个过程中识别重大错报风险

B.注册会计师在评估重大错报风险时，可以不考虑相关内部控制

C.注册会计师应当确定识别的重大错报风险是与财务报表整体相关，进而影响多项认定，还是与特定的各类交易、账户余额、列报的认定相关

D.评估重大错报风险时，注册会计师应当将所了解的控制与特定认定相联系

7.注册会计师为获取有关控制设计和执行的审计证据，通常实施的

风险评估程序有（　　）。

A.询问被审计单位的人员　　B.检查文件和报告

C.穿行测试　　D.运用分析程序

8.风险评估程序包括（　　）。

A.询问　　B.分析程序

C.控制测试　　D.观察和检查

9.内部控制的人工成分可能更适用于处理（　　）。

A.存在大额、异常或偶发的交易

B.存在难以定义、防范或预见的错误

C.为应对情况的变化，需要对现有的自动化控制进行调整

D.监督自动化控制的有效性

10.注册会计师应当考虑人工控制可能不适用于处理（　　）。

A.存在大量或重复发生的交易

B.存在大额、异常或偶发的交易

C.事先可预见的错误能够通过自动化控制得以防范或发现

D.控制活动可得到适当设计和自动化处理

11.注册会计师在执行年度财务报表审计时，为了解XYZ公司及其环境，应当实施的风险评估程序有（　　）。

A.监盘　　B.分析程序

C.观察　　D.检查

12.注册会计师应当了解影响被审计单位经营的其他外部因素，其主要包括（　　）。

A.宏观经济的景气度　　B.利率和资金供求状况

C.通货膨胀水平及币值变动　　D.国际经济环境和汇率变化

13.注册会计师应当对控制环境的构成要素获取足够的了解，并考虑内部控制的实质及其综合效果，以了解管理层和治理层对内部控制及其重要性的态度、认识以及所采取的措施。下列关于对被审计单位内部控制了解的叙述中正确的有（　　）。

A.在确定构成控制环境的要素是否得到执行时，注册会计师应当考虑将询问与其他风险评估程序相结合以获取审计证据

B.通过观察和检查，注册会计师可能了解管理层是否建立了正式的

行为守则，在日常工作中行为守则是否得到遵守，以及管理层如何处理违反行为守则的情形

C.控制环境对重大错报风险的评估具有广泛影响，注册会计师应当考虑控制环境的总体优势是否为内部控制的其他要素提供了适当的基础，并且未被控制环境中存在的缺陷所削弱

D.注册会计师可以根据对控制环境的了解直接评估重大错报风险

14.在评价被审计单位风险评估过程的设计和执行时，注册会计师应当确定管理层（　　）。

A.如何识别与财务报告相关的经营风险

B.如何评估该风险的重要性

C.如何评估风险发生的可能性

D.如何将该风险降低到注册会计师可接受的低水平

15.注册会计师应当了解控制活动，以评估认定层次的重大错报风险，并针对评估的风险设计进一步审计程序。控制活动是指有助于确保管理层的指令得以执行的政策和程序，包括的活动有（　　）。

A.授权　　B.业绩评价

C.信息处理　　D.实物控制

16.下列属于注册会计师应当了解的被审计单位行业情况的有（　　）。

A.所在行业的市场供求与竞争　B.生产经营的季节性和周期性

C.产品生产技术的变化　　D.能源供应与成本

（三）判断题

1.与原有的审计准则相比，审计风险准则发生了重大变化。注册会计师应当将识别的风险与认定层次可能发生错误的领域相联系，实施更为严格的风险评估程序，不得未经过风险评估，直接将风险定为高水平。实施风险评估程序必须在计划和终结审计阶段使用，实施审计阶段可以根据具体情况决定是否实施风险评估程序。（　　）

2.注册会计师无须了解被审计单位的所有内部控制，而只需了解与审计相关的内部控制。（　　）

3.控制环境本身能够防止或发现并纠正各类交易、账户余额、列报认定层次的重大错报，注册会计师在评估风险时应当将控制环境连同其他内部控制要素产生的影响一并考虑。（　　）

4. 重大错报风险评估结果一旦确定，不应当再予以更新。（　）

5. 了解被审计单位及其环境是注册会计师必须执行的审计程序，注册会计师应有针对性地向被审计单位管理层和对财务报告负有责任的人员进行询问，还要考虑其他一些重要人员，如内部审计人员，但对级别较低或其他部门的人员，如采购人员、生产人员、销售人员等，不应浪费审计成本进行询问。（　）

6. 如果注册会计师不打算依赖被审计单位的内部控制，则无须对内部控制进行了解。（　）

7. 对于连续审计业务，如果拟利用在以前期间获取的信息，注册会计师应当向前任注册会计师了解被审计单位情况，如果在确认前任注册会计师可信的前提下，注册会计师可以直接使用其了解被审计单位及其环境的资料。（　）

8. 在确定哪些风险是特别风险时，注册会计师应当在考虑识别出的控制对相关风险的抵消效果后，根据风险的性质、潜在错报的重要程度和发生的可能性，判断风险是否属于特别风险。（　）

9. 了解被审计单位的性质有助于注册会计师理解预期在财务报表中反映的各类交易、账户余额、列报。（　）

10. 注册会计师应当了解被审计单位的组织结构，考虑复杂组织结构可能导致的重大错报风险，包括财务报表合并、商誉摊销和减值、长期股权投资核算以及特殊目的具体核算等方面是否正确处理。（　）

11. 如果识别出的信息与针对某重大事项得出的最终结论相矛盾或不一致，注册会计师应当记录形成最终结论时如何处理该矛盾或不一致的情况。（　）

12. 注册会计师应当了解被审计单位的投资活动，对投资活动的了解有助于注册会计师评估被审计单位在融资方面的压力，并进一步考虑被审计单位在可预见未来的持续经营能力。（　）

13. 小型被审计单位拥有的员工通常较少，限制了其职责分离的程度，业主凌驾于内部控制之上的可能性较大，因而注册会计师无须了解小型被审计单位的内部控制。（　）

14. 注册会计师应当了解被审计单位的可能导致财务报表重大错报的相关经营风险，而无须关注被审计单位的目标和战略。（　）

15. 多数经营风险最终都会产生财务后果，从而影响财务报表。注册会计师应当根据被审计单位的具体情况考虑经营风险是否可能导致财务报表发生重大错报，因此，注册会计师应当制定识别和应对经营风险的策略。（　　）

16. 小型被审计单位通常没有正式的计划和程序来确定其目标、战略并管理经营风险。注册会计师应当询问管理层或观察小型被审计单位如何应对这些事项。（　　）

17. 被审计单位内部或外部对财务业绩的衡量和评价可能对管理层产生压力，促使其采取行动改善财务业绩或歪曲财务报表。注册会计师应当了解被审计单位财务业绩的衡量和评价情况，考虑这种压力是否可能导致管理层采取财务行动以至于增加财务报表发生重大错报的风险。（　　）

18. 为了足以识别和评估财务报表重大错报风险，注册会计师对被审计单位及其环境的了解程度，要与管理层为经营管理企业而对被审计单位及其环境的了解程度一样。（　　）

19. 在了解内部控制时，注册会计师应当考虑被审计单位是否通过建立有效的控制，以恰当应对由于使用信息技术系统而非人工系统产生的风险。（　　）

20. 与财务报告相关的沟通既可以采用政策手册、会计和财务报告手册和备忘录等形式进行，也可以通过发送电子邮件、口头沟通和管理层的行动来进行。（　　）

21. 对被审计单位财务业绩的衡量和评价的信息，通常来自被审计单位的内部和外部。（　　）

22. 内部控制是被审计单位为了合理保证财务报告的可靠性、经营的效率和效果以及对法律法规的遵守，由治理层设计和执行的政策和程序。（　　）

23. 在审计过程中，如果识别出管理层未能识别的重大错报风险，注册会计师应当考虑被审计单位的风险评估过程为何没有识别出这些风险，以及评估过程是否适合具体环境。（　　）

24. 风险评估时要考虑控制环境与其他控制要素的综合作用。（　　）

25.实施控制测试与了解内部控制所采用的审计程序大体相同，主要区别在于了解内部控制所采用的审计程序中通常不包括重新执行。（　　）

六、案例

广华会计师事务所注册会计师甲和乙接受事务所的委派对美华股份有限公司（以下简称美华公司）20×7年度财务报表进行审计。在预备调查阶段，注册会计师通过调查问卷等形式了解到美华公司销售收款循环的内部控制，描述如下：

（1）销售部门收到顾客的订单后，由经理对品种、规格、数量、价格、付款条件、结算方式等详细审核后签章，交仓库办理发货手续。

（2）仓库在发运商品出库时，均必须有管理员根据经批准的订单填制的一式四联的销售单。在各联上签章后，第一联作为发运单，由工作人员配货并随货交给顾客；第二联送会计部；第三联送应收账款专管员；第四联则由管理员按编号顺序连同订单一并归档保存，作为盘存的依据。

（3）会计部收到销售单后，根据销售单中所列资料，开具统一的销售发票，将顾客联寄送顾客，将销售联交应收账款专管员，作为记账和收款的凭据。

（4）应收账款专管员收到发票后，将发票与销售单核对，如无错误，据以登记应收账款明细账，并将发票和销售单按顾客顺序归档保存。

要求：

（1）指出美华公司在销售收款循环的内部控制中存在的缺陷。

（2）针对存在的缺陷，提出改善措施。

案例提示

（1）美华公司在销售收款循环的内部控制中存在以下缺陷：①没有根据批准的订单编制销售通知单；②销售单不应由仓库部门编制，也不能代替装运凭证；③货物的发货与装运的职责不应由同一部门承担；④会计部门开具销售发票时没有核对装运凭证、销售单和商品价目表；⑤销售账和应收款两项不相容职务不应由同一人办理；⑥没有对销售收款循环进行独立稽核。

（2）针对上述存在的问题，应提出的改善措施如下：①销售部门必须根据批准的订单编制一式多联、连续编号的销售通知单，分别用于批准赊销、审核发货与装运货物、记录发货数量及向顾客开具账单。②货物的发货和装运由仓库和运输部门分别办理。③运输部门必须根据已批准的销售单编制一式多联、连续编号的提货单，装运货物；仓库部门核对经批准的销售单与提货单后发货。④会计部门必须在核对装运凭证（提货单）、销售单和商品价目表无误的情况下，才能开具销售发票。⑤将收款业务和负责销售账的业务分开。⑥设置独立稽核人员专门审核销售发票的单价、加总、入账日期等。

七、阅读文献

[1] 余玉苗. 审计学 [M]. 2版. 北京：清华大学出版社，2008.

[2] 阿伦斯，洛布贝克. 审计学——整合方法研究 [M]. 石爱中，等，译. 北京：中国审计出版社，2001.

[3] 中国注册会计师协会. 中国注册会计师执业准则应用指南 2010 [M]. 北京：中国财政经济出版社，2010.

第十章　风险应对

一、学习目的与要求

通过本章的学习，了解针对财务报表层次重大错报风险的总体应对措施及其对总体审计方案的影响，了解进一步审计程序的内涵和要求，掌握进一步审计程序的性质、时间和范围的含义及选择，掌握控制测试的性质、时间和范围的含义及选择，掌握实质性程序的含义和要求，掌握实质性程序的性质、时间和范围的含义及选择。

二、相关准则与制度

1.《中国注册会计师审计准则第1211号——通过了解被审计单位及其环境识别和评估重大错报风险》

2.《中国注册会计师审计准则第1231号——针对评估的重大错报风险采取的应对措施》

3.《中国注册会计师审计准则第1301号——审计证据》

三、预习要览

（一）关键概念

财务报表层次重大错报风险	控制测试
审计总体方案	实质性程序
进一步审计程序	

（二）关键问题

1.财务报表层次重大错报风险及其总体应对措施是什么？

2.在评估财务报表层次重大错报风险时对内部控制环境缺陷应作何考虑？

3.什么是进一步审计程序的总体方案？它与财务报表层次重大错报

风险有何关系？

4.进一步审计程序的含义和设计要求是什么？

5.什么是进一步审计程序的性质？注册会计师应如何确定进一步审计程序的性质？

6.进一步审计程序的时间的含义是什么？注册会计师应如何选择实施进一步审计程序的时间？

7.进一步审计程序的范围的含义是什么？应如何确定进一步审计程序的范围？

8.控制测试的含义是什么？何种情况下需要实施控制测试？

9.什么是控制测试的性质？注册会计师应如何确定控制测试的性质？

10.注册会计师在确定控制测试的时间时应作出哪些考虑？

11.注册会计师应如何考虑控制测试的范围？

12.实质性程序的含义及总体要求是什么？

13.注册会计师在设计实质性程序的性质时应考虑哪些因素？

14.注册会计师应如何对实施实质性程序的时间加以考虑？

15.在确定实质性程序的范围时应注意哪些问题？

16.在完成审计工作和形成审计意见之前应如何对审计证据进行评价？

四、重点与难点解析

1.财务报表层次重大错报风险及总体应对措施

所谓财务报表层次重大错报风险，是指识别的与财务报表整体相关、涉及多项认定从而具有广泛影响的重大错报风险。在评估重大错报风险时，注册会计师应当确定，识别的重大错报风险是与特定的某类交易、账户余额、列报的认定相关，还是与财务报表整体广泛相关，进而影响多项认定。如果重大错报风险是与财务报表整体相关，则属于财务报表层次的重大错报风险。

针对评估的财务报表层次重大错报风险的总体应对措施包括：(1) 向项目组强调在收集和评价审计证据过程中保持职业怀疑态度的必要性。(2) 分派更有经验或具有特殊技能的审计人员，或利用专家的工作。(3) 提供更多的督导，对财务报表层次重大错报风险较高的被审计单位，项目组的高级注册会计师应强化对一般注册会计师的督导，严格复核一般注册会计师的工作。(4) 在选择进一步审计程序时，应当注意使某些程序不被管理层预见或事先了解。(5) 对拟实施审计程序的性质、时间和范围作出总体修改。根据风险评估结果对拟实施审计程序的性质、时间和范围作出适当的调整。

2.在评估财务报表层次重大错报风险时对内部控制环境缺陷的考虑

财务报表层次的重大错报风险很可能源于薄弱的控制环境。薄弱的控制环境带来的风险可能对财务报表产生广泛影响，而不限于某类交易、账户余额和列报。如果控制环境存在缺陷，注册会计师在对拟实施审计程序的性质、时间和范围作出总体修改时应当考虑：(1) 在期末而非期中实施更多的审计程序。控制环境的缺陷通常会削弱期中获得的审计证据的可信赖程度。(2) 主要依赖实质性程序获取审计证据。良好的控制环境是其他控制要素发挥作用的基础。控制环境存在缺陷通常会削弱其他控制要素的作用，导致注册会计师可能无法信赖内部控制，而主要依赖实施实质性程序获取审计证据。(3) 修改审计程序的性质，获取更具说服力的审计证据。修改审计程序的性质主要是指调整拟实施审计程序的类别及组合。(4) 扩大审计程序的范围。例如，扩大样本规模，或采用更详细的数据实施分析程序。

3.进一步审计程序的总体方案及其与财务报表层次重大错报风险的关系

注册会计师针对财务报表层次重大错报风险拟实施的进一步审计程序的总体方案包括实质性方案和综合性方案。实质性方案是指注册会计师实施的进一步审计程序以实质性程序为主；综合性方案是指注册会计师在实施进一步审计程序时，将控制测试与实质性程序结合使用。

注册会计师评估的财务报表层次重大错报风险以及采取的总体应对措施，对拟实施进一步审计程序的总体方案具有重大影响。当评估的财务报表层次重大错报风险属于高风险水平（并相应采取更强调审计程序不可预见性，重视调整审计程序的性质、时间和范围等总体应对措施）时，拟实施进一步审计程序的总体方案往往更倾向于实质性方案。反之，则采用综合性方案。但在某些情况下，如仅通过实质性程序无法应对的重大错报风险，则注册会计师必须通过实施控制测试，才可能有效应对评估出的某一认定的重大错报风险。

4.进一步审计程序的含义和设计要求

进一步审计程序是相对风险评估程序而言的，是指注册会计师针对评估的各类交易、账户余额、列报认定层次重大错报风险实施的审计程序，包括控制测试和实质性程序。实质性程序包括对各类交易、账户余额、列报的细节测试和实质性分析程序。进一步审计程序是获取审计证据的重要手段，注册会计师应当考虑进一步审计程序的性质、时间和范围，以便有效地获取充分、适当的审计证据。

注册会计师设计和实施的进一步审计程序的性质、时间和范围，应当与评估的认定层次重大错报风险具备明确的对应关系，使审计程序更具有目的性和针对性，有的放矢地配置审计资源，提高审计的效率和效果。在设计和实施进一步审计程序的性质、时间和范围时，保证审计程序的性质对风险具有高度针对性是最重要的。这是因为，一般说来，评估的重大错报风险越高，实施进一步审计程序的范围也应越大，但只有在首先确保进一步审计程序的性质与特定风险相关时，扩大审计程序的范围才是有效的。

在设计进一步审计程序时，注册会计师应当考虑：(1) 风险的重要性。风险的重要性是指风险可能造成的后果的严重程度。风险的后果越严重，就越需要注册会计师关注和重视，越需要精心设计有针对性的进一步审计程序。(2) 重大错报发生的可能性。重大错报发生的可能性越大，同样越需要注册会计师精心设计进一步审计程序。(3) 涉及的各类交易、账户余额和列报的特征。不同的交易、账户余额和列报，产生的认定层次的重大错报风险也会存在差异，适用的审计程序也有差别，需要注册会计师区别对待，并设计有针对性的进一步审计程序予以应对。(4) 被审计单位采用的特定控制的性质。不同性质的控制（无论是人工控制还是自动化控制）对注册会计师设计进一步的审计程序具有重要影响。(5) 注册会计师是否拟获取审计证据，以确定内部控制在防止或发现并纠正重大错报方面的有效性。如果注册会计师拟在风险评估时预期内部控制运行有效，随后拟实施的进一步审计程序必须包括控制测试，且实质性程序自然会受到之前控制测试结果的影响。

5.进一步审计程序的性质及其确定

进一步审计程序的性质是指进一步审计程序的目的和类型。进一步审计程序的目的包括通过实施控制测试以确定内部控制运行的有效性，通过实施实质性程序以发现认定层次的重大错报。进一步审计程序的类型包括检查、观察、询问、函证、重新计算、重新执行和分析程序。不同的审计程序应对特定认定错报风险的效力不同，所以，在应对评估的风险时，合理确定审计程序的性质是非常重要的。

注册会计师应当根据认定层次重大错报风险的评估结果选择审计程序。评估的认定层次重大错报风险越高，对通过实质性程序获取的审计证据的相关性和可靠性的要求越高，从而可能影响进一步审计程序的类型及其综合运用。

6.进一步审计程序的时间的含义及选择

进一步审计程序的时间是指注册会计师何时实施进一步审计程序，或审计证据适用的期间或时点。进一步审计程序的时间，在某些情况下指的是审计程序的实施时间，在另一些情况下是指需要获取的审计证据适用的期间或时点。

在确定何时实施进一步审计程序时，注册会计师应当考虑：（1）控制环境。良好的控制环境可以抵消在期中实施进一步审计程序的局限性，使注册会计师在确定实施进一步审计程序的时间时有更大的灵活性。（2）何时能得到相关信息。例如，某些控制活动可能仅在期中（或期中以前）发生，而之后可能难以再被观察到。注册会计师如果希望获取相关信息，则需要考虑能够获取相关信息的时间。（3）错报风险的性质。（4）审计证据适用的期间或时点。注册会计师应当根据需要获取的特定审计证据确定何时实施进一步审计程序。

7.进一步审计程序的范围的含义及确定

进一步审计程序的范围是指实施进一步审计程序的数量，包括抽取的样本量、对某项控制活动的观察次数等。在确定审计程序的范围时，注册会计师应当考虑：（1）确定的重要性水平。确定的重要性水平越低，注册会计师实施进一步审计程序的范围越广。（2）评估的重大错报风险。评估的重大错报风险越高，对拟获取审计证据的相关性、可靠性的要求就越高，因此注册会计师实施的进一步审计程序的范围也越广。

（3）计划获取的保证程度。计划获取的保证程度越高，对测试结果的可靠性要求就越高，因此注册会计师实施的进一步审计程序的范围也越广。

8.控制测试的含义及需要实施控制测试的具体情形

控制测试是指用于评价内部控制在防止或发现并纠正认定层次重大错报方面的运行有效性的审计程序。测试控制运行的有效性与确定控制是否得到执行所需获取的审计证据是不同的。在实施风险评估程序以获取控制是否得到执行所需的审计证据时，注册会计师应当确定某项控制是否存在，被审计单位是否正在使用。在测试控制运行的有效性时，注册会计师应当从下列方面获取关于控制是否有效运行的审计证据：（1）控制在所审计期间的不同时点是如何运行的；（2）控制是否得到一贯执行；（3）控制由谁执行；（4）控制以何种方式运行。如果被审计单位在所审计期间内的不同时期使用了不同的控制，注册会计师应当考虑不同时期控制运行的有效性。

控制运行有效性强调的是控制能够在各个不同时点按照既定设计得以一贯执行。因此，在了解控制是否得以执行时，注册会计师只需抽取少量的交易进行检查或观察某几个时点。但在测试控制运行的有效性时，注册会计师需要抽取足够数量的交易进行检查或对多个不同时点进行观察。

测试控制运行的有效性与确定控制是否得到执行所需获取的审计证据虽然存在差异，但两者也有联系。为评价控制设计和确定控制是否得到执行而实施的某些风险评估程序尽管并非专为控制测试而设计，但可能提供有关控制运行有效性的审计证据，注册会计师可以考虑在评价控制设计和获取其得到执行的审计证据的同时测试控制运行有效性，以提高审计效率；同时注册会计师应当考虑这些审计证据是否足以实现控制测试的目的。

控制测试并非在任何情况下都需要实施。当存在下列情形之一时，注册会计师应当实施控制测试：

（1）在评估认定层次重大错报风险时，预期控制的运行是有效的。如果在评估认定层次重大错报风险时预期控制的运行是有效的，注册会计师应当实施控制测试，就控制在相关期间或时点的运行有效性获取充分、适当的审计证据。注册会计师通过实施风险评估程序，可能发现某项控制的设计是存在的，也是合理的，同时得到了执行。在这种情况下，出于成本效益的考虑，注册会计师可能预期，如果相关控制在不同时点都得到了一贯执行，与该项控制有关的财务报表认定发生重大错报的可能性就不会很大，也就可以考虑通过实施控制测试而减少实施实质性程序。为此，注册会计师可能会认为值得对相关控制在不同时点是否得到了一贯执行进行测试，即实施控制测试。这种测试主要是出于成本效益的考虑，其前提是注册会计师在了解内部控制以后认为某项控制存在着被信赖和利用的可能。也就是说，只有认为控制设计合理、能够防止或发现和纠正认定层次的重大错报，注册会计师才有必要对控制运行的有效性实施测试。

（2）仅实施实质性程序不足以提供认定层次充分、适当的审计证据。如果认为仅实施实质性程序获取的审计证据无法将认定层次重大错报风险降至可接受的低水平，注册会计师应当实施相关的控制测试，以获取控制运行有效性的审计证据。

9.控制测试的性质及其选择

控制测试的性质是指控制测试所使用的审计程序的类型及其组合。虽然控制测试与了解内部控制的目的不同，但两者采用的审计程序的类型通常相同，包括询问、观察、检查和穿行测试。此外，控制测试的程序还包括重新执行。询问本身并不足以测试控制运行的有效性，注册会计师应当将询问与其他审计程序结合使用，以获取有关控制运行有效性的审计证据。观察程序提供的证据仅限于证明观察发生的时点，本身也不足以测试控制运行的有效性；将询问与检查或重新执行结合使用，通常能够比仅实施询问和观察获取更高的保证。

注册会计师在选择控制测试的性质时通常会考虑：（1）特定控制的性质。注册会计师应当根据特定控制的性质选择所需实施审计程序的类型。某些控制可能存在反映控制运行有效性的文件记录，在这种情况下，注册会计师应当考虑检查这些文件记录以获取控制运行有效性的审计证据；某些控制可能不存在文件记录，或文件记录与证实控制运行有效性不相关，在这种情况下，注册会计师应当考虑实施检查以外的其他审计程序或借助计算机辅助审计技术，以获取有关控制运行有效性的审计证据。（2）与认定直接相关和间接相关的控制。在设计控制测试时，注册会计师不仅应当考虑与认定直接相关的控制，还应当考虑这些控制所依赖的与认定间接相关的控制，以获取支持控制运行有效性的审计证据。（3）应用控制的自动化。对于一项自动化的应用控制，由于信息技术处理过程的内在一贯性，注册会计师可以利用该项控制得以执行的审计证据和信息技术一般控制（特别是对系统变动的控制）运行有效性的审计证据，作为支持该项控制在相关期间运行有效性的重要审计证据。（4）控制测试的目的。控制测试的目的是评价控制是否有效运行；细节测试的目的是发现认定层次的重大错报。尽管两者目的不同，但注册会计师可以考虑针对同一交易同时实施控制测试和细节测试，以实现双重目的。（5）实施实质性程序的结果对控制测试结果的影响。注册会计师应当考虑实施实质性程序发现的错报对评价相关控制运行有效性的影响，如降低对相关控制的信赖程度、调整实质性程序的性质、扩大实质性程序的范围等。

10.控制测试的时间及注册会计师对其的考虑

控制测试的时间直接关系到通过控制测试获取的审计证据的时间问题。通过控制测试获取的审计证据的时间涉及两个问题：一是证据什么时候获得和适用于审计期间的哪一部分；二是在本审计期间对以前期间控制设计和运行有效证据的依赖程度。一般说来，注册会计师应当根据控制测试的目的确定控制测试的时间，并确定拟信赖的相关控制的时点或期间。如果仅需要测试控制在特定时点的运行有效性，注册会计师只需要获取该时点的审计证据。如果需要获取控制在某一期间有效运行的审计证据，仅获取与时点相关的审计证据是不充分的，注册会计师应当辅以其他控制测试，包括测试被审计单位对控制的监督。

在选择控制测试时间时，注册会计师需要考虑两个方面的问题：一是期中测试所获取的审计证据；二是以前审计中所获取的审计证据。

如果已获取有关控制在期中运行有效性的审计证据，并拟利用该证据，注册会计师应当实施下列审计程序：

（1）获取这些控制在剩余期间变化情况的审计证据。（2）确定针对剩余期间还需获取的补充审计证据。注册会计师应当考虑：①评估的认定层次重大错报风险的重大程度。评估的重大错报风险对财务报表的影响越大，注册会计师需要获取的剩余期间的补充证据就越多。②在期中测试的特定控制。例如，对自动化运行的控制，注册会计师更可能测试信息系统一般控制的运行有效性，以获取控制在剩余期间运行有效性的审计证据。③在期中对有关控制运行有效性获取的审计证据的程度。如果注册会计师在期中对有关控制运行有效性获取的审计证据比较充分，可以考虑适当减少需要获取的剩余期间的补充证据。④剩余期间的长度。剩余期间越长，注册会计师需要获取的剩余期间的补充证据就越多。⑤在信赖控制的基础上拟减少进一步实质性程序的范围。注册会计师对相关控制的信赖程度越高，通常在信赖控制的基础上拟减少进一步实质性程序的范围就越大。在这种情况下，注册会计师需要获取的剩余期间的补充证据就越多。⑥控制环境。在注册会计师总体上拟信赖控制的前提下，控制环境越薄弱（或把握程度越低），注册会计师需要获取的剩余期间的补充证据就越多。

被审计单位对控制的监督起到的是一种检验相关控制在所有相关时点是否都有效运行的作用，因此，除了上述的测试剩余期间控制的运行有效性外，通过测试被审计单位对控制的监督，注册会计师也可以获取补充审计证据，以便更有把握地将控制在期中运行有效性的审计证据延伸至期末。

11.控制测试的范围及其确定

控制测试的范围主要是指某项控制活动的测试次数。注册会计师应当设计控制测试，以获取控制在整个拟信赖的期间有效运行的充分、适当的审计证据。

在确定某项控制的测试范围时，注册会计师通常考虑：(1) 执行控制的频率，是指在整个拟信赖的期间，被审计单位执行控制的频率。控制执行的频率越高，控制测试的范围越大。(2) 在所审计期间，注册会计师拟信赖控制运行有效性的时间长度。拟信赖控制运行有效性的时间长度不同，在该时间长度内发生的控制活动次数也不同。注册会计师需要根据拟信赖控制运行有效性的时间长度确定控制测试的范围。拟信赖控制运行有效性的期间越长，控制测试的范围越大。(3) 证据的相关性和可靠性，是指为证实控制能够防止或发现并纠正认定层次重大错报所需获取审计证据的相关性和可靠性。对审计证据的相关性和可靠性要求越高，控制测试的范围越大。（4）通过测试与认定相关的其他控制获取的审计证据的范围。针对同一认定，可能存在不同的控制，当针对其他控制获取审计证据的充分性和适当性较高时，测试该控制的范围可适当缩小。（5）在风险评估时拟信赖控制运行有效性的程度。注册会计师在风险评估时对控制运行有效性的拟信赖程度越高，需要实施控制测试的范围越大。（6）控制的预期偏差。预期偏差可以用控制未得到执行的预期次数占控制应当得到执行次数的比率加以衡量。考虑该因素，是因为在考虑测试结果是否可以得出控制运行有效性的结论时，不可能只要出现任何控制执行偏差就认定控制运行无效，所以需要确定一个合理水平的预期偏差率。控制的预期偏差率越高，需要实施控制测试的范围越大。如果控制的预期偏差率过高，注册会计师应当考虑控制可能不足以将认定层次的重大错报风险降至可接受的低水平，从而针对某一认定实施的控制测试可能是无效的。

12.实质性程序的含义及总体要求

实质性程序是指注册会计师针对评估的重大错报风险实施的直接用以发现认定层次重大错报的审计程序。实质性程序包括对各类交易、账户余额、列报的细节测试以及实质性分析程序。注册会计师应当针对评估的重大错报风险设计和实施实质性程序，以发现认定层次的重大错报。由于注册会计师对重大错报风险的评估是一种判断，可能无法充分识别所有的重大错报风险，加之内部控制存在固有局限性，所以无论评估的重大错报风险结果如何，注册会计师都应当针对所有重大的各类交易、账户余额、列报实施实质性程序。

总体而言，注册会计师实施的实质性程序应当包括与财务报表编制相关的审计程序：（1）将财务报表与其所依据的会计记录相核对；（2）检查财务报表编制过程中作出的重大会计分录和其他会计调整。

13.实质性程序的性质及其设计

实质性程序的性质是指实质性程序的类型及其组合。实质性程序的两种基本类型包括细节测试和实质性分析程序。细节测试是对各类交易、账户余额、列报的具体细节进行测试，目的在于直接识别财务报表认定是否存在错报。实质性分析程序从技术特征上仍然是分析程序，主要是通过研究数据间关系评价信息，只是将该技术方法用作实质性程序，即用以识别各类交易、账户余额、列报及相关认定是否存在错报。

注册会计师应当根据各类交易、账户余额、列报的性质选择实质性程序的类型。细节测试和实质性分析程序的目的和技术手段存在一定差异，细节测试适用于对各类交易、账户余额、列报认定的测试，尤其是对存在或发生、计价认定的测试；对在一段时期内存在可预期关系的大量交易，注册会计师可以考虑实施实质性分析程序。

注册会计师应当针对评估的风险设计细节测试，获取充分、适当的审计证据，以达到认定层次所计划的保证水平。

在设计实质性分析程序时，注册会计师应当考虑：（1）对特定认定使用实质性分析程序的适当性；（2）对已记录的金额或比率作出预期时，所依据的内部或外部数据的可靠性；（3）作出预期的准确程度是否足以在计划的保证水平上识别重大错报；（4）已记录金额与预期值之间可接受的差异额。

此外，在实施实质性分析程序时，如果使用被审计单位编制的信息，注册会计师应当考虑测试与信息编制相关的控制，以及这些信息是否在本期或前期经过审计。

14.注册会计师对实施实质性程序的时间的考虑

毫无疑问，大量的实质性程序需要在期末执行，但也可以在期中实施部分实质性程序，以获取一定的审计证据。此外，在连续审计的情况下，以前审计所获取的审计证据也可能有利用价值。对于在期中实施的程序及所获取的审计证据以及以前审计所获取的审计证据，注册会计师要给予专门的考虑。具体说来，如果在期中实施了实质性程序，注册会计师应当针对剩余期间实施进一步的实质性程序，或将实质性程序和控制测试结合使用，以将期中测试得出的结论合理延伸至期末。因此，是否在期中实施实质性程序，首先取决于注册会计师对审计资源利用效率的考虑，只有在注册会计师权衡期中消耗的审计资源和针对剩余期间实施实质性程序消耗的审计资源的总和显著小于完全在期末实施实质性程序所需消耗的审计资源时，才有必要在期中实施实质性程序。

此外，在决定是否在期中实施实质性程序时，注册会计师应当考虑：（1）控制环境和其他相关的控制。控制环境和其他相关的控制越薄弱，注册会计师越不宜依赖期中实施的实质性程序。注册会计师应当考虑针对剩余期间仅实施实质性程序是否足够。如果认为实施实质性程序本身不充分，注册会计师还应测试剩余期间相关控制运行的有效性或针对期末实施实质性程序。(2) 实施审计程序所需信息在期中之后的可获得性。如果实施实质性程序所需信息在期中之后可能难以获取，注册会计师应考虑在期中实施实质性程序；但如果实施实质性程序所需信息在期中之后的可获得性并不存在明显困难，则在期末实施实质性程序更为适当。(3) 实质性程序的目标。如果针对某项认定实施实质性程序的目标就包括获取该认定的期中审计证据，注册会计师应在期中实施实质性程序。(4) 评估的重大错报风险。注册会计师评估的某项认定的重大错报风险越高，针对该认定所需获取的审计证据的相关性和可靠性要求也就越高，注册会计师越应当考虑将实质性程序集中于期末（或接近期末）实施。如果已识别出由舞弊导致的重大错报风险，为将期中得出的结论延伸至期末而实施的审计程序通常是无效的，注册会计师应当考虑在期末或者接近期末实施实质性程序。(5) 各类交易或账户余额以及相关认定的性质。例如，某些交易或账户余额以及相关认定的特殊性质（如收入截止认定、未决诉讼）决定了注册会计师必须在期末（或接近期末）实施实质性程序。(6) 针对剩余期间，能否通过实施实质性程序或将实质性程序与控制测试相结合，降低期末存在错报而未被发现的风险。如果针对剩余期间注册会计师可以通过实施实质性程序或将实质性程序与控制测试相结合，较有把握地降低期末存在错报而未被发现的风险，注册会计师可以考虑在期中实施实质性程序；但如果针对剩余期间注册会计师认为还需要消耗大量审计资源才有可能降低期末存在错报而未被发现的风险，甚至没有把握通过适当的进一步审计程序降低期末存在错报而未被发现的风险，注册会计师就不宜在期中实施实质性程序。

在确定针对剩余期间拟实施的实质性程序时，注册会计师应当考虑是否已在期中实施了控制测试，并考虑与财务报告相关的信息系统能否充分提供与期末账户余额及剩余期间交易有关的信息。在针对剩余期间实施实质性程序时，注册会计师应当重点关注并调查重大的异常交易或分录、重大波动以及各类交易或账户余额在构成上的重大或异常变动。如果拟针对剩余期间实施实质性分析程序，注册会计师应当考虑某类交易的期末累计发生额或账户期末余额在金额、相对重要性及构成方面能否被合理预期。

在以前审计中实施实质性程序获取的审计证据，通常对本期只有很弱的证据效力或没有证据效力，不足以应对本期的重大错报风险。只有当以前获取的审计证据及其相关事项未发生重大变动时（例如以前审计通过实质性程序测试过的某项诉讼在本期没有任何实质性进展），以前获取的审计证据才可能用作本期的有效审计证据。但是，如果拟利用以前审计中实施实质性程序获取的审计证据，注册会计师应当在本期实施审计程序，以确定这些审计证据是否具有持续相关性。

15.实质性程序范围的确定

在确定实质性程序的范围时，注册会计师应当考虑评估的认定层次重大错报风险和实施控制测试的结果。注册会计师评估的认定层次的重大错报风险越高，需要实施实质性程序的范围越广。如果对控制测试结果不满意，注册会计师应当考虑扩大实质性程序的范围。

对于细节测试，注册会计师除了从样本量的角度考虑测试范围外，还要考虑选样方法的有效性等因素。例如，从总体中选取大额或异常项目，而不是进行代表性抽样或分层抽样。

对于实质性分析程序，注册会计师应当确定已记录金额与预期值之间可接受的差异额。在确定该差异额时，注册会计师应当主要考虑各类交易、账户余额、列报及相关认定的重要性和计划的保证水平。实施分析程序可能发现偏差，但并非所有的偏差都值得展开进一步调查。可容忍或可接受的偏差（即预期偏差）越大，作为实质性分析程序一部分的进一步调查的范围就越小。

16.完成审计工作前对审计证据的评价

在完成审计工作前对进一步审计程序所获取审计证据的评价，主要是根据发现的错报或控制执行偏差考虑修正重大错报风险的评估结果。随着计划的审计程序的实施，注册会计师应当根据实施的审计程序和获取的审计证据，评价对认定层次重大错报风险的评估是否仍然适当。如果获取的信息与风险评估时依据的信息有重大差异，注册会计师就应当考虑修正风险评估结果，并据以修改原计划的其他审计程序的性质、时间和范围。

17.注册会计师在形成审计意见时对审计证据的评价

在形成审计意见时，注册会计师应当从总体上评价是否已经获取充分、适当的审计证据，以将审计风险降至可接受的低水平。注册会计师应当考虑所有相关的审计证据，包括能够印证财务报表认定的审计证据和与之相矛盾的审计证据。

在评价审计证据的充分性和适当性时，注册会计师应当运用职业判断，考虑的影响因素有：（1）认定发生潜在错报的重要程度，以及潜在错报单独或连同其他潜在错报对财务报表产生重大影响的可能性；（2）管理层应对和控制风险的有效性；（3）在以前审计中获取的关于类似潜在错报的经验；（4）实施审计程序的结果，包括审计程序是否识别出舞弊或错误的具体情形；（5）可获得信息的来源和可靠性；（6）审计证据的说服力；（7）对被审计单位及其环境的了解。

五、练习题

（一）单项选择题

1.注册会计师实施程序以确定控制是否得到一贯执行，其实质是在测试控制的（　　）。

A.有效性　　B.存在性

C.正在使用情况　　D.完整性

2.下列情况中应当实施控制测试的是（　　）。

A.在评估认定层次重大错报风险时预期控制的运行是无效的

B.在评估认定层次重大错报风险时预期控制的运行是有效的

C.注册会计师在了解内部控制时发现控制很薄弱

D.即使现有控制得到执行也不足以防止财务报表发生重大错报

3.在仅实施实质性程序不足以提供认定层次充分、适当的审计证据时，注册会计师应当（　　）。

A.实施分析程序

B.实施控制测试

C.重新评估认定层次的重大错报风险

D.扩大样本规模

4.下列审计程序中不用于控制测试和了解内部控制的是（　　）。

A.询问　　　　　　　　　　　B.观察

C.检查　　　　　　　　　　　D.函证

5.即使注册会计师已获取了控制在期中有效运行的审计证据，仍然需要（　　）。

A.考虑如何将控制在期中运行有效性的审计证据合理延伸至期末

B.重新考虑重要性水平

C.重新评估财务报表层次重大错报风险

D.重新评估认定层次重大错报风险

6.如果拟信赖以前审计获取的控制运行有效性的审计证据，注册会计师应（　　）。

A.直接实施实质性程序

B.获取这些控制是否已发生变化的审计证据

C.直接获取本期控制运行有效性的审计证据

D.确定针对剩余期间还需要获取的补充审计证据

7.对以前审计获取的有关控制有效性的审计证据，如果评估的重大错报风险高，注册会计师应当（　　）。

A.信赖以前审计获取的审计证据

B.部分信赖以前审计获取的审计证据

C.完全不信赖以前审计获取的审计证据

D.不再对控制的有效性进行测试

8.如果注册会计师拟信赖针对特别风险的控制，那么（　　）。

A.注册会计师可以部分地利用以前年度所执行的控制测试

B.注册会计师可以利用以前审计获取的审计证据

C.注册会计师可以每隔一年进行一次控制测试

D.注册会计师应当在每次审计时都测试这类控制

9.下列因素中与控制测试范围不呈正向关系的是（　　）。

A.在风险评估时拟信赖控制运行有效性的程度

B.通过测试与认定相关的其他控制获取的审计证据的范围

C.执行控制的频率

D.对证据的相关性和可靠性的要求

10.下列关于细节测试的表述不正确的是（　　）。

A.细节测试是对各类交易、账户余额、列报的具体细节进行的测试

B.测试的目的是直接识别财务报表认定是否存在错报

C.测试的设计和实施应针对认定层次的重大错报风险

D.实施细节测试需要大量使用分析手段研究数据间的关系

11.实质性程序的类型包括（　　）。

A.控制测试和细节测试

B.控制测试和实质性测试

C.细节测试和实质性分析程序

D.控制测试和实质性分析程序

12.如果针对剩余期间还需大量的审计投入才能降低在期末未能发现重大错报的风险，那么注册会计师应当（　　）。

A.在期中实施实质性程序

B.不在期中实施实质性程序

C.利用在期中获取的审计证据

D.重新评估重大错报风险

13.在考虑实质性程序的时间时，如果识别出由舞弊导致的重大错报风险，注册会计师应当（　　）。

A.在期末或接近期末实施实质性程序

B.在期中实施实质性程序

C.在期中和期末都实施实质性程序

D.实施将期中结论延伸至期末的审计程序

（二）多项选择题

1.下列项目中属于财务报表层次重大错报风险总体应对措施的有（　　）。

A.向项目组强调保持职业怀疑态度的必要性

B.分派更有经验或具有特殊技能的审计人员，或利用专家的工作

C.提供更多的督导

D.选择的进一步审计程序不被管理层预见或事先了解

2.在控制环境存在缺陷的情况下，注册会计师应作出的选择包括（　　）。

A.在期末实施更多的审计程序

B.主要依赖实质性程序获取审计证据

C.修改审计程序的性质以获取更有说服力的审计证据

D.扩大审计程序的范围

3.实施进一步审计程序的总体方案包括（　　）。

A.综合性方案　　B.风险审计方案

C.实质性程序　　D.控制测试方案

4.下列项目中属于进一步审计程序的有（　　）。

A.控制测试　　B.抽样测试

C.细节测试　　D.实质性分析程序

5.进一步审计程序的类型包括（　　）。

A.检查　　B.观察

C.询问　　D.函证

6.下列表述中正确的有（　　）。

A.注册会计师应根据认定层次重大错报风险的评估结果选择审计程序

B.评估的认定层次的重大错报风险的高低可能影响进一步审计程序的类型

C.在拟定审计程序时，应考虑产生认定层次重大错报风险的原因

D.如果拟利用被审计单位信息系统生成的信息，需要对信息的准确性和完整性获取审计证据

7.在期中实施审计程序的不利方面包括（　　）。

A.往往难以获取有关期中以前的充分、适当的审计证据

B.剩余未审期间往往还会发生对所审期间的财务报表认定有重大影响的业务

C.管理层有可能在期中之后对期中以前的会计记录加以调整甚至篡改

D.注册会计师可以在审计工作初期识别重大事项

8.在确定审计程序的时间时，注册会计师需要考虑的因素包括（　　）。

A.控制环境　　B.何时能获取相关信息

C.重大错报风险的性质　　D.审计证据适用的期间或时点

9.在确定审计程序的范围时，注册会计师应当考虑的因素包括（　　）。

A.确定的重要性水平　　　　　B.评估的重大错报风险

C.计划获取的保证程度　　　　D.能够获取审计证据的时间

10.注册会计师使用抽样方法得出无效结论的原因可能有（　　）。

A.选择的抽样方法对实现特定目标不适当

B.确定的重要性水平过低

C.未对发现的例外事项进行恰当的追查

D.选择的样本量过小

11.要测试控制的有效性，注册会计师需要获取的审计证据包括（　　）。

A.控制在所审期间的不同时点是如何运行的

B.控制由谁执行

C.控制是否得到一贯执行

D.控制以何种方式运行

12.在确定控制测试的性质时，通常需要考虑的因素包括（　　）。

A.特定控制的性质

B.与认定直接相关和间接相关的控制

C.控制测试的目的

D.实施实质性测试的结果对控制测试结果的影响

13.下列因素中，与控制测试范围大小呈正向关系的包括（　　）。

A.执行的频率

B.在所审期间审计人员拟信赖控制运行有效性的时间长度

C.对证据的相关性和可靠性的要求

D.控制的预期偏差率

14.实施的实质性程序应当包括的与财务报表编制完成阶段相关的审计程序有（　　）。

A.将财务报表与其所依据的会计记录进行核对

B.检查财务报表编制过程中作出的重大会计分录和其他会计调整

C.测试控制的有效性

D.测试控制是否存在并被执行

15.在评价财务报表的总体列报时，注册会计师应关注的方面包括（　　）。

A.财务报表各组成部分的格式和内容

B.报表项目的分类

C.所使用术语的可理解性

D.所披露金额和其他信息的详略程度

16.下列情况中，注册会计师应考虑对认定层次重大错报风险的评估是否适当的有（　　）。

A.进一步审计程序所获取的证据不支持此前对认定层次重大错报风险的评估结果

B.审计过程中获取的信息与风险评估时依据的信息有重大差异

C.审计中发现了错误和舞弊事项

D.在控制测试中发现了控制运行的偏差

17.在针对评估的重大错报风险设计和实施进一步审计程序时，注册会计师应形成审计工作记录的事项包括（　　）。

A.对评估的财务报表层次重大错报风险采取的总体应对措施

B.实施进一步审计程序的性质、时间和范围

C.实施的进一步审计程序与评估的认定层次重大错报风险的联系

D.实施进一步审计程序的结果

（三）判断题

1.财务报表层次的重大错报风险与财务报表整体相关。（　　）

2.如果控制环境比较差，注册会计师应在期中实施更多的审计程序。（　　）

3.财务报表层次重大错报风险可能是由于控制环境薄弱。（　　）

4.如果评估的财务报表层次重大错报风险属于高风险水平，宜使用综合性方案实施进一步审计程序。（　　）

5.所谓风险的重要性，是指风险造成的后果的严重性。（　　）

6.在选择了综合性方案设计进一步审计程序时，可以不对重大交易、账户余额和列报实施实质性程序。（　　）

7.应对与收入完整性认定相关的重大错报风险，实质性程序更有效。（　　）

8.应对与收入发生认定相关的重大错报风险，控制测试更有效。（　　）

9.所谓审计程序的时间，是指审计程序的实施时间或需要获取的审计证据适用的期间或时点。（　）

10.检查财务报表编制过程中所做的会计调整的审计程序可以在期中实施。（　）

11.进一步审计程序的范围是指所审计期间的长短。（　）

12.一般说来，评估的重大错报风险越高，审计程序的范围应越大。（　）

13.扩大审计程序的范围并非在任何情况下都有效。（　）

14.控制测试指的是确定控制是否存在并得到执行。（　）

15.为评价控制设计和确定控制是否得到执行而实施的某些风险评估程序也可能提供有关控制运行有效性的审计证据。（　）

16.控制测试的性质是指控制测试所使用的审计程序的类型。（　）

17.拟减少进一步实质性程序的范围，则意味着对相关控制的信赖程度高。（　）

18.实质性程序是用于直接发现认定层次重大错报的审计程序。（　）

19.评估的认定层次的重大错报风险越高，则需要实施的实质性程序的范围就越广。（　）

20.控制测试的程序包括询问、分析程序、检查和观察及重新执行。（　）

（四）分析题

1.简述注册会计师应当针对评估的财务报表层次重大错报风险确定的总体应对措施。

2.简要说明注册会计师增加审计程序不可预见性的方法。

3.简述注册会计师评估的重大错报风险和总体应对措施对其拟实施的进一步审计程序的影响。

4.简述注册会计师设计进一步审计程序时应考虑的5个因素。

5.注册会计师在期中实施实质性程序时应当考虑哪些因素？

六、案例

甲公司主要从事小型电子消费品的生产和销售。A注册会计师负责审计甲公司20×7年度财务报表。

资料一：A注册会计师在审计工作底稿中记录了所了解的甲公司情况及其环境，部分内容摘录如下。

（1）甲公司于20×7年年初完成了部分主要产品的更新换代。由于利用现有主要产品（T产品）生产线生产的换代产品（S产品）的市场销售情况良好，两种产品使用的原材料基本相同，甲公司自20×7年2月起大幅减少了T产品的生产所需原材料，原材料平均价格相比上年上涨了约2%。由于S产品的功能更加齐全且设计新颖，其平均售价比T产品高约10%。

（2）为加快新产品研发进度以应对激烈的市场竞争，甲公司于20×7年6月支付500万元人民币购入一项非专利技术的永久使用权，并将其确认为使用寿命不确定的无形资产。最新行业分析报告显示，甲公司竞争对手乙公司已于20×7年年初推出类似新产品，市场销售良好。同时，乙公司宣布将于20×8年12月推出该新一代产品的换代产品。

（3）经董事会批准，甲公司于20×7年12月1日与丙公司股东达成协议，以1 800万元人民币受让丙公司20%的股权，并付讫股权受让款。20×8年1月25日，甲公司向丙公司派出1名董事（丙公司共有5名董事）参与其生产经营决策。

（4）甲公司生产过程中产生的噪声和排放的气体对环境造成一定影响。尽管周围居民要求给予补偿，但甲公司考虑到现行法律并没有相关规定，以前并未对此作出回应。为改善与周围居民的关系，甲公司董事会于20×7年12月26日决定给予居民总额为100万元人民币的一次性补偿，并制订了具体的补偿方案。20×8年1月15日，甲公司向居民公布了上述补偿决定和具体补偿方案。

资料二：A注册会计师在审计工作底稿中记录了所获取的甲公司财务数据，部分内容摘录见表10-1。

资料三：A注册会计师在审计工作底稿中记录了已实施的相关实质性程序，部分内容摘录如下。

（1）抽取一定数量的20×7年度发运凭证，检查日期、品名、数量、单价、金额等是否与销售发票和记账凭证一致。

（2）计算期末存货的可变现净值，与存货账面价值比较，检查存货

表10-1 **甲公司部分财务数据** 单位：万元人民币

项目 \ 产品 \ 年份	未审数			已审数		
	20×7年			20×6年		
	S产品	T产品	其他产品	S产品	T产品	其他产品
营业收入	32 340	3 000	20 440	0	28 500	18 000
营业成本	27 500	2 920	19 800	0	27 200	15 300
存货	S产品	T产品	其他存货	S产品	T产品	其他存货
账面余额	2 340	180	4 440	0	2 030	4 130
减：存货跌价准备	0	0	0	0	0	0
账面价值	2 340	180	4 440	0	2 030	4 130
长期股权投资——联营公司——丙公司						
年初余额	0			0		
加：增加投资	1 800			0		
加：按权益法调整数	20			0		
年末余额	1 820			0		
无形资产						
非专利技术	500			0		
预计负债						
居民环境污染补偿	100					

跌价准备的计提是否充分。

（3）对于外购无形资产，通过核对购买合同等资料，检查其入账价值是否正确。

（4）根据有关合同和文件，确认长期股权投资的股权比例和持有时间，检查股权投资的核算方法是否正确。

（5）根据具体的居民补偿方案，独立估算补偿金额，与公布的补偿金额进行比较。

要求：

（1）针对资料一（1）至（4）项，结合资料二，假定不考虑其他条件，逐项指出资料一所述事项是否可能表明存在重大错报风险。如果认为存在，简要说明理由，并分别说明该风险主要与哪些财务报表项目（仅限于营业收入、营业成本、存货、长期股权投资、无形资产和预计负债）的哪些认定相关。

（2）针对资料三（1）至（5）项实质性程序，假定不考虑其他条件，逐项指出上述实质性程序与根据资料一（结合资料二）识别的重大错报风险是否直接相关。如果直接相关，指出对应的是哪一项（或者哪几项）识别的重大错报风险，并简要说明理由。

案例提示

（1）答案要点见表10-2。

表10-2　事项对应的重大错报风险及相关情况

事项序号	是否可能表明存在重大错报风险（是/否）	理由	财务报表项目名称	财务报表项目的认定
（1）	是	①20×6年T产品的销售毛利率为4.56%，20×7年S产品的销售毛利率为14.97%，两者比较，S产品销售毛利率比T产品的销售毛利率高10.41%。但在了解甲公司情况及其环境时，发现S产品与T产品的原材料基本相同，材料价格上涨2%，同时S产品销售价格比T产品提高了10%，所以S产品的毛利率高于T产品的毛利率不应超过10%，可能存在高估收入或低估成本的重大错报风险	营业收入、应收账款、营业成本	发生、存在、完整性、计价和分摊
		②T产品已经被S产品所替代，且甲公司已经停止生产T产品，20×7年年末还有库存，所以T产品已经发生了跌价，但甲公司未计提存货跌价准备，存在存货计价的重大错报风险	存货	计价和分摊

续表

事项序号	是否可能表明存在重大错报风险（是/否）	理由	财务报表项目名称	财务报表项目的认定
（2）	是	甲公司新购入的无形资产由于竞争对手新产品的上市及更新一代产品的即将推出，已经发生了资产减值，但甲公司尚未针对该无形资产计提减值准备，可能存在无形资产计价方面的重大错报风险	无形资产	计价和分摊
（3）	是	甲公司以1 800万元人民币受让丙公司20%的股权，并向丙公司派出1名董事（丙公司共有5名董事）参与其生产经营决策，仅从这两个条件中，甲公司在20×7年度是否对丙公司具有重大影响存在疑问，因此，在20×7年度可能存在因为提前采用权益法核算而多计长期股权投资账面价值（和投资收益）的风险	长期股权投资	存在、计价和分摊
（4）	是	甲公司在20×8年1月才对相关支付承担义务，但甲公司在20×7年预计负债项目下核算，因此在20×7年年末可能存在多计预计负债的风险	预计负债	存在

（2）答案要点见表10-3。

表10-3　　实质性程序对应的相关情况

实质性程序序号	是否与根据资料一（结合资料二）识别的重大错报风险直接相关（是/否）	与根据资料一（结合资料二）识别的哪一项（或者哪几项）重大错报风险直接相关（资料一序号）	理由
（1）	否		

续表

实质性程序序号	是否与根据资料一（结合资料二）识别的重大错报风险直接相关（是/否）	与根据资料一（结合资料二）识别的哪一项（或者哪几项）重大错报风险直接相关（资料一序号）	理由
（2）	是	第（1）项	计算期末存货的可变现净值，并与存货账面价值进行比较，对T产品是否需要计提跌价准备收集审计证据，能够实现对存货的计价和分摊的检查
（3）	否		
（4）	是	第（3）项	通过检查股权投资的核算方法是否正确，可以识别股权投资提前采用权益法的问题
（5）	否		

七、阅读文献

［1］卡迈克尔，威林翰，沙勒．审计概念与方法——现行理论与实务指南［M］．刘明辉，胡英坤，译．大连：东北财经大学出版社，1999.

［2］阿伦斯，洛布贝克．审计学——整合方法研究［M］．石爱中，等，译．北京：中国审计出版社，2001.

［3］中国注册会计师协会．中国注册会计师执业准则应用指南2010［M］．北京：中国财政经济出版社，2010.

第十一章　审计抽样

一、学习目的与要求

通过本章的学习，了解审计抽样的概念和特征，了解审计抽样的种类及各种审计抽样的特征及应用，掌握选择测试项目的方法，了解对其他选取测试项目方法的考虑，了解抽样风险和非抽样风险的概念及种类，了解注册会计师在设计样本时应考虑的因素，了解变量抽样的基本概念；掌握实施风险评估程序、控制测试和实质性程序时对审计抽样的考虑，掌握选取样本的方法，掌握样本结果评价的程序及内容，掌握属性抽样中使用的基本概念，掌握固定样本规模抽样、停-走抽样和发现抽样方法，掌握变量抽样的方法。

二、相关准则与制度

1.《中国注册会计师鉴证业务基本准则》

2.《中国注册会计师审计准则第1314号——审计抽样》

三、预习要览

（一）关键概念

审计抽样	抽样风险
其他选取测试项目方法	非抽样风险
统计抽样	可信赖程度
非统计抽样	可容忍误差
属性抽样	样本误差
变量抽样	总体误差
双重目的抽样	

（二）关键问题

1.审计抽样和其他选取测试项目方法的含义是什么?

2.获取审计证据时对审计抽样和其他选取测试项目方法的考虑有哪些?

3.抽样风险和非抽样风险对审计有何影响?

4.如何设计审计样本?

5.随机选样、系统选样和随意选样的优缺点及各自的适用范围是什么?

6.如何评价样本结果?

7.属性抽样审计的程序是什么?

8.变量抽样审计的程序是什么?

四、重点与难点解析

1.审计抽样（见表11-1）

表11-1 **审计抽样**

审计抽样和其他选取测试项目方法概述	在设计审计程序时，注册会计师应当确定选取测试项目的适当方法。选取测试项目旨在确定实施审计程序的范围，即实施审计程序的数量。可以使用的方法包括选取全部项目、选取特定项目和审计抽样，我们把选取全部项目和选取特定项目称为其他选取测试项目方法 所谓审计抽样，是指注册会计师对某类交易或账户余额中低于100%的项目实施审计程序，使所有抽样单元都有被选取的机会。审计抽样可使注册会计师获取和评价与被选取项目的某些特征有关的审计证据，以形成或帮助形成对从中抽取样本的总体结论 注册会计师拟实施的审计程序将对运用审计程序产生重要影响，有些审计程序可以使用审计抽样，有些审计程序则不宜使用审计抽样，此时便需要采用其他选取测试项目的方法。注册会计师可以根据具体情况，单独或综合使用选取测试项目的方法。总的要求是，使用的方法应当能够有效提供充分、适当的审计证据，以实现审计程序的目标

续表

审计抽样的种类	根据抽样决策依据的不同划分	统计抽样	在统计抽样理论的指导下进行审计抽样	有科学的理论依据，可以定量控制风险	要求注册会计师具有一定的理论基础
		非统计抽样	根据注册会计师的经验或判断进行审计抽样，包括任意抽样和判断抽样	通常成本较低	主观随意性较强，结果的可靠性较差
	根据作为对象的总体特征划分	属性抽样	根据样本的偏差率推断总体的偏差率	旨在测定总体特征的发生频率所采用的方法	应用于控制测试
		变量抽样	根据样本的差错额推断总体的差错额	用来估计总体错误金额而采用的一种方法	应用于细节测试
		双重目的抽样	同时进行控制测试和细节测试所采取的审计抽样		

续表

<table>
<tr><td rowspan="5">样本设计</td><td>样本设计应考虑的因素</td><td colspan="3">样本设计是指注册会计师对审计样本进行计划。在计划样本时，注册会计师应当对审计程序的目标、抽样总体的属性、抽样单元、偏差的构成条件、可容忍误差、预期总体误差等进行综合考虑</td></tr>
<tr><td rowspan="4">对抽样风险的考虑</td><td rowspan="2">控制测试应关注的抽样风险</td><td>信赖过度风险</td><td>导致错误结论，影响审计效果</td></tr>
<tr><td>信赖不足风险</td><td>导致执行过多的审计程序，降低审计效率</td></tr>
<tr><td rowspan="2">细节测试应关注的抽样风险</td><td>误受风险</td><td>形成不恰当的审计结论，影响审计效果</td></tr>
<tr><td>误拒风险</td><td>执行额外审计程序，降低审计效率</td></tr>
<tr><td rowspan="3">选样方法</td><td>随机数选样</td><td colspan="3">随机数选样使用随机数表或计算机辅助审计技术选样，指对审计对象总体或子总体的所有项目，按随机规则选取样本</td></tr>
<tr><td>系统选样</td><td colspan="3">系统选样也称等距选样，是指首先计算选样间距，确定选样起点，然后，根据选样间距，顺序选取样本的一种选样方法</td></tr>
<tr><td>随意选样</td><td colspan="3">随意选样就是不考虑金额大小、资料取得的难易程度及个人偏好，以随意的方式选出样本。随意选样的缺点在于很难完全无偏见地选取样本项目</td></tr>
</table>

续表

<table>
<tr><td rowspan="4">抽样结果的评价</td><td>分析样本偏差或错报</td><td colspan="2">对样本偏差应从数量和性质两个方面加以分析</td></tr>
<tr><td>推断总体偏差或错报</td><td colspan="2">根据抽样中发现的偏差或错报，采用适当的方法，推断审计对象的总体偏差或错报。当总体划分为几个层次时，应先对每一层次作个别的推断，然后将推断结果加以汇总</td></tr>
<tr><td>重估抽样风险</td><td colspan="2">在进行细节测试时，如果推断的总体偏差或错报超过了可容忍偏差或错报，经重估后的抽样风险不能被接受，则应增加样本量或执行替代审计程序。如果推断的总体偏差或错报接近可容忍偏差或错报，应考虑是否增加样本量或执行替代审计程序。在进行控制测试时，如果注册会计师认为抽样结果无法达到其对所测试的内部控制制度的预期信赖程度，应考虑增加样本量或修改实质性测试程序</td></tr>
<tr><td>形成审计结论</td><td colspan="2">注册会计师在评价抽样结果的基础上，应根据所取得的证据，确定审计证据是否足以证实某一审计对象的总体特征，从而得出审计结论</td></tr>
<tr><td rowspan="3">控制测试中抽样技术的应用</td><td rowspan="3">属性抽样</td><td>固定样本规模抽样</td><td>固定样本规模抽样是一种使用最为广泛的属性抽样方法，常用于估计审计对象总体中某种偏差发生的比例</td></tr>
<tr><td>停-走抽样</td><td>从预计总体偏差为零开始，通过边抽样边评价来完成抽样工作。在这种方法下，每一步骤完成后，注册会计师都需要决定是停止抽样还是继续下一个步骤，所以样本量是不固定的</td></tr>
<tr><td>发现抽样</td><td>在既定的可信赖程度下，在假定偏差以既定的偏差率存在于总体之中的情况下，至少查出一个偏差的抽样方法。发现抽样也是属性抽样的一种特殊形式，主要用于查找重大舞弊事项</td></tr>
</table>

续表

细节测试中抽样技术的应用	变量抽样	单位平均估计抽样	单位平均估计抽样是通过抽样审查确定样本的平均值，根据样本平均值推断总体的平均值和总值的一种抽样方法
		比率估计抽样	比率估计抽样是以样本实际价值与账面价值之间的比率关系来估计总体实际价值与账面价值之间的比率关系，然后以这个比率乘以总体的账面价值，从而求出总体实际价值的估计金额的一种抽样方法
		差额估计抽样	差额估计抽样是以样本实际价值与账面价值的平均差额来估计总体实际价值与账面价值的平均差额，然后，以这个平均差额乘以总体项目个数，从而求出总体的实际价值与账面价值差额的一种抽样方法

2.获取审计证据时对审计抽样和其他选取测试项目方法的考虑

（1）实施风险评估程序时的考虑。风险评估程序通常不需要考虑审计抽样和其他选取测试项目方法。注册会计师在实施风险评估程序以便了解被审计单位及其环境时，一般都会采用询问、分析程序、检查和观察，目的是识别和评估重大错报风险，而不是要对包含全部抽样单元的总体得出结论。另外，风险评估程序实施的范围比较广泛，获取的信息具有较强的主观性，这些都决定了实施风险评估程序不宜使用审计抽样。但是，如果注册会计师在了解控制的设计和确定其是否得到执行时，一并计划和实施控制测试，即执行双重目的的测试，则可以考虑使用审计抽样，但此时的审计抽样是针对控制测试进行的。

（2）实施控制测试时的考虑。在被审计单位的控制的运行留下轨迹的情况下，注册会计师可以考虑使用审计抽样和其他选取测试项目方法实施控制测试。在了解被审计单位的内部控制之后，注册会计师应当识别可表明控制有效运行的特征，同时识别控制没有得到有效执行时可能出现的异常情况，然后就可以对所识别的特征是否存在进行测试。如果表明控制有效运行的特征留下了书面证据，注册会计师就可以在控制测试中使用审计抽样。某些控制的运行可能没有书面记录，或文件记录与证实控制运行有效性不相关，即属于没有留下运行轨迹的控制，对这类控制实施测试不涉及审计抽样，注册会计师通常应考虑实施询问、观察等程序来获取相关控制运行有效性的审计证据。

（3）实施实质性程序时的考虑。实质性程序包括对各类交易、账户余额、列报的细节测试和实质性分析程序。注册会计师只是在实施细节测试程序时，才需要考虑审计抽样和其他选取测试项目方法。在实施细节测试时，注册会计师可以使用审计抽样和其他选取测试项目方法获取审计证据，以验证有关财务报表金额的一项或多项认定，或对某些金额作出独立估计。在实施实质性分析程序时不需要使用审计抽样和其他选取测试项目方法。

（4）对其他选取测试项目方法的考虑。

①选取全部项目。在确定适当的选取测试项目方法时，注册会计师应当考虑与所测试认定有关的重大错报风险和审计效率。在存在下列情形之一时，注册会计师可以考虑选取全部项目进行测试：第一，总体由少量的大额项目构成。如果某类交易或账户余额中的所有项目的金额都较大，注册会计师可以考虑选取全部项目进行测试。第二，存在特别风险且其他方法未提供充分、适当的审计证据。某类交易或账户余额中的所有项目的单个金额可能不大，但却存在特别风险，注册会计师也可能需要测试全部项目。存在特别风险的项目主要包括：a.管理层高度参与的，或错报可能性较大的交易事项或账户余额；b.非常规的交易事项或账户余额，特别是与关联方有关的交易事项或余额；c.长期不变的账户余额，如滞销的存货余额或账龄较长的应收账款余额；d.可疑的非正常项目，或明显的不规范项目；e.以前发生过错误的项目；f.期末人为调整的项目；g.其他存在特别风险的项目。第三，符合成本效益原则。由于信息系统自动执行的计算或其他程序具有重复性，对全部项目进行检查符合成本效益原则，注册会计师可以运用计算机辅助审计技术对全部项目进行测试。对全部项目进行审查，通常更适用于细节测试。例如，在截止测试中，注册会计师通常对截止日前后一段时期发生的全部交易进行测试。

②选取特定项目。根据对被审计单位的了解、评估的重大错报风险

以及所测试总体的特征等，注册会计师可以确定从总体中选取特定项目进行测试。选取的特定项目可能包括：a.大额或关键项目。关键项目本身就具有重要性。选择大额项目进行测试，可以保证较少的测试项目的金额在总体金额中占有较高的比例，以便对总体的推断有较高的可靠性。b.超过某一金额的全部项目。抽取超过某一设定金额的全部项目进行测试，可以保证某类交易或账户的大部分金额得到验证。c.被用于获取某些信息的项目。如果注册会计师选择某些项目进行测试的目的是获取与被审计单位的性质、交易的性质以及内部控制等事项有关的信息，那么对这些项目的测试实际上属于风险评估程序。d.被用于测试控制活动的项目。同样，如果对某些项目进行测试的目的是确定某项控制是否得到有效执行，该种测试亦属于风险评估程序。

此外，可疑的项目、异常的项目、以前发生过错误的项目，均属于具有高风险特征的项目，也应作为特定项目进行测试。

五、练习题

（一）单项选择题

1.在实施下列程序时，注册会计师应当考虑使用审计抽样的是（　　）。

A.风险评估程序　　B.实质性分析程序

C.实质性程序　　D.细节测试

2.注册会计师考虑对总体进行分层的前提是（　　）。

A.总体项目存在重大的变异性

B.总体由具有不同特征的项目组成

C.总体所包含的项目数量巨大

D.总体的重大错报风险高

3.在控制测试中，信赖过度风险与样本规模之间是（　　）。

A.反向变动关系　　B.同向变动关系

C.同比例变动关系　　D.反比例变动关系

4.下列各项风险中，对审计工作的效率和效果都有影响的是（　　）。

A.信赖过度风险　　B.信赖不足风险

C.误受风险　　D.非抽样风险

5.在关于销售业务的审计中，不适宜采用审计抽样的是（　　）。

A.确认赊销是否均经过批准

B.确认销售发票是否均附有发运单副本

C.审查大额或异常的销售业务

D.确认销售发票副本上是否标明账户号码

6.应收账款总金额为400万元，重要性水平为6万元，根据抽样结果推断的差错额为5万元，而实际的差错额为8万元。此时，注册会计师已经承受了（　　）。

A.信赖不足风险　　B.信赖过度风险

C.误受风险　　D.误拒风险

7.主要用于查找重大非法事项、有极高的可信赖程度的抽样方法是（　　）。

A.固定样本规模抽样　　B.变动样本规模抽样

C.停-走抽样　　D.发现抽样

8.使用随机数表选取样本的方法是（　　）。

A.随机数选样　　B.系统选样

C.随意选样　　D.判断选样

9.注册会计师欲从1 000张凭单中按系统选样方法选出40张作为样本，确定的选样起点为556，则所得到的最小编号是（　　）。

A.6　　B.24

C.128　　D.38

10.注册会计师在将统计抽样方法用于细节测试时，可以接受抽样总体，认为所测试的交易或账户余额不存在重大错报的情况是（　　）。

A.计算的总体错报上限低于可容忍错报

B.调整后的总体错报低于但很接近可容忍错报

C.样本偏差率远远低于可容忍偏差率

D.估计的样本偏差率上限低于但接近于可容忍偏差率

11.审计抽样是注册会计师获取和评价与被选取项目的某些特征有关的审计证据的一种方法，注册会计师在下列测试中不应运用审计抽样的是（　　）。

A.函证应收账款

B.存货监盘程序

C.测试销售发票是否经适当授权批准

D.测试被审计单位库存现金日记账与库存现金总账的登记职责是否分离

12.注册会计师在对应收账款的存在认定进行测试时实施了函证程序，并分析得出如下差异，其中应当定义为误差的是（　　）。

A.客户在函证日之前支付、被审计单位在函证日之后不久收到的款项

B.被函证的客户根本不存在

C.被审计单位在不同客户之间误登明细账

D.客户回函声称其欠款金额与函证金额相符

（二）多项选择题

1.审计抽样的优点表现在（　　）。

A.能够客观地选择样本　　B.能够科学地计量抽样风险

C.能够控制抽样风险　　D.能够定量地评价样本结果

2.注册会计师在选取测试项目的时候可以使用的方法包括（　　）。

A.选取全部项目　　B.选取特定项目

C.审计抽样　　D.抽查

3.适合使用选取全部项目进行测试的情况包括（　　）。

A.总体由少量的大额项目构成

B.存在特别风险且其他方法未提供充分、适当的审计证据

C.符合成本效益原则

D.审计资源充足

4.注册会计师在采用选取特定项目进行测试的方法时，考虑选取的项目可能包括（　　）。

A.大额或关键项目　　B.超过某一金额的全部项目

C.被用于获取某些信息的项目　D.被用于测试控制活动的项目

5.影响审计效率的抽样风险包括（　　）。

A.对内部控制信赖过度风险　　B.对内部控制信赖不足风险

C.误拒风险　　D.误受风险

6.影响审计效果的抽样风险包括（　　）。

A.对内部控制信赖过度风险　B.对内部控制信赖不足风险

C.误拒风险　D.误受风险

7.非抽样风险可能来自于（　）。

A.选择的总体不适合测试目标　B.控制偏差或错报的定义不恰当

C.审计程序选择不当　D.对审计发现的评价不当

8.按审计抽样所了解的总体特征不同可以将审计抽样划分为（　）。

A.非统计抽样　B.统计抽样

C.变量抽样　D.属性抽样

（三）判断题

1.审计抽样是根据被选取项目所获取的审计证据，形成或帮助形成关于总体的结论。（　）

2.审计抽样的基本目标是在有限的审计资源条件限制下，收集充分、适当的审计证据，以形成和支持审计结论。（　）

3.统计抽样不存在非抽样风险。（　）

4.根据样本的差错率或偏差率推断总体的差错率是变量抽样。（　）

5.统计抽样的成本一般比非统计抽样的成本高。（　）

6.非统计抽样需要职业判断，而统计抽样不需要职业判断。（　）

7.无论使用统计抽样还是非统计抽样，都存在一定程度的抽样风险和非抽样风险。（　）

8.在进行细节测试时通常使用变量抽样。（　）

9.属性抽样用来测定总体特征的发生频率，而变量抽样用来估计总体差错金额。（　）

10.实施风险评估程序时一般不使用审计抽样。（　）

11.如果被审计单位内部控制运行有效性留下了书面证据，则注册会计师可以考虑使用审计抽样进行控制测试。（　）

12.选取特定项目进行测试是审计抽样的一种。（　）

（四）分析题

1.审计人员在对某公司20×7年3月的工资单进行审查时，决定从900名职工中抽取30名职工的工资单进行审查，并使用系统抽样方法选样。抽样间距应为多少？

2.某委托人应收账款的编号为0001至5000，审计人员拟利用随机数表选择其中的175份进行函证（随机数表见教材）。

要求：

（1）以第2行、第1列数字为起始点，自左向右，以各数的后四位数为准，审计人员选择的最初5个样本的号码分别是多少？

（2）以第4行、第2列数字为起始点，自上而下，以各数的后四位数为准，审计人员选择的最初5个样本的号码分别是多少？

3.假设被审计单位的应付账款账面总值为5 000 000元，共计4 000个账户，注册会计师为对应付账款总额进行估计，选出200个账户，账面价值为240 000元。审定后认定的价值为245 600元。请分别使用比率估计抽样和差额估计抽样估计应付账款总体金额。

六、阅读文献

[1] 中国注册会计师协会. 审计 [M]. 北京：经济科学出版社，2007.

[2] 余玉苗. 审计学 [M]. 2版. 北京：清华大学出版社，2008.

[3] 中国注册会计师协会. 中国注册会计师执业准则应用指南2010 [M]. 北京：中国财政经济出版社，2010.

第十二章　审计报告

一、学习目的与要求

通过本章的学习，了解审计报告的种类，了解已审计财务报表以外的其他信息存在重大错报或者与已审计财务报表中信息存在重大不一致时的处理；掌握审计报告的基本内容，掌握不同意见审计报告的编制，掌握对审计报告日后发现事实的不同处理；重点掌握审计报告的基本类型，重点掌握签发不同意见审计报告的条件要求；掌握特殊目的编制基础编制的财务报表审计业务的总体要求。

二、相关准则与制度

1.《中国注册会计师审计准则第1324号——持续经营》

2.《中国注册会计师审计准则第1332号——期后事项》

3.《中国注册会计师审计准则第1501号——对财务报表形成审计意见和出具审计报告》

4.《中国注册会计师审计准则第1502号——在审计报告中发表非无保留意见》

5.《中国注册会计师审计准则第1503号——在审计报告中增加强调事项段和其他事项段》

6.《中国注册会计师审计准则第1504号——在审计报告中沟通关键审计事项》

7.《中国注册会计师审计准则第1511号——比较信息：对应数据和比较财务报表》

8.《中国注册会计师审计准则第1521号——注册会计师对含有已审计财务报表的文件中的其他信息的责任》

9.《中国注册会计师审计准则第1601号——对按照特殊目的编制基

础编制的财务报表审计的特殊考虑》

10.《中国注册会计师审计准则第1603号——对单一财务报表和财务报表特定要素审计的特殊考虑》

三、预习要览

（一）关键概念

审计报告

标准无保留意见的审计报告

保留意见

否定意见

无法表示意见

关键审计事项

带强调事项段的审计报告

带其他事项段的审计报告

其他信息

（二）关键问题

1.审计报告包括哪些基本内容？

2.如何确定关键审计事项？

3.在什么情况下注册会计师应发表无保留意见的审计报告？

4.在什么情况下注册会计师应发表保留意见的审计报告？

5在什么情况下注册会计师应发表否定意见的审计报告？

6.在什么情况下注册会计师应发表无法表示意见的审计报告？

7.在什么情况下注册会计师应发表带强调事项段的审计报告？

8.在什么情况下注册会计师应发表带其他事项段的审计报告？

9.审计报告的基本类型有哪几种？非标准审计报告包括哪几种？

10对特殊目的审计业务出具审计报告时总体上有哪些要求？

11.对于特殊目的编制基础编制的财务报表出具审计报告时应注意哪些问题？

12.对财务报表组成部分出具审计报告时应注意哪些问题？

13.对合同的遵循情况出具审计报告时应注意哪些问题？

14.对简要财务报表出具审计报告时应注意哪些问题？

15.注册会计师应如何处理财务报表日至审计报告日之间发生的事项？

16.注册会计师应如何处理审计报告日后至财务报表报出日前知悉的可能对财务报表产生重大影响的事实？

17.注册会计师应如何处理财务报表报出日后知悉的审计报告日已经存在、可能导致修改审计报告的事实？

18.已审计财务报表以外的其他信息中存在重大错报或者与已审计财务报表中的信息存在重大不一致时，注册会计师应如何处理？

四、重点与难点解析

1.审计报告的要素包括标题，收件人，审计意见，形成审计意见的基础，管理层对财务报表的责任，注册会计师的责任，按照相关要求履行其他报告的责任（如适用），注册会计师的签名并盖章，会计师事务所的名称、地址和公章，报告日期十项基本内容。标准无保留意见的审计报告包括上述十项基本内容，但非标准审计报告的内容因审计意见不同而有所不同。

2.关键审计事项是指注册会计师根据职业判断认为对当期财务报表审计最为重要的事项。注册会计师应当考虑下列方面：（1）按照《中国注册会计师审计准则第1211号——通过了解被审计单位及其环境识别和评估重大错报风险》的规定，评估的重大错报风险较高的领域或识别出的特别风险。（2）与财务报表中涉及重大管理层判断（包括被认为具有高度不确定性的会计估计）的领域相关的重大审计判断。（3）当期重大交易或事项对审计的影响。确定哪些事项对当期财务报表审计最为重要，从而构成关键审计事项，并在审计报告中单设一部分，以“关键审计事项”为标题，在该部分使用恰当的子标题逐项描述关键审计事项。

3.非无保留意见审计报告的审计意见段应当有标志性的专业术语。在出具保留意见的审计报告时，对审计意见部分应以“保留意见”为标题，审计意见段中应当使用“除……可能产生的影响外”等术语。将“形成审计意见的基础”这一标题改为“形成保留意见的基础”，该部分应包含对导致发表保留意见的事项的描述。如果财务报表中存在与具体金额（包括财务报表附注中的定量披露）相关的重大错报，注册会计师应当在形成保留审计意见的基础部分说明并量化该错报的财务影响。如果无法量化财务影响，注册会计师应当在该部分说明这一情况。如果因无法获取充分、适当的审计证据而发表保留意见，注册会计师应当在“形成保留意见的基础”部分说明无法获取审计证据的原因。在出具否定意见的审计报告时，对审计意见部分应以“否定意见”为标题。应当将“形成审计意见的基础”这一标题改为“形成否定意见的基础”，该部分应包含对导致发表否定意见的事项的描述，说明注意到的、将导致发表否定意见的所有其他事项及其影响。在出具无法表示意见的审计报告时，对审计意见部分应以“无法表示意见”为标题。在审计意见部分，只强调“我们接受委托”，而非“我们审计了……”。应当将“形成审计意见的基础”这一标题改为“形成无法表示意见的基础”，该部分包含对导致发表无法表示意见的事项的描述，说明注册会计师无法获取审计证据的原因，以及注意到的、将导致发表无法表示意见的所有其他事项及其影响。

4.当被审计财务报表中存在错报时，注册会计师可能发表无保留意见、保留意见或否定意见的审计报告。如果错报不重大，不影响财务报表使用者依据报表作出的决策，则可以出具无保留意见的审计报告；如果错报重大，可能影响财务报表使用者依据报表作出的决策，应当根据重大错报对财务报表的影响程度，发表保留意见或否定意见的审计报告。

当注册会计师的审计范围受到重大限制时，注册会计师可能发表保留意见或无法表示意见的审计报告。

5.如果运用持续经营假设是适当的，当被审计单位存在可能导致对持续经营能力产生重大疑虑的事项或情况，且财务报表对产生重大影响的不确定事项已经披露但不影响已发表的审计意见时，注册会计师应当在审计报告中单独增加以“与持续经营相关的重大不确定性”为标题的部分。

在主教材第十八章第八节“持续经营审计”中介绍了可能导致注册会计师对被审计单位的持续经营能力产生重大疑虑的事项或情况。对可能对财务报表产生重大影响的不确定事项（持续经营问题除外），可以结合主教材第十八章第七节“财务承诺与或有事项审计”中的内容加以理解。

6.按照特殊目的编制基础编制的财务报表的审计业务是指注册会计师接受委托，对下列信息进行审计并出具审计报告的业务：（1）财务报表组成部分；（2）合同的遵守情况；（3）简要财务报表。

7.财务报表日至审计报告日之间发生的事项、审计报告日后至财务报表报出日前知悉的可能对财务报表产生重大影响的事实、财务报表报出日后知悉的审计报告日已经存在并可能导致修改审计报告的事实属于期后事项，本部分内容在主教材第十八章第三节“期后事项审计”中有进一步的分析说明。

五、练习题

（一）单项选择题

1.当审计报告的审计意见部分中出现“除……可能产生的影响外”的字样时，表明审计报告是（　　）。

A.无保留意见　　B.保留意见

C.否定意见　　D.无法表示意见

2.下列情况中，注册会计师应当出具否定意见审计报告的是（　　）。

A.财务报表存在错报，但不影响财务报表使用者对报表的理解

B.注册会计师对个别重要的会计事项没有取得必要的审计证据

C.被审计财务报表虚盈实亏，被审计单位不同意调整

D.被审计单位内部控制极其混乱，会计记录缺乏系统性和完整性

3.关键审计事项应该选自与（　　）。

A. 管理层沟通的事项　　B. 财务部门沟通的事项

C. 治理层沟通的事项　　D. 其他业务部门沟通的事项

4.注册会计师应当发表无法表示意见还是保留意见，其考虑的重点在于（　　）。

A.财务报表中错报性质的严重程度

B.被审计单位滥用会计政策的严重程度

C.被审计单位会计估计的不合理程度

D.审计范围受到限制的严重程度

5.以前针对上期财务报表出具了非无保留意见的审计报告，如果导致非无保留意见的事项虽已解决，但对本期仍很重要，则注册会计师应当（　　）。

A.在审计报告中增加强调事项段提及这一情况

B.针对这一事项出具保留意见的审计报告

C.不影响对本期财务报表的审计意见

D.针对这一事项出具非无保留意见的审计报告

6.如果对影响财务报表的重大事项无法实施必要的审计程序，但已获取被审计单位管理层声明书，在不考虑其他因素的情况下，注册会计师应当（　　）。

A.发表无保留意见

B.发表保留意见或否定意见

C.发表保留意见或无法表示意见

D.发表带强调事项段的无保留意见

7.当审计报告的审计意见部分出现“我们接受委托”的字样时，表明审计意见是（　　）。

A.保留意见　　B.否定意见

C.无法表示意见　　D.带强调事项段的无保留意见

8.在对本期财务报表进行审计时，注册会计师注意到影响上期财务报表的重大错报，而以前未就该重大错报出具非无保留意见的审计报告。如果上期报表未经更正，也未重新出具审计报告，但比较数据已在本期报表中恰当重述和充分披露，注册会计师应当（　　）。

A.在审计报告中增加强调事项段说明这一情况

B.针对这一情况出具保留意见的审计报告

C.不考虑这一事项对审计意见的影响

D.针对这一事项出具非无保留意见的审计报告

9.在因审计范围受到限制而出具的保留意见审计报告中，除了在意见段中使用“除……可能产生的影响外”之类的专业术语外，还应当（　　）。

A.在意见段之后增加强调事项段以说明这一情况

B.删除注册会计师的责任段

C.在管理层对财务报表的责任段中提及这一情况

D.在形成审计意见的基础部分说明无法获取审计证据的原因

10.下列审计报告中，注册会计师应提请报表使用者将所审情况与财务报表一并阅读以免产生误解的是（　　）。

A.对按照特殊目的编制基础编制的财务报表出具的审计报告

B.对财务报表组成部分出具的审计报告

C.对合同的遵守情况出具的审计报告

D.对简要财务报表出具的审计报告

11.需在审计报告中指明审计报告仅供被审计单位和签订合同的另一方使用的是（　　）。

A.对按照特殊基础编制的财务报表出具的审计报告

B.对财务报表组成部分出具的审计报告

C.对合同的遵守情况出具的审计报告

D.对简要财务报表出具的审计报告

12.简要财务报表审计报告的日期是（　　）。

A.可以早于其所依据的已审计的财务报表的审计报告日期

B.不应晚于其所依据的已审计的财务报表的审计报告日期

C.不应早于其所依据的已审计的财务报表的审计报告日期

D.一定要与已审计的财务报表的审计报告日期相同

13.在审计报告日后至财务报表报出日前，注册会计师知悉可能对财务报表产生重大影响的事实，认为应当修改财务报表而被审计单位没有修改，并且审计报告尚未提交被审计单位，注册会计师应当（　　）。

A.出具带强调事项段的审计报告

B.解除业务约定

C.拒绝出具审计报告

D.出具非无保留意见的审计报告

（二）多项选择题

1.下面关于审计报告日的说法中，正确的有（　　）。

A.注册会计师完成审计工作的日期

B.注册会计师正式对外签发审计报告的日期

C.通常与管理层签署已审计财务报表的日期为同一天

D.可能晚于管理层签署已审计财务报表的日期

2.如果财务报表没有公允反映，注册会计师出具的审计报告可能是（　　）。

A.无保留意见的审计报告　　B.保留意见的审计报告

C.否定意见的审计报告　　D.无法表示意见的审计报告

3.如果审计范围受到重大限制，注册会计师出具的审计报告可能是（　　）。

A.无保留意见的审计报告　　B.保留意见的审计报告

C.否定意见的审计报告　　D.无法表示意见的审计报告

4.审计受到重大限制的情况有（　　）。

A.未能对存货进行监盘

B.未能对应收账款进行函证

C.未能取得被投资企业的财务报表

D.内部控制极度混乱，会计记录缺乏系统性与完整性等

5.注册会计师在出具保留意见、否定意见或无法表示意见的审计报告时，应将“形成审计意见的基础”这一标题修改为恰当的标题，并在该部分（　　）。

A.说明导致所发表审计意见的事项的描述

B.对重大事件予以强调

C.在可能的情况下指出对财务报表的影响程度

D.说明存在的重大不确定事项

6.注册会计师在评价财务报表的合法性时，应考虑（　　）。

A.财务报表是否作出充分披露

B.财务报表反映的信息是否具有相关性、可靠性、可比性和可理解性

C.被审计单位管理层作出的会计估计是否合理

D.被审计单位管理层选择和运用的会计政策是否合法且合理

7.需要增加强调事项段予以说明的事项应当同时具备的条件有（　　）。

A.对财务报表有重大影响

B.该事项未被确定为将要在审计报告中沟通的关键审计事项

C.影响注册会计师的审计意见

D.不影响注册会计师的审计意见

8.注册会计师应当在强调事项段中指明（　　）。

A.导致所发表审计意见的原因

B.该段内容仅用于提醒财务报表使用者关注

C.该段内容不影响注册会计师的审计意见

D.重大事件对财务报表的影响程度

9.下列情况中可能应当对财务报表发表无法表示意见的是（　　）。

A.注册会计师未能对存货进行监盘

B.财务报表虚盈实亏

C.未能取得被投资单位的财务报表

D.被审计单位内部控制混乱，会计记录缺乏系统性和完整性

10.无法表示意见的特殊性在于（　　）。

A.在审计报告中删除注册会计师的责任段

B.注册会计师无法对财务报表发表保留或否定意见

C.注册会计师没有获得充分、适当的审计证据，无从判断财务报表的公允性

D.审计报告的意见段中一般使用“我们接受委托”等专业术语

11.在对合同的遵守情况出具审计报告的下列表述中，正确的有（　　）。

A.只有当合同遵守情况的总体方面与会计和财务事项相关，而且在注册会计师的专业胜任能力范围之内时，方可接受委托

B.如果该项业务的某些方面超出了注册会计师的专业胜任能力，注册会计师应当考虑利用专家的工作

C.应当在审计意见部分中指明已经对合同所涉及的会计与财务事项的遵守情况进行了审计

D.应当在审计部分说明被审计单位是否遵守了合同的特定条款

12.在执行特殊目的审计业务时，注册会计师应当了解（　　）。

A.财务报表的编制目的

B.财务报表的预期使用者

C.财务报表编制的基础

D.管理层为确定财务报告框架在具体情况下是可接受的所采取的措施

13.如果审计报告使用人指定的报告格式与审计准则的要求不符，注册会计师可以（　　）。

A.考虑指定格式报告的实质要求及措词，修改指定格式报告的措词，使之符合审计准则的要求

B.按照指定格式报告，不需要考虑其他因素

C.在指定报告之外，另附一份符合审计准则的审计报告

D.在指定报告之外，说明该报告与审计准则的报告要求存在差异

14.财务报表组成部分是相对于整套财务报表而言的，其表现形式包括（　　）。

A.单个财务报表　　B.财务报表特定项目

C.特定账户　　D.特定账户的特定内容

（三）判断题

1.我国注册会计师在财务报表审计中应出具标准格式、简式的审计报告。（　　）

2.当注册会计师出具保留意见、否定意见和无法表示意见的审计报告时，要在形成审计意见的基础部分之后增加强调事项段。（　　）

3.在无法表示意见的审计报告中，要删除注册会计师的责任段。（　　）

4.当被审计单位选择和运用的会计政策不符合会计准则和会计制度的要求时，注册会计师应当出具保留意见或否定意见的审计报告。（　　）

5.审计报告的收件人一般为被审计单位管理层。（　　）

6.在形成审计意见的基础部分之后增加的强调事项段，仅用于提醒财务报表使用者关注，并不影响已发表的审计意见。（　　）

7.审计报告的审计意见部分应当说明被审计财务报表的合法性和公允性。（　　）

8.审计报告日为注册会计师对外正式签署审计报告的日期。（　　）

9.对财务报表报出日后知悉的审计报告日已经存在并可能导致修改审计报告的事实，注册会计师应考虑是否需要修改财务报表，并根据具体情况采取措施。（　　）

10.已审计财务报表以外的其他信息中存在重大错报或者与已审计财务报表中的信息存在重大不一致时，注册会计师无须加以关注，因为注册会计师没有责任确定其他信息是否得到适当陈述。（　　）

11.注册会计师只有在已经对简要财务报表所依据的财务报表发表了审计意见的前提下，才可对简要财务报表出具审计报告。（　　）

12.对按照特殊目的编制基础编制的财务报表，注册会计师在出具审计报告时增加强调事项段，指明财务报表是按特殊目的编制基础编制的，或提醒财务报表使用者注意财务信息附注中对特殊目的编制基础作出的说明。（　　）

13.对财务报表组成部分出具审计报告时所确定的重要性水平一般会高于审计整套财务报表时确定的重要性水平。（　　）

14.如果注册会计师已对财务报表整体出具了否定意见或无法表示意见的审计报告，那么注册会计师不能对组成部分出具审计报告。（　　）

15.对财务报表组成部分出具审计报告时，不应后附整套财务报表。（　　）

16.对简要财务报表出具审计报告时，可以使用“在所有重大方面”“公允反映”等术语。（　　）

（四）分析题

星海会计师事务所接受委托对A股份有限公司20×6年度财务报表进行审计。注册会计师于20×7年3月18日完成了审计工作。按照审计业务约定书的要求，其应于20×7年3月28日提交审计报告。A公司20×6年度审计前的利润总额为120万元。注册会计师确定的财务报表层次的重要性水平为10万元。现假定存在以下几种情况：

（1）A公司在20×6年度变更了发出存货的计价方法，并在财务报表附注中作了充分披露。注册会计师认为变更是合法和合理的。

（2）在某诉讼案中，A公司被起诉侵权，原告要求赔偿75万元。截至20×6年12月31日，胜负仍难以预料。诉讼案和可能的影响均已列示在财务报表附注中。

（3）注册会计师得知A公司20×6年涉及的诉讼案于20×7年3月20日判决，A公司败诉，应向原告赔偿45万元，A公司对判决结果没有提出异议，并在财务报表附注5中进行了披露。注册会计师在3月26日完成了对该事项的审计工作，提请A公司调整20×6年度财务报表，被A公司拒绝。

（4）A公司20×6年7月购买某公司发行的债券，确认为持有至到期投资，成本为112万元。20×6年12月31日，该债券的市价为80万元。

A公司仅在财务报表附注中揭示了该市价。

（5）A公司在20×6年11月购入一台设备，当月投入使用，在20×6年年末计提折旧。该设备原始价值为50万元，月折旧率为2%。

（6）在对应收账款项目进行函证时，其中对金额为16万元的客户B公司的函证未收到回函，注册会计师运用其他审计程序搜集了充分、适当的审计证据。

（7）A公司利润总额中的70%是由其境外子公司提供的，注册会计师无法赴国外对子公司的财务报表进行审查，也无法通过其他审计程序进行验证。

要求：

（1）假定A公司不接受注册会计师的调整意见，分别针对上述情况，说明注册会计师应当出具何种意见的审计报告，并简要说明理由。

（2）假定只存在（3）、（4）两种情况，且A公司不接受注册会计师的调整意见，说明注册会计师应当出具何种意见的审计报告，简要说明理由，并代注册会计师完成下面审计报告的前三项内容：

审计报告

A股份有限公司全体股东：

四、管理层和治理层对财务报表的责任

管理层负责按照《企业会计准则》的规定编制财务报表，使其实现公允反映，并设计、执行和维护必要的内部控制，以使财务报表不存在由于舞弊或错误导致的重大错报。

在编制财务报表时，管理层负责评估公司的持续经营能力，披露与持续经营相关的事项（如适用），并运用持续经营假设，除非管理层计划清算公司、停止营运或别无其他现实的选择。

治理层负责监督公司的财务报告过程。

五、注册会计师对财务报表审计的责任

我们的目标是对财务报表整体是否不存在由于舞弊或错误导致的重大错报获取合理保证，并出具包含审计意见的审计报告。合理保证是高水平的保证，但并不能保证按照审计准则执行的审计在某一重大错报存在时总能发现。错报可能由舞弊或错误所导致，如果合理预期错报单独或汇总起来可能影响财务报表使用者依据财务报表作出的经济决策，则错报是重大的。

在按照审计准则执行审计的过程中，我们运用了职业判断，保持了职业怀疑。我们同时：

（1）识别和评估由于舞弊或错误导致的财务报表重大错报风险；对这些风险有针对性地设计和实施审计程序；获取充分、适当的审计证据，作为发表审计意见的基础。由于舞弊可能涉及串通、伪造、故意遗漏、虚假陈述或凌驾于内部控制之上，未能发现由于舞弊导致的重大错报的风险高于未能发现由于错误导致的重大错报的风险。

（2）了解与审计相关的内部控制，以设计恰当的审计程序，但目的并非对内部控制的有效性发表意见。

（3）评价管理层选用会计政策的恰当性和作出会计估计及相关披露的合理性。

（4）对管理层使用持续经营假设的恰当性得出结论。同时，基于所获取的审计证据，对是否存在与事项或情况相关的重大不确定性，从而可能导致对公司的持续经营能力产生重大疑虑得出结论。如果我们得出结论认为存在重大不确定性，审计准则要求我们在审计报告中提请报告使用者注意财务报表中的相关披露；如果披露不充分，我们应当发表非无保留意见。我们的结论基于审计报告日可获得的信息。然而，未来的事项或情况可能导致公司不能持续经营。

（5）评价财务报表的总体列报（包括披露）、结构和内容，并评价财务报表是否公允反映交易和事项。

除其他事项外，我们与治理层就计划的审计范围、时间安排和重大审计发现（包括我们在审计中识别的值得关注的内部控制缺陷）进行沟通。

我们还就遵守关于独立性的相关职业道德要求向治理层提供声明，并就可能被合理认为影响我们独立性的所有关系和其他事项，以及相关的防范措施（如适用）与治理层进行沟通。

从与治理层沟通的事项中，我们确定哪些事项对当期财务报表审计最为重要，因而构成关键审计事项。我们在审计报告中描述这些事项，除非法律法规不允许公开披露这些事项，或在极其罕见的情形下，如果合理预期在审计报告中沟通某事项造成的负面后果超过产生的公众利益方面的益处，我们确定不应在审计报告中沟通该事项。

星海会计师事务所（盖章）　中国注册会计师：×××（项目合伙人）
中国××市

中国注册会计师：×××（签名并盖章）
中国注册会计师：×××（签名并盖章）
20×7年×月×日

六、阅读文献

[1] 阿伦斯，洛布贝克．审计学——整合方法研究［M］．石爱中，等，译．北京：中国审计出版社，2001.

[2] 朱荣恩．审计学［M］．2版．北京：高等教育出版社，2005.

[3] 余玉苗．审计学［M］．2版．北京：清华大学出版社，2008.

[4] 中国注册会计师协会．中国注册会计师执业准则应用指南2010［M］．北京：中国财政经济出版社，2010.

第三篇

交易循环审计

第十三章　销售与收款循环审计

一、学习目的与要求

通过本章的学习，识别和销售与收款循环相关的会计凭证、账户、主要经济业务活动；说明销售与收款循环中内部控制的要点及控制测试；设计和执行销售与收款循环交易实质性程序，理解与每种实质性程序相关的财务报表认定；掌握主营业务收入、应收账款、坏账准备等账户的审计目标，以及实质性程序的基本程序。

二、相关准则与制度

1.《中国注册会计师审计准则第1312号——函证》

2.《企业会计准则第14号——收入》

3.《企业会计准则——应用指南》中的“主营业务收入”“应收账款”“坏账准备”等账户的相关内容

三、预习要览

（一）关键概念

销售与收款循环	截止测试
内部控制	积极式函证
控制测试	消极式函证
实质性程序	

（二）关键问题

1.如何设计销售交易内部控制调查表中的调查问题？

2.怎样理解销售与收款循环中主要业务活动、对应的凭证及账户、相关的认定、重要控制点之间的关系？

3.销售业务的真实性与完整性的测试程序有何区别？

4.实质性分析程序在主营业务收入审计中如何应用？

5.如何实施销售业务的截止测试？

6.简述应收账款函证的种类及其适用范围。

7.如何确定应收账款函证范围和对象？

8.审计人员应当采取哪些措施对函证实施过程进行控制？

9.在评价实施函证和替代审计程序获取的审计证据是否充分、适当时，审计人员应当考虑哪些内容？

10.在审查坏账准备的计提是否正确时应注意哪几个方面？

四、重点与难点解析

1.销售与收款循环主要是指公司接受销售订单，向顾客销售商品或提供劳务并取得货款或者劳务收入的过程。这一过程是企业日常发生的重要的经济业务，它既影响资产负债表项目，又影响利润表项目，因此，是财务报表审计中一项十分重要的内容。

2.在销售与收款循环中，主要业务活动包括接受订单、赊销信用批准、供货与发运、开具账单和记录销售等。在这些业务活动中，销售单、装运凭证、销售发票等原始凭证发挥着重要的作用，这些原始凭证及相关的授权审批手续为审计测试提供了重要的交易轨迹。

3.在销售与收款循环的交易测试中，在不同的具体审计目标下，所采取的测试程序是不同的。通常情况下，真实性目标的审计程序是从账簿追查至凭证；完整性目标的审计程序是从凭证追查至账簿。两者的测试方向是截然相反的。估价正确性的测试一般是以主营业务收入明细账中的会计分录为起点，选取若干笔业务，将其合计数与应收账款明细账和销售发票副本进行比较、核对。销售发票存根上所列的单价，通常还要与经过批准的商品价目表进行核对，其金额小计和合计数也要重新计算。发票中所列商品的规格、数量和顾客名称（或代号）等，则应与发运凭证进行比较、核对。销售业务的分类是否正确的测试主要通过审核原始凭证来确定具体交易业务的内容和类别是否正确，并以此与账簿的实际记录相比较。销售业务的记录及时性的测试一般要将选取的发运凭证的日期与相应的销售发票存根、主营业务收入明细账和应收账款明细账上的日期进行比较，看其是否属于同一会计期间。测试销售业务是否已正确地计入明细账并准确地汇总，通常采用加总主营业务收入明细账，并将加总数和一些具体内容分别追查至主营业务收入总账和应收账款明细账或库存现金、银行存款日记账等的测试方法。这一测试程序的样本量要受内部控制质量的影响。从主营业务收入明细账追查至应收账款明细账，一般可与为实现其他审计目标所作的测试一并进行；而将主营业务收入明细账加总，并追查、核对加总数至其总账，则应作为单独的一项测试程序来执行。

4. 在主营业务收入的实质性程序测试中，主要的程序包括获取或编制主营业务收入项目明细表、审查主营业务收入的确认原则和计量是否正确、实施实质性分析程序、相关凭证的审查、实施销售的截止测试、销售折扣和销售退回与折让业务测试、确认主营业务收入在利润表上的披露是否恰当。

5. 在应收账款的实质性程序测试中，函证程序是必要的审计程序。要注意函证方式的选取、函证范围和对象的确定、函证过程的控制、对函证结果的分析和评价等内容；对未函证的应收账款，应抽查有关原始凭证，如销售合同、销售订单、销售发票副本及发运凭证等，以验证这些应收账款的真实性；分析应收账款明细账余额，必要时建议作重分类调整；检查应收账款在资产负债表上是否已恰当披露等。

五、练习题

（一）单项选择题

1. 销售与收款循环业务的起点是（　　）。

A. 顾客提出订货要求

B. 向顾客提供商品或劳务

C. 商品或劳务转化为应收账款

D. 收入货币资金

2. 对于未函证的应收账款，审计人员应当执行的最有效的审计程序是（　　）。

A. 重新测试相关的内部控制制度

B. 抽查有关原始凭证

C. 实施分析程序

D.审查资产负债表日后的收款情况

3.应收账款的审计目标不包括（　　）。

A.确定应收账款内部控制的存在性

B.确定应收账款记录的完整性

C.确定应收账款期末余额的正确性

D.确定应收账款在财务报表上披露的恰当性

4.不属于坏账准备审计目标的是（　　）。

A.确定坏账准备计提比率是否恰当，坏账准备计提是否充分

B.确定坏账准备增减变动的记录是否完整

C.确定坏账准备的相关内部控制是否健全、有效

D.确定坏账准备在财务报表上的披露是否恰当

5.为了证实已发生的销售业务是否均已登记入账，有效的做法是（　　）。

A.只审查有关原始凭证

B.只审查销售日记账

C.由销售日记账追查至有关原始凭证

D.由有关原始凭证追查至销售日记账

6.审计人员为了证实被审计单位是否存在高估或低估销售业务的行为，通常实施的分析程序中效果最差的是（　　）。

A.比较本年与以前年度折扣折让占销售收入的比重

B.将大额欠款户的欠款额合计并与以前年度进行比较

C.比较本年与以前年度的毛利率

D.按月比较销售额

7.为了确保销售收入截止的正确性，审计人员最希望被审计单位（　　）。

A.年初及年末停止销售业务　　B.经常与客户对账

C.建立严格的赊销审批制度　　D.发运单连续编号并顺序签发

8.为了审查应收票据的贴现，无效的审计程序是（　　）。

A.审查被审计单位的相关会议记录

B.向被审计单位的开户银行函证

C.向被审计单位的债务单位函证

D.询问被审计单位管理层

9.审查应收账款最重要的实质性程序是（　　）。

A.函证　　B.询问

C.观察　　D.计算

10.某审计人员在审计X公司20×6年度财务报表时，将其交易和账户划分为销售与收款循环、购货与付款循环、生产与薪酬循环、筹资与投资循环。在一般情况下，该审计人员应将预收账款及销售费用项目划入（　　）。

A.销售与收款循环　　B.购货与付款循环

C.生产与薪酬循环　　D.筹资与投资循环

11.甲公司将20×7年度的主营业务收入列入20×6年度的财务报表，则其20×6年度财务报表存在错误的认定是（　　）。

A.总体合理性　　B.计价或分摊

C.发生　　D.完整性

12.在确定函证对象时，以下项目中应当进行函证的是（　　）。

A.函证很可能无效的应收款项

B.交易频繁但期末余额较小的应收款项

C.执行其他审计程序可以确认的应收款项

D.应纳入审计范围内子公司的款项

13.在确定函证时间时，以下方案中不应选取的是（　　）。

A.因公司固有风险和控制风险低，在预审时函证

B.在年终对存货监盘的同时，对应收款项进行函证

C.项目小组进驻审计现场后，立即进行函证

D.为减少函证回函差异，在执行其他审计程序后函证

14.企业设置严格的赊销审批制度，直接降低应收账款（　　）认定的错报风险。

A.存在　　B.计价和分摊

C.完整性　　D.准确性

15.为证实所有销售业务均已发生，注册会计师应选择的最有效的具体审计程序是（　　）。

A.抽查销售明细账　　B.抽查销售发票

C.抽查银行对账单　　　　　D.抽查应收账款明细账

（二）多项选择题

1.假如在销售总账、明细账中登记并未发生的销售或销售已实现却不计入销售总账和明细账，其违反了被审计单位管理层的哪些认定（　　）。

A.存在或发生　　　　　　B.完整性

C.权利与义务　　　　　　D.表达与披露

2.在下列哪些情况下，审计人员应采用消极式的函证（　　）。

A.重大错报风险评估为低水平，已就与认定相关的控制的运行有效性获取充分、适当的审计证据

B.需要实施消极式函证程序的总体由大量的小额、同质的账户余额、交易或事项构成

C.预期不符事项的发生率很低

D.没有迹象表明接收询证函的人员或机构不认真对待函证

3.如果大额逾期的应收账款经第二次函证仍未收到回函，审计人员不应当执行的审计程序是（　　）。

A.增加对应收账款的控制测试

B.提请被审计单位增列坏账准备

C.审查应收账款明细账

D.审查客户订货单、销售发票及产品出库单

4.在审计应收票据是否已在资产负债表内作出恰当披露时，审计人员应查实（　　）。

A.资产负债表中应收票据的数额与审定数额相符

B.资产负债表中应收票据的数额是否剔除了已贴现票据

C.已贴现的商业汇票已在资产负债表补充资料中说明

D.长期应收票据未列示于流动资产项内

5.审计人员应选择应收账款的重要项目进行函证，并根据函证结果分别作出的处理包括（　　）。

A.回函金额不符的，应查明原因

B.未回函的，可进行复函

C.未回函的，采用替代方法进行检查

D.回函余额相符的，应抽查有关原始凭证

6.审计人员在审查被审计单位登记入账的销售业务确实已发给真实的顾客时，为验证其真实性，可采用下列哪些程序进行测试（　　）。

A.将发运凭证与存货永续记录中的发运分录进行核对

B.核对销售明细账、销售发票副联及发运凭证

C.将应收账款明细账中贷方分录与真实的证据进行核对

D.复核销售总账、销售明细账、应收账款明细账中的大额项目和异常项目

7.登记入账的销售业务是真实的，对这一目标，审计人员一般关心的错误类型有（　　）。

A.未曾发货却已将销售业务登记入账

B.销售业务重复入账

C.向虚构的顾客发货

D.销售业务发生但不入账

8.主营业务收入审计的目标有（　　）。

A.确定主营业务收入是否全部入账

B.确定对销售退回、销售折扣与折让的处理是否恰当

C.确定主营业务收入的金额是否正确

D.确定主营业务收入的披露是否恰当

9.在审计实务中，审计人员实施销售截止测试的路线有（　　）。

A.以报表为起点　　B.以账簿记录为起点

C.以销售发票为起点　　D.以发运凭证为起点

10.上市公司除应按会计制度的规定披露坏账准备的计提方法等外，还应在财务报表附注中分项披露下列哪些事项（　　）。

A.本期全额计提坏账准备，或计提坏账准备的比例较大的（一般超过40%及以上的，下同），应说明计提比例及理由

B.以前期间已全额计提坏账准备，或计提坏账准备的比例较大的，但本期又全额或部分收回的，或通过重组等其他方式收回的，应说明其原因、原估计计提比例的理由，以及原估计计提比例的合理性

C.对某些金额较大的应收款项不计提或计提坏账比例较低（一般为10%或低于10%）的理由

D.本期实际冲销的应收款项及其理由，其中实际冲销的关联方交易产生的应收款项应单独披露

11.在对特定会计期间主营业务收入进行审计时，注册会计师应重点关注的与被审计单位主营业务收入确认有密切关系的日期包括（　　）。

A.销售截止测试实施日期　　B.发票开具日期或者收款日期

C.记账日期　　D.发货日期或提供劳务日期

12.甲注册会计师正在评价民营企业X公司销售与收款循环业务相关内部控制设计的合理性，并特别关注和销售与收款循环业务的完整性认定相关的内部控制是否健全。在以下各项内部控制中，有助于X公司管理层实现内部控制“完整性”目标的有（　　）。

A.检查发运部门留存的所有发货凭单后是否均附有相应的销售发票

B.检查开具的销售发票是否均附有顾客订单、销售单及发货凭单

C.检查每笔赊销业务，确认是否将销售发票与汇款通知单一并交给顾客

D.检查每笔赊销业务，确认每张销售单是否均经信用管理部门批准

13.注册会计师抽取一定时期内的销售发票，主要检查其（　　）。

A.是否缺号　　B.是否填列正确

C.是否连续编号　　D.作废发票的处理是否正确

14.注册会计师在对被审计单位已经发生的销售业务是否均已登记入账进行审计时，常用的控制测试程序有（　　）。

A.检查赊销业务是否经过授权批准

B.检查发运凭证连续编号的完整性

C.检查销售发票连续编号的完整性

D.检查已经寄出的对账单的完整性

15.注册会计师对未发询证函的应收账款，应抽查的有关原始凭证有（　　）。

A.销售订单　　B.销售合同

C.销售发票副本　　D.出库凭证和发运凭证

（三）判断题

1. 对主营业务收入项目实施截止测试，其目的主要在于确定被审计单位主营业务收入的会计记录归属期是否正确；应计入本期或下期的主营业务收入是否被推迟到下期或提前至本期。 （ ）

2. 如果应收账款函证结果表明无审计差异，则审计人员可以合理地推论全部应收账款总体是合理的。 （ ）

3. 通常情况下，审计人员应在核实应收票据明细表实有数与总账余额相符的基础上，函证应收票据余额，以避免不必要的重复审计。 （ ）

4. 截止测试是控制测试中常用的一种审计技术，被广泛运用于货币资金、往来款项、存货、主营业务收入和期间费用等诸多报表项目的审计中。 （ ）

5. 如何以恰当的实质性程序来发现不真实的销售，取决于审计人员认为可能在何处发生错误。对"完整性"这一目标而言，审计人员通常只在认为内部控制有弱点时才实施实质性程序。因此，测试的性质取决于潜在的控制弱点的性质。 （ ）

6. 如果被审计单位的相关内部控制不存在，或被审计单位的相关内部控制尽管存在但未得到遵守，或内部控制测试的工作量可能大于进行内部控制测试所减少的实质性程序的工作量，则审计人员不应再继续实施控制测试，而应直接实施实质性程序。 （ ）

7. 审计人员判定客户所计提坏账准备是否恰当的关键是要分析、判断有多少应收账款属于无法收回的。 （ ）

8. 审计人员对企业应收账款账龄进行分析的目的在于取得应收账款可收回性及坏账准备充分性等方面的证据。 （ ）

9. 对于大额应收账款余额，审计人员必须采用积极式函证予以证实。 （ ）

10. 由于审计人员不可能对所有应收账款进行函证，因此，对未函证的应收账款，审计人员应抽查有关原始凭证，如销售合同、销售订单、销售发票副本及发运凭证等，以验证这些应收账款的真实性。 （ ）

11. 在销售业务审计中，测试真实性目标时，起点应是发运凭证；

测试完整性目标时，起点应是相关明细账。 (　　)

12.注册会计师在对某年度主营业务收入实施截止测试时，应当以该年度的销售发票为起点，以检查是否高估主营业务收入。 (　　)

13.对于需要赊销的销售单，需由销售部门进行审核批准。 (　　)

14.注册会计师分析应收账款的账龄及余额构成，其目的是选取账龄长、金额大的应收款项向债务人进行函证。 (　　)

15.注册会计师对未发询证函的应收账款，应抽查有关原始凭证以验证应收账款的完整性。 (　　)

(四) 分析题

1.ABC会计师事务所接受委托审计Y公司20×6年度的财务报表。A审计人员了解和测试了与应收账款相关的内部控制，并将控制风险评估为高水平。A审计人员取得20×6年12月31日的应收账款明细账，并于20×7年1月15日采用积极式函证方式对所有重要客户寄发了询证函。

A审计人员将与函证结果相关的重要异常情况进行了汇总（见表13-1）。

表13-1　　**与函证结果相关的重要异常情况表**

异常情况	函证编号	客户名称	询证金额（元）	回函日期	回函内容
(1)	22	甲	300 000	20×7年1月22日	购买Y公司300 000元货物属实，但款项已于20×6年12月25日用支票支付
(2)	56	乙	500 000	20×7年1月19日	因产品质量不符合要求，根据购货合同，于20×6年12月28日将货物退回
(3)	64	丙	640 000	20×7年1月19日	20×6年12月10日收到Y公司委托本公司代销的货物64 000元，尚未销售
(4)	82	丁	900 000	20×7年1月18日	采用分期付款方式购货900 000元，根据购货合同，已于20×6年12月25日首付300 000元
(5)	134	戊	600 000	因地址错误，被邮局退回	—

要求：针对上述各种异常情况，A审计人员应分别实施哪些相应的重要审计程序？

2.开富公司于20×6年10月委托立新会计师事务所审计公司20×6年度财务报表。审计人员邓龙任该审计项目的负责人，他决定在决算日前先实施某些审计程序，包括对截至20×6年11月30日的应收账款进行函证。复函中有6家公司提出了以下问题：

（1）本公司资料处理系统无法复核贵公司的对账单。

（2）所欠余额10 000元已于20×6年11月20日付讫。

（3）大体一致。

（4）经查贵公司11月30日的第25050号发票（金额为7 500元）系目的地交货，本公司收货日期为12月5日，因此，函证所称11月30日欠贵公司账款之事与事实不符。

（5）本公司曾于20×6年10月份预付货款2 500元，足以抵付对账单中所列两张发票的金额1 500元。

（6）所购货物从未收到。

要求：针对顾客复函中提出的这些问题，审计人员应采取何种审计程序？

3.审计人员李亮正在就销售交易的实质性程序编制具体审计计划，测试：①登记入账的销售业务是真实的；②已发生的销售业务均以登记入账；③登记入账的销售业务的估价准确。3个审计目标均拟以明细账为起点，采用从明细账追查至有关凭证的审计路线。

要求：

（1）从明细账追查至有关凭证的审计路线对测试是否均适用？为什么？如果不适用，应改为何种审计路线？

（2）如果与审计目标①相关的内部控制薄弱，请简述实现审计目标①的具体实质性程序的方法。

（3）为实现审计目标③，李亮拟采用复算会计记录中的数据测试程序。请简述其具体做法。

六、案例

1.北京东方会计师事务所审计人员王楠、石磊在对ABC股份有限公司（上市公司）20×6年度财务报表进行审计的过程中，获取的该公司20×6年12月31日的相关会计记录资料见表13-2。

表13-2　　**会计记录资料表**　　单位：万元

项目名称	金额
货币资金	5 000
以公允价值计量且其变动计入当期损益的金融资产	600
应收票据	12 000
应收账款（净额）	75 000
其他应收款	24 000
存货	84 000
固定资产（净值）	97 800
在建工程	26 300
应付账款	34 570
长期借款（抵押借款部分）	56 800
实收资本（内部职工及社会公众股）	18 000
资本公积	48 750
主营业务收入（净额）	67 500
主营业务利润	67 898
利息支出	5 464

要求：请根据上述资料回答下列问题，并将答案分别填入表13-3。

（1）上述项目中适用函证程序的有哪些？

表13-3 **项目表**

项目名称	接受函证的对象	函证的主要内容	函证方式

（2）接受函证的对象有哪些？

（3）函证的主要内容是什么？

（4）可以选用的函证方式是什么？

2. A和B审计人员对XYZ股份有限公司20×6年度财务报表进行审计。该公司20×6年度未发生并购、分立和债务重组行为，供、产、销规模与上年相当。该公司提供的未经审计的20×6年度合并财务报表附注的部分内容如下：

（1）坏账核算的会计政策：坏账核算采用备抵法。坏账准备按期末应收账款余额的5‰计提。

应收账款和坏账准备项目附注：应收账款为16 553万元，坏账准备为52.77万元。

应收账款账龄分析（20×6年年末余额）见表13-4。

表13-4 **应收账款账龄分析表** 单位：万元

账龄	年初数	年末数
1年以内	8 392	10 915
1～2年	1 186	1 399
2～3年	1 161	1 365
3年以上	1 421	2 874
合计	12 160	16 553

（2）主营业务收入和主营业务成本项目附注：主营业务收入为61 020万元，主营业务成本为52 819万元（见表13-5）。

表13-5 **主营业务收入和主营业务成本表** 单位：万元

品名	主营业务收入		主营业务成本	
	20×5年发生额	20×6年发生额	20×5年发生额	20×6年发生额
X产品	40 000	41 000	38 000	33 800
Y产品	20 000	20 020	19 000	19 019
合计	60 000	61 020	57 000	52 819

要求：假定上述附注内容中的年初数和上年比较数均已审定无误。作为A、B两个审计人员，在审计计划阶段，请你运用专业判断，必要

时运用分析程序方法，分别指出上述附注内容中存在或可能存在的不合理之处，并简要说明理由。

3.X公司20×4年度的会计报表由ABC会计师事务所的审计人员甲和乙进行审计，并发表了无保留意见审计报告。之后，ABC会计师事务所与X公司续签了审计20×5年度会计报表的业务约定。20×6年2月8日，审计人员甲和乙在审查X公司20×5年度的生产成本等项目前，经控制测试认为X公司关于成本项目的内部控制制度可以高度信赖。表13-6是甲和乙搜集的该公司上期及本期的有关资料。

表13-6 **X公司上期及本期的有关资料** 金额单位：万元

年度	年末存货余额	主营业务成本	主营业务收入	存货周转率	毛利率
20×4	7 993	31 892	39 977	3.99	20%
20×5	8 111	31 967	40 480	3.94	21%

假定近两年市场情况平稳，X公司的生产经营状况平稳，并且审计人员甲和乙通过对成本项目的实质性程序已合理确认主营业务成本的数额。

要求：根据所给资料指出20×5年度存货项目、主营业务收入项目可能存在的问题，并说明理由。

4.甲公司主要从事汽车轮胎的生产和销售，其销售收入主要来源于国内销售和出口销售。ABC会计师事务所负责甲公司20×6年度财务报表审计，并委派A注册会计师担任项目负责人。

资料一：

（1）甲公司的收入确认政策为：对于国内销售，在将产品交付客户并取得客户签字的收货确认单时确认收入；对于出口销售，在相关产品装船并取得装船单时确认收入。

（2）在甲公司的会计信息系统中，国内客户和国外客户的编号分别以D和E开头。

（3）20×6年12月31日，中国人民银行公布的美元兑人民币的汇率为1美元=6.80元人民币。

资料二：

甲公司编制的应收账款账龄分析表摘录见表13-7。

表13-7　**应收账款账龄分析表摘录**

20×6年12月31日账龄分析						
客户类别	美元（万元）	人民币（万元）	其中：			
			1年以内	1～2年	2～3年	3年以上
国内客户	—	41 158	28 183	7 434	4 341	1 200
国外客户	2 046	15 345	10 981	2 164	2 200	0
合计	—	56 503	39 164	9 598	6 541	1 200
20×5年12月31日账龄分析						
客户类别	美元（万元）	人民币（万元）	其中：			
			1年以内	1～2年	2～3年	3年以上
国内客户	—	31 982	23 953	4 169	3 860	0
国外客户	2 006	14 046	11 337	2 539	170	0
合计	—	46 028	35 290	6 708	4 030	0

资料三：

A注册会计师选取4个应收账款明细账户，对截至20×6年12月31日的余额实施函证，并根据回函结果编制了应收账款函证结果汇总表。有关内容摘录见表13-8。

表13-8　**应收账款函证结果汇总表内容摘录**

客户编号	客户名称	甲公司账面金额		回函金额		差异金额		回函方式	审计说明
		人民币（万元）	美元（万元）	人民币（万元）	美元（万元）	人民币（万元）	美元（万元）		
D1	A公司	7 616	—	5 000	—	2 616	—	原件	（1）
D2	B公司	9 054	—	6 054	—	3 000	—	原件	（2）
D3	C公司	7 618	—	7 618	—	0	—	传真件	（3）
E1	E公司	—	1 448	—	未回函	—	不适用	未回函	（4）

审计说明：

（1）回函直接寄回本所。经询问甲公司财务经理得知，回函差异是由于A公司的回函金额已扣除其在20×6年12月31日以电汇方式向甲公司支付的一笔2 616万元人民币的货款。甲公司于20×7年1月4日实际收到该笔款项，并计入20×7年应收账款明细账中。该回函差异不构成错报，无须实施进一步审计程序。

（2）回函直接寄回本所。经询问甲公司财务经理得知，回函差异是由于甲公司在20×6年12月31日向B公司发出一批产品（合同价款为3 000万元人民币），同时确认了应收账款3 000万元人民币及相应的销售收入。B公司于20×7年1月5日收到这批产品。其回函未将该3 000万元人民币款项包括在回函金额中，经检查相关的销售合同、销售发票、出库单以及相关记账凭证，没有发现异常。该回函差异不构成错报，无须实施进一步审计程序。

（3）回函由C公司直接传真至本所。回函没有差异，无须实施进一步审计程序。

（4）未收到回函。执行替代测试程序：从应收账款借方发生额选取样本，检查相关的销售合同、销售发票、出库单以及相关记账凭证，并确认这些文件中的记录是一致的。没有发现异常，无须实施进一步审计程序。

要求：

（1）针对资料二，结合资料一，假定不考虑其他条件，指出资料二中应收账款账龄分析表存在哪些不当之处，并简单说明理由。

（2）针对资料三中的审计说明第（1）至第（4）项，结合资料一，假定不考虑其他条件，逐项指出A注册会计师实施的审计程序及其结论是否存在不当之处。如果存在，简要说明理由并提出改进建议。

案例提示

1.各问题答案见表13-9。

表13-9 **项目表**

项目名称	接受函证的对象	函证的主要内容	函证方式
（1）货币资金	审计期间所有与被审计单位有往来的金融机构	（1）存款户账号、性质及余额等 （2）贷款性质、担保或抵押品、贷款期限、利率及余额等	积极式
（2）应收票据	票据开出人	付款日、到期金额、抵押担保物说明	积极式
（3）应收账款	债务人	应收金额	积极式或消极式
（4）其他应收款	债务人	应收金额	积极式或消极式
（5）应付账款	债权人	应付金额	积极式或消极式
（6）长期借款	抵押人	（1）债权金额 （2）抵押物说明 （3）对是否遵守抵押契约表示意见	积极式
（7）实收股本	（1）交易所 （2）证券托管机构	股份数额	积极式

2.内容（1）中可能存在两处不合理之处：一是坏账准备年末余额÷应收账款年末余额×100%=3.20‰（52.77÷16 553×100%），与会计政策规定的5‰的坏账准备计提比例不符；二是应收账款账龄分析表中，“2～3年”和“3年以上”这两部分的年初数之和仅为2 582万元，而“3年以上”的年末数却为2 874万元，通常，在公司20×6年度未发生并购、分立和债务重组行为等的前提下，这是不可能的。

内容（2）中可能存在一处不合理之处：X产品20×6年度的销售毛利率为17.56%，大大高于20×5年度的5%。既然公司20×6年度的供、产、销规模与上年相当，通常应维持大致相当的销售毛利率水平。

3.因为甲和乙审计人员对客户20×4年度会计报表出具了无保留意见审计报告，所以，分析20×5年度数据时可以信赖客户20×4年度会计报表的数据。

首先，由于企业的生产经营情况平稳，作为企业内在规律的存货周转率应当是稳定的。公司20×4年度的存货周转率为31 892÷7 993≈3.99。在20×5年，如果存货周转率不变，则在已确认主营业务成本的前提下，推算的存货预期余额为31 967÷3.99≈8 011（万元），但公司列示的存货余额为8 111万元，比预期数额高出了整整100万元，有必要将存货的高估列为重要问题。

其次，毛利率为行业规律及市场规律，也是稳定的。在20×4年度，公司的毛利率为（1-31 892÷39 977）×100%≈20.22%。在毛利率不变的情况下，依据20×5年度的主要业务成本推算的主营业务收入额为31 967÷（1- 0.2022）≈40 069（万元），而客户的未审主营业务收入为40 480万元，比推算的预期数额高出411万元。基于此，有理由怀疑客户的主营业务收入有重大的高估情况。

4.（1）资料二中应收账款账龄分析表存在不当之处有：

①国外客户20×6年12月31日的应收账款为2 046万美元，未按20×6年12月31日“美元兑人民币的汇率为1美元=6.80元人民币”进行折算。

②20×5年12月31日账龄分析表中“1～2年”列的国内客户余额比20×6年12月31日账龄分析表中“2～3”年列相应栏次的余额小，存在不合理之处。

（2）答案见表13-10。

表13-10 **理由及改进建议**

审计说明序号	实施的审计程序及其结论是否存在不当之处（是/否）	理由	改进建议
（1）	是	未对被审计单位资产负债表日后是否真实收到2 616万元人民币货款进行追查	结合货币资金审计，确认被审计单位在资产负债表日后是否实际收到客户A的2 616万元人民币货款
（2）	是	未向B公司进一步函证	应当向B公司再次函证，询证B公司于20×7年1月5日是否收到这批产品，以验证赊销业务的真实性
（3）	是	未向C公司获取询证函回函原件	在C公司直接传真至会计师事务所后，还应当要求其将原件寄回到会计师事务所
（4）	是	未再次向E公司实施函证	应再次向E公司实施函证

七、阅读文献

［1］刘明辉．独立审计学［M］．2版．大连：东北财经大学出版社，2002．

［2］刘桂良，瞿友喜．现代审计学［M］．成都：西南财经大学出版社，2002．

［3］中国注册会计师协会．审计［M］．北京：经济科学出版社，2010．

［4］刘大贤．审计学［M］．3版．北京：首都经济贸易大学出版社，2001．

［5］李相志．审计学［M］．北京：对外经济贸易大学出版社，2001．

［6］刘圣妮．2010年注册会计师考试应试指导及全真模拟测

试——审计［M］. 北京：北京大学出版社，2010.

［7］周春利. 2010注册会计师考试过关必做1 000题——审计［M］. 北京：北京大学出版社，2010.

［8］范永亮. 2010年注册会计师考试经典题解及练习题库——审计［M］. 北京：北京大学出版社，2010.

第十四章 购货与付款循环审计

一、学习目的与要求

通过本章的学习，了解和购货与付款循环相关的会计凭证、账户、主要经济业务活动；说明购货与付款循环中的内部控制要点及控制测试；设计和执行购货与付款循环交易的实质性程序；理解与每种实质性程序相关的财务报表认定；掌握应付账款、固定资产和累计折旧等账户的审计目标以及实质性程序的基本程序。

二、相关准则与制度

1.《中国注册会计师审计准则第1312号——函证》及其应用指南

2.《企业会计准则——应用指南》中“应付账款”“固定资产”“累计折旧”等账户的相关内容

三、预习要览

（一）关键概念

购货与付款循环　　内部控制

控制测试　　实质性程序

应付账款审计　　固定资产审计

累计折旧审计

（二）关键问题

1.审计人员在取得决算日被审计单位应付账款明细账后，应实施哪些基本审计程序对明细账进行审计？

2.直接向供货方函证应付账款的审计程序是否和函证应收账款一样有用和重要？试说明理由。

3.审计人员应如何查找未入账的应付账款？

4.审计人员有时选取应付账款明细账户，将由明细账逆查原始单据（如订货单、验收报告、发票、已付支票等）作为审查应付账款的一项程序。这项程序的基本目的是什么？

四、重点与难点解析

1.购货与付款循环审计主要是针对被审计单位的采购业务；主要影响资产负债表项目；主要账户是应付账款、固定资产、累计折旧等。

2.购货与付款循环的主要业务活动包括请购商品或劳务、编制订购单、验收商品、储存已验收的商品存货、编制付款凭单、确认与记录负债等。在这些控制活动中，请购单、订购单、验收单、供应商发票、付款凭单等为审计测试留下了重要的审计轨迹。

3.固定资产的内部控制较一般的购货与付款业务不同，具体包括预算制度、授权批准制度、凭证与记录制度、职责分工制度、两类支出区分制度、维护保养制度、处置制度和定期盘点制度。

4.购货与付款循环交易测试程序和销售与收款循环交易测试程序的思路基本相同。

5.在应付账款的余额测试中，查找未入账的应付账款是很重要的程序，要掌握常用的查找方法。函证不是应付账款审计的必要程序，但当控制风险较高、某应付账款账户金额较大或被审计单位处于经济困难阶段时，则应进行应付账款的函证。注意与应收账款、银行存款函证程序进行比较。

6.在固定资产的余额测试中，主要是验证固定资产的真实存在、所有权、增减变动（联系会计准则的具体要求掌握），掌握分析程序的运用。

7.对累计折旧，应重点验证其折旧政策的合法性、一贯性，计算的准确性。

五、练习题

（一）单项选择题

1.在审查固定资产增加项目时，对于盘盈的固定资产，如果同类或类似固定资产不存在活跃市场，审计人员应审查其是否（　　）。

A.已按该项固定资产的预计未来现金流量现值入账

B.已按资产评估价值入账

C.已按实际成本入账

D.已按现值法计算的价值入账

2.审计人员在证实被审计单位应付账款是否在资产负债表上充分披露时，不需要考虑（　　）。

A.应付账款发生是否恰当

B.预付账款明细账的期末贷方余额是否并入应付账款项目

C.应付账款明细账的期末借方余额是否并入预付款项项目

D.应付账款的分类是否恰当

3.下列制度中，不属于固定资产内部控制制度的是（　　）。

A.预算制度　　　　B.维护保养制度

C.授权批准制度　　D.调查制度

4.固定资产审计目标一般不包括（　　）。

A.固定资产是否存在

B.固定资产是否归被审计单位所有

C.固定资产的计价和折旧政策是否恰当及预算是否合理

D.固定资产的期末余额是否正确

5.计算固定资产原值与本期产品产量的比率，并与以前期间进行比较，是对固定资产实施的（　　）。

A.控制测试　　　　B.实质性程序

C.数字测试　　　　D.实质性分析程序

6.对于购入固定资产，审计人员实地观察的重点是（　　）重要固定资产。

A.本期新增加的　　B.本期减少的

C.计提折旧的　　　D.正在使用的

7.固定资产清理的审计目标不包括（　　）。

A.确定固定资产清理的记录是否完整

B.确定反映的内容是否正确

C.确定固定资产清理的期初余额是否正确

D.确定固定资产清理在财务报表上的披露是否恰当

8.应付票据的审计目标一般不包括确定（　　）。

A.应付票据的所有权

B.应付票据的发生和偿还记录是否完整

C.应付票据期末余额是否正确

D.应付票据在财务报表上的披露是否恰当

9.对于资产类项目审计和负债类项目审计来说，两者的最大区别是（　　）。

A.资产类项目审计侧重于审查所有权，而负债类项目审计侧重于审查义务

B.资产类项目审计侧重于应收账款，而负债类项目审计侧重于应付账款

C.资产类项目审计侧重于防高估和虚列，而负债类项目审计侧重于防低估和漏列

D.资产类项目审计与损益无关，而负债类项目审计与损益有关

10.在下列审计程序中，与查找未入账的应付账款无关的是（　　）。

A.审核应付账款账簿记录

B.审核期后现金支出的主要凭证

C.审核期后未付账单的主要凭证

D.追查年终前签发的验收单及相关的卖方发票

11.在审计人员为审查被审计单位未入账负债而实施的下列审计程序中，最有效的是（　　）。

A.审查资产负债表日后货币资金支出情况

B.审查资产负债表日前后几天的购货发票

C.审查应付账款、应付票据的函证回函

D.审查购货发票与债权人名单

12.审计人员认为被审计单位固定资产折旧计提不足的迹象是（　　）。

A.经常发生大额的固定资产清理损失

B.累计折旧与固定资产原值的比率较大

C.提取折旧的固定资产账面价值庞大

D.固定资产保险额大于其账面价值

13.下列各审计程序中，验证应付账款完整性最无效的测试程序是（　　）。

A.执行购货业务的截止测试

B.函证应付账款

C.查找未入账的应付账款

D.取得应付账款明细账，并与总账核对

14.如果在审阅应付账款明细账时，发现应付账款明细账余额有出现借方余额的现象，且借方余额较大，注册会计师应要求被审计单位（　　）。

A.冲账　　B.调整账务

C.进行重分类调整　　D.不进行处理

15.注册会计师从被审计单位的验收单追查至相应的采购明细账，是为了证实购货与付款循环中的（　　）。

A.完整性　　B.截止

C.计价和分摊　　D.存在

（二）多项选择题

1.被审计单位进行购货与付款循环审计所涉及的重要凭证和账簿应包括（　　）。

A.买方发票及验收单　　B.请购单和订购单

C.应付账款明细账　　D.银行存款日记账

E.债权方对账单和库存现金日记账

2.审计人员对某公司购货与付款循环进行审计，该公司明细账往来账户年末余额及本年度进货总额如下，请问审计人员应该选择进行函证的公司是（　　）。

A.378 000元，589 700元　　B.0，37 656 700元

C.86 000元，83 990元　　D.3 677 800元，2 637 540元

3.应付账款一般不需要函证，但审计人员应实施函证程序的情形包括（　　）。

A.应付账款存在借方余额

B.控制风险较高

C.某应付账款的账户金额较大

D.被审计单位处于经济困难阶段

4.在审计中，被审计单位存在导致某应付账款明细账户借方出现较

大余额，审计人员应在审计工作底稿中编制建议调整的重分类分录，以便将这些借方余额在资产负债表中列为资产的情形有（　　）。

A.重复付款　　B.重复收款

C.付款后退货　　D.预付货款

5.审计人员应获取、汇集不同的证据以确定固定资产是否确实归被审计单位所有。对房地产类固定资产，需要查阅的书面文件包括（　　）。

A.合同、产权证明　　B.财产税单

C.抵押借款的还款凭证　　D.保险单

6.审查折旧的计提和分配应注意（　　）。

A.计算、复核本期折旧费用的计提是否正确

B.检查折旧费用的分配是否合理

C.固定资产发生增减变动时，有关折旧的会计处理是否符合规定

D.是否在资产负债表上披露

7.对于被审计单位经营性租入的固定资产，审计人员不应专门审查的有（　　）。

A.固定资产的租赁合同、协议

B.“固定资产”账户的核算情况

C.租入固定资产提取的折旧额是否正确

D.租入固定资产有无变相馈赠情况

8.审计人员应选择预付账款重要项目进行函证，并根据函证结果分别作出的处理包括（　　）。

A.回函金额不符的，应查明原因

B.未回函的，可进行复询

C.未回函的，采用替代方法进行检查

D.回函金额相符的，应抽查有关原始凭证

9.下列各项审计程序中，可以查找出未入账的应付账款的程序是（　　）。

A.检查在资产负债表日未处理的不相符购货发票的经济业务

B.检查在资产负债表日后收到购货发票，确认其入账时间是否正确

C.检查在资产负债表日后应付账款明细账贷方发生额的相应凭证，确认其入账时间是否正确

D.有材料入库凭证但未收到购货发票的经济业务

10.审查被审计单位是否存在高估固定资产数额时，审计人员可以采取的验证程序包括（　　）。

A.检查被审计单位新增加的固定资产替换原有固定资产，原有固定资产是否未作记录

B.分析营业外收支账户

C.向固定资产管理部门查询本年有无未作会计记录的固定资产减少业务

D.复核固定资产保险

11.对各类固定资产，审计人员应查阅相关原始凭证，以确定所审查的固定资产是否确实为被审计单位的合法财产。具体验证时应注意（　　）。

A.对外购的机器设备等固定资产，通常应审核采购发票、购货合同

B.对于房地产类固定资产，可查阅有关的合同、产权证明、财产税单、抵押贷款的还款凭据、保险单

C.对融资租入的固定资产，应验证有关融资租赁合同，证实其并非经营租赁

D.对汽车等运输设备，应验证有关运营执照

12.审计人员针对融资租入固定资产实施审计程序时，除可以参照经营租赁相关审计程序外，还应审查（　　）。

A.租入固定资产折旧的计提是否正确

B.租入固定资产计价是否正确

C.租入固定资产是否确属企业必需

D.租入固定资产是否已登入备查簿

13.审查固定资产累计折旧汇总表时，其内容包括（　　）。

A.期初余额　　　　B.折旧率

C.期末余额　　　　D.本期减少

14.计算固定资产原值与本期产品产量的比率，并与以前期间相关指标进行比较时，审计人员可能会发现（　　）。

A.资本性支出和收益性支出区分的错误

B.闲置的固定资产

C.增加的固定资产尚未作出会计处理

D.减少的固定资产尚未作出会计处理

15.在对被审计单位计提的固定资产减值准备进行审计时，下列各项中，注册会计师应当确定为审计目标的有（　　）。

A.固定资产减值准备的计提方法是否适当

B.固定资产减值准备的计提金额是否充分

C.固定资产减值准备增减变动的记录是否完整

D.固定资产减值准备期末余额是否正确

（三）判断题

1.因为多数舞弊企业在低估应付账款时是以漏记赊购业务为主的，所以实施函证无益于寻找未入账的应付账款。（　　）

2.审计人员在审查应付账款时，应查实企业所有在年度决算日以前收到的赊购发票均已计入当年应付账款。（　　）

3.如果被审计单位为上市公司，则其财务报表附注中通常还应披露持有3%（含3%）以上股份的股东单位应付票据的内容。（　　）

4.实施实地观察审计程序时，审计人员可以以固定资产明细账为起点，进行实地追查，以证明会计记录中所列固定资产确实存在，并了解其目前的使用状况；也可以以实地为起点，追查至固定资产明细分类账，以获取实际存在的固定资产均已入账的证据。（　　）

5.预付账款如果期末金额不大，审计人员可以提请客户冲抵流动资产项目，而并非只能列作流动负债。（　　）

6.如果被审计单位是上市公司，则在其财务报表附注中通常应说明有无欠持有10%以上（含10%）表决权股份的股东单位账款；说明账龄超过5年的大额应付账款未偿还的原因，并在期后事项中反映资产负债表日后是否偿还。（　　）

7.对于因债务人抵债而获得的固定资产，应检查产权过户手续是否齐备，固定资产计价及确认的损益是否符合相关会计准则的规定。（　　）

8.对于融资租入的固定资产应登入备查簿。（　　）

9.如果存在未回函的重大应付账款项目，审计人员应采取替代程序，确定其是否真实。通常可以检查决算日后应付账款明细账及库存现

金和银行存款日记账，核实其是否支付，同时检查该笔债务的相关凭证资料，核实交易事项的真实性。（　　）

10.应付票据明细表一般应列示票据类别及编号、出票日期、面额、到期日、收款人名称、利率、付息条件，以及抵押品的名称、数量和金额等。（　　）

11.即使某一应付账款明细账户年末余额为零，审计人员仍然可以将其列为函证对象。（　　）

12.同函证应付账款一样，函证应付票据只能获得被审计单位资产负债表列示数据是否准确的审计证据。（　　）

13.通常情况下，应付账款不需要函证，如需要函证，最好采用消极式函证。（　　）

14.固定资产的保险不属于企业固定资产的内部控制范围，因此，审计人员在检查、评价企业的内部控制时，不需要了解固定资产的保险情况。（　　）

15.注册会计师对固定资产进行实地观察时，可以以固定资产明细分类账为起点，重点观察本期新增加的重要固定资产。（　　）

（四）分析题

1.某审计人员正在对H公司的应付账款项目进行审计。根据需要，该审计人员决定对H公司表14-1中的四个明细账户中的两个进行函证。

表14-1　**明细账户表**　单位：元

公司	应付账款年末余额	本年度供货总额
A公司	42 650	66 100
B公司	—	2 880 000
C公司	85 000	95 000
D公司	289 000	3 032 000

要求：

（1）该审计人员应选择哪两家供货公司进行函证？为什么？

（2）假定上述四家公司均为H公司的购货人，表14-1中后两栏分别是应收账款年末余额和本年度供货总额，该审计人员应选择哪两家公司进行函证？为什么？

2.A和B注册会计师在审计红光公司年度财务报表时，注意到同购货与付款循环相关的内部控制存在缺陷。他们认为红光公司管理层在资产负债表日故意推迟记录发生的应付账款，于是决定实施审计程序进一步查找未入账的应付账款。

要求：A和B注册会计师应如何查找未入账的应付账款？

3.审计人员在审查某公司应付账款明细账时，发现20×6年开富化工厂明细账有贷方余额86 000元，经查证有关凭证，是其20×6年向开富化工厂购买化工原料的货款。

要求：分析可能存在的问题，以及是否需要进一步的审查。如果需要，应如何审查？怎样提出审计意见？

4.某审计人员对新成立的A公司进行审计，发现其固定资产总账中有如下会计分录：

借：固定资产——房屋　　2 400 000

　贷：应付票据——抵押票据　　1 400 000

　　　长期股权投资——普通股　　1 000 000

经审核相关凭证，发现该公司以转让其所持普通股10 000股（每股面值100元）给B公司，同时承担B公司建造房屋的抵押借款1 400 000元为条件获得一幢厂房。

要求：该审计人员应实施哪些审计步骤，以验证所登记的房屋成本是2 400 000元？

5.审计人员审查A企业20×6年12月基本生产车间设备计提折旧情况，在审阅固定资产明细账和制造费用明细账时，发现如下记录：

（1）11月末该车间设备计提折旧额为12 000元，年折旧综合率为6%。

（2）11月份购入设备一台，原值20 000元，已安装完工交付使用。

（3）11月份融资租入一台设备投入车间使用，入账价值10 000元。

（4）11月份交外单位修理设备一台，原值50 000元。

（5）11月份对一台设备进行技术改造，当月交付使用，该设备原值为200 000元，技术改造支出为50 000元，变价收入为20 000元。

（6）12月份该车间设备计提折旧21 000元。

（7）假定企业11月末计提折旧数正确，并且12月份所生产的产品全部尚未完工。

要求：

（1）验证该企业12月份计提折旧数额是否正确。

（2）若不正确，请作审计调整。

6. 表14-2列示了应收账款和固定资产项目的若干审计目标及可能实施的主要审计程序。

表14-2　**审计目标及审计程序表**

审计项目名称	审计目标	审计程序
应收账款	（1）在资产负债表日，应收账款记录完整 （2）在资产负债表日，被审计单位对所有应收账款均具有法定收款权 （3）在资产负债表日，应收账款余额正确 （4）在财务报表中，应收账款分类反映恰当	A. 分析应收账款同销售的比例关系，并同前期进行比较 B. 实施销售截止测试，确定销售业务和相应的存货与销售成本记录在恰当的会计期间 C. 按计提坏账准备的范围和标准测算已提坏账准备是否充分，并提请调整大额差异 D. 检查销售退回和折让是否附有按顺序编号并经主管人员核准的贷项通知单 E. 复核所有贷款协议，确定应收账款是否已作抵押 F. 抽查被审计单位职员及有关部门的暂借款项的记录，确定已记入正确的账户 G. 分析应收账款各月末余额与应付账款各月末余额的非正常比例关系
固定资产	（5）被审计单位对所审计会计期间新增固定资产享有所有权 （6）在资产负债表日，所有在册的固定资产均存在 （7）在资产负债表日，所有固定资产的净值均已正确计量	A. 将固定资产明细账期初余额与上年度审计工作底稿进行核对 B. 复核折旧费用的计提，并确定固定资产有效使用年限及折旧方法同以前年度一致 C. 确定固定资产记录部门与保管使用部门的职责分离 D. 审查固定资产契约和保险单据 E. 实施截止测试，证实固定资产维护费已计入恰当的会计期间 F. 确定所有机器设备均有保险 G. 实地检查所有主要的机器设备

要求：请针对每一审计目标，选出能够实现该审计目标的一项最佳审计程序，将其英文大写字母编号填列在表14-3内，每一项审计程序最多只能被选择一次。

表 14-3 **选项表**

审计目标	(1)	(2)	(3)	(4)	(5)	(6)	(7)
审计程序							

7.A 和 B 审计人员对 XYZ 股份有限公司 20×6 年度财务报表进行审计。该公司 20×6 年度未发生并购、分立和债务重组行为，供产销形势与上年相当。该公司提供的未经审计的 20×6 年度财务报表附注的部分内容见表 14-4。

表 14-4 **财务报表附注的部分内容** 单位：万元

固定资产原价 \ 类别	年初数	本年增加	本年减少	年末数
房屋及建筑物	20 930	2 655	21	23 564
通用设备	8 612	1 158	62	9 708
专用设备	10 008	3 854	121	13 741
运输工具	1 681	460	574	1 567
土地	472	—	—	472
其他设备	389	150	11	528
合　计	42 092	8 277	789	49 580
累计折旧 \ 类别	**年初数**	**本年增加**	**本年减少**	**年末数**
房屋及建筑物	3 490	898	31	4 357
通用设备	863	865	34	1 694
专用设备	3 080	1 041	20	4 101
运输工具	992	232	290	934
土地	—	15	—	15
其他设备	115	83	3	195
合　计	8 540	3 134	378	11 296

要求：假定上述附注内容中的年初数和上年比较数均已审定无误，作为 A 和 B 审计人员，在审计计划阶段，请运用专业判断，必要时运用分析程序，分别指出上述附注内容中存在或可能存在的不合理之处，并简要说明理由。

六、案例

A和B注册会计师负责对X公司20×6年度财务报表进行审计，并确定财务报表层次的重要性水平为1 200 000元。X公司20×6年度财务报表20×7年3月25日获董事会批准，并于同日报送证券交易所。其他相关资料如下：

资料一：公司未经审计的20×6年度财务报表部分项目余额或年度发生额见表14-5。

表14-5 **未经审计的20×6年度财务报表部分项目余额或年度发生额**

单位：万元

项目	金额
资产总额	42 000
股本	15 000
资本公积	8 000
盈余公积	2 000
未分配利润	1 800
营业收入	36 000
利润总额	600
净利润	400

资料二：在对X公司进行审计的过程中，A和B注册会计师注意到以下事项：

20×6年1月31日，X公司开发建成一栋商住两用楼盘，该楼盘所在地不存在活跃的房地产交易市场，20×6年年末未发生减值迹象。该楼盘的建造成本为30 000 000元，其中，一层商铺12 000 000元计划用于出租，其余楼层18 000 000元计划用于X公司办公。

20×6年3月31日，X公司就一层商铺与某超市签订经营租赁合同，租赁期为20×6年3月31日至20×8年3月30日，租赁费用总额为1 440 000元，自20×6年4月起按月结算。该楼盘预计使用年限为30年，预计净残值率为原值的10%，按平均年限法计提折旧。X公司于20×6年1月31日作了增加“固定资产——商住两用楼盘”30 000 000元的会计处理；于20×6年2月至12月计提了该楼盘的折旧，作了借记“管理费用——折旧费”科目825 000元、贷记“累计折旧”科目825 000元的会计处理；于20×6年4月至12月对该楼盘的租赁业务作了借记“银行存款”科目540 000元、贷记“其他业务收入”科目540 000元的会计处理。

要求：

（1）在资料一的基础上，如果不考虑审计重要性水平，针对资料二，请回答A和B注册会计师是否需要提出审计调整建议。若需要提出审计调整建议，请直接列示审计调整分录（审计调整分录均不考虑对X公司20×6年度的税费、递延所得税、资产、负债、期末结转损益及利润分配的影响）。

（2）在资料一的基础上，如果考虑审计重要性水平，假定X公司只存在资料二中的一个事项，并且拒绝接受A和B注册会计师针对该事项提出的审计处理建议（如果有）。在不考虑其他条件的前提下，请指出A和B注册会计师应当针对该独立存在的事项出具何种意见类型的审计报告。

案例提示

（1）对于已出租的房产，应该转为投资性房地产核算，并将计提的折旧计入其他业务成本。

借：投资性房地产	12 000 000	
固定资产——累计折旧	330 000	
贷：固定资产		12 000 000
投资性房地产——投资性房地产累计折旧		330 000
借：营业成本——其他业务成本	270 000	
贷：管理费用——折旧费		270 000

（2）对于这一事项，应该出具保留意见的审计报告。

七、阅读文献

［1］刘明辉．独立审计学［M］．2版．大连：东北财经大学出版社，2002．

［2］刘桂良，瞿友喜．现代审计学［M］．成都：西南财经大学出版社，2002．

［3］中国注册会计师协会．审计［M］．北京：经济科学出版社，2010．

［4］刘大贤．审计学［M］．3版．北京：首都经济贸易大学出版社，2001．

［5］李相志．审计学［M］．北京：对外经济贸易大学出版社，2001．

［6］刘圣妮．2010年注册会计师考试应试指导及全真模拟测试——审计［M］．北京：北京大学出版社，2010．

［7］周春利．2010注册会计师考试过关必做1 000题——审计［M］．北京：北京大学出版社，2010．

［8］范永亮．2010年注册会计师考试经典题解及练习题库——审计［M］．北京：北京大学出版社，2010．

第十五章　生产与薪酬循环审计

一、学习目的与要求

通过本章的学习，了解生产与薪酬循环涉及的主要财务报表项目、主要业务活动和主要凭证与记录；了解生产与薪酬循环的内部控制要点及控制测试程序；了解生产与薪酬循环相关账户的审计程序；掌握生产成本和主营业务成本的审计程序；掌握存货计价测试的主要程序；掌握应付职工薪酬的审计程序；重点掌握存货项目的分析程序；重点掌握如何执行存货监盘程序、存货监盘结果对审计报告的影响、存货正确截止的关键和存货截止测试的方法。

二、相关准则与制度

1.《中国注册会计师审计准则第1311号——对存货、诉讼和索赔、分部信息等特定项目获取审计证据的具体考虑》

2.《企业会计准则第1号——存货》

3.《企业会计准则第9号——职工薪酬》

三、预习要览

（一）关键概念

生产循环　　薪酬循环

存货监盘　　计价测试

截止测试

（二）关键问题

1.如何进行生产循环的内部控制测试？

2.如何进行薪酬循环的内部控制测试？

3.如何进行生产成本和主营业务成本的审计？

4.简要说明执行存货成本相关项目的分析程序。

5.由于被审计单位存货的性质或位置等原因导致无法实施存货监盘，注册会计师应如何获取有关期末存货数量和状况的审计证据？

6.如何确定存货监盘结果对审计报告的影响？

7.注册会计师首次接受委托未能对上期期末存货实施监盘，且该存货对本期财务报表存在重大影响时，应如何获取关于期初存货余额的审计证据？

8.存货监盘程序包括哪些环节？请具体说明。

9.如何进行存货的计价测试？

10.存货正确截止的关键是什么？如何进行存货的截止测试？

四、重点与难点解析

1.对生产循环的内部控制测试主要从业务授权、真实性、完整性等目标出发。其中，对成本执行分析程序是一项很重要的程序；真实性目标的测试仍然按照从账簿到凭证的方向进行追查；完整性目标的测试仍然按照从凭证到账簿的方向进行追查，审查有关原始凭证是否连续编号也有助于完整性目标的审计。另外，对重大在产品项目进行计价测试，通过抽查成本计算单，检查各项费用的归集和分配及成本的计算，也是交易类别测试的重要程序。

2.薪酬循环的内部控制测试与生产循环的内部控制测试的思路是一致的。

3.在对存货成本相关项目的分析程序中，简单比较法主要是对直接材料成本、薪酬费用、制造费用、生产成本、主营业务成本、存货余额、存货成本差异率、待处理财产损溢等项目的前后期数据进行比较，通过趋势分析确定有无异常，以评价各项目的总体合理性。

4.存货周转率和毛利率是对存货项目执行分析程序时常用的两个重要指标。这两个指标的异常波动往往意味着企业在存货的周转方面、成本控制方面或销售价格方面存在变化或问题。

5.注册会计师有责任实施存货监盘，以获取有关期末存货数量和状况的充分、适当的审计证据。在特殊情况下，当无法获取有关期末存货数量和状况的审计证据时，注册会计师应执行其他有效的审计程序，以获取充分、适当的审计证据，否则，不能发表无保留意见的审计报告。如果通过实施存货监盘发现被审计单位财务报表存在重大错报，且被审计单位拒绝调整，注册会计师应当考虑出具保留意见或否定意见的审计报告。

6.当首次接受委托未能对上期期末存货实施监盘，且该存货对本期财务报表存在重大影响时，如果已获取有关本期期末存货余额的充分、适当的审计证据，注册会计师应当实施有效的审计程序，以获取有关本期期初存货余额的充分、适当的审计证据；否则，不能发表无保留意见的审计报告。

7.存货监盘程序包括以下几个必要的环节：注册会计师应首先进行盘点问卷调查，向被审计单位询问盘点的准备工作是否到位，然后实地观察盘点的过程，在企业盘点人员盘点之后进行复盘抽点，并在存货盘点结束前再次观察盘点现场。

8.存货正确截止的关键在于存货实物纳入盘点范围的时间与存货引起的借贷双方会计科目的入账时间都处于同一会计期间。常用的方法是检查存货盘点日前后入账的购货发票与相应的验收报告和入库单是否在同一会计期间，或销售发票与出库单是否在同一会计期间；或者从验收部门的业务记录入手，检查接近年底的验收业务，以及其相应的购货或销售发票是否在同期入账。

五、练习题

（一）单项选择题

1.在下列各项中，属于生产成本审计实质性程序的是（　　）。

A.对成本执行分析程序

B.审查有关凭证是否经适当审批

C.审查有关记账凭证是否附有原始凭证，以及原始凭证的顺序编号是否完整

D.询问和观察存货的接触、审批程序

2.有关存货审计的下列表述中，正确的是（　　）。

A.监盘是证实存货“完整性”和“权利”认定的重要程序

B.对难以监盘的存货，应根据企业存货收发制度确认存货数量

C.存货计价审计的样本应着重选择余额较小且价格变动不大的存货项目

D.可以通过审阅验收部门的业务记录进行存货截止审计，即查明资产负债表日前后购入的货物是否在存货验收入库的同期入账

3.为测试所记录的成本是否均已发生而非虚构，注册会计师应（　　）。

A.对重大在产品项目进行计价测试

B.抽取料、工、费的原始记录，与成本明细账进行核对

C.从成本明细账中选取若干笔业务，与料、工、费的原始凭证进行核对

D.抽查成本计算单，检查各种费用的归集和分配以及成本的计算是否正确

4.对存货进行监督性盘点是（　　）。

A.注册会计师的责任

B.会计师事务所的质量控制程序

C.被审计单位管理层的责任

D.被审计单位的内部控制制度

5.对于外购存货业务，最容易发生滞后入账的情况是（　　）。

A.单（结算账单，下同）货同到

B.期末时单到货未到

C.期末时货到单未到

D.资产负债表日前付款的采购业务

6.被审计单位有少量年终在途存货未纳入盘点范围，当年也未作采购的会计处理，则（　　）。

A.注册会计师对此应发表保留意见

B.注册会计师对此应发表否定意见

C.一般不影响注册会计师对财务报表发表意见

D.注册会计师应进一步搜集证据以确认其合理性

7.为验证已发生的薪酬支出是否均已入账，应执行的程序是（　　）。

A.检查工资费用的分配标准是否适当

B.将工资结算汇总表、工资费用分配表与有关的费用明细账核对

C.将工资与工资手册核对，验证工资的计算是否正确

D.审阅工资结算汇总表和工资费用分配表，检查其恰当性

8.注册会计师在进行年度审计时，通常坚持在结账日或接近于结账日进行存货盘点，一般不同意在年度中间盘点，除非（　　）。

A.业务委托书有相关约定

B.客户的存货盘存制度和相关内部控制非常健全有效

C.客户一再要求

D.审计计划中已经明确

9.下列说法中正确的是（　　）。

A.对被审计单位存放在外地的存货，注册会计师一定要亲自前往监盘

B.注册会计师未能对期初存货实施监盘，并不能影响其对本期财务报表发表审计意见

C.注册会计师如果无法实施存货监盘，则不能发表无保留意见的审计报告

D.注册会计师如果无法实施存货监盘，可以考虑通过替代审计程序获取证据

10.某注册会计师对A公司20×6年度财务报表进行审计，发现20×6年12月28日A公司购入的一批价值30万元的货物发票已到，但货物至20×7年1月5日才收到，A公司将此购货业务记录于20×7年的账户中。因此，注册会计师可以认定（　　）。

A.A公司在20×6年没有进行相关记录是正确的

B.A公司20×6年度利润总额虚增30万元

C.A公司20×6年年末存货及应付账款同时虚减30万元

D.A公司应在20×6年12月31日资产负债表附注中进行相关披露

11.以下有关期末存货的监盘程序中，与测试存货盘点记录的准确性相关的是（　　）。

A.从存货实物中选取项目追查至存货盘点记录

B.从存货盘点记录中选取项目追查至存货实物

C.在存货盘点结束前，再次观察盘点现场

D.在存货盘点过程中关注存货移动的情况

12.对于甲公司拥有的大量艺术品和其他收藏品，A注册会计师深

感在辨认真伪与确认品质方面存在困难。此时，他应实施的最适当的审计程序是（　　）。

A.采用精确的磅秤进行测量，留意测量过程中磅秤的移动情况

B.通过高空摄影进行测量，运用几何计算进行估计

C.使用浸泡、敲击、烘烤等方法辨别真伪、鉴定质量

D.选择样品进行化验与分析，或利用专家的工作结果

13.根据顾客订单或者对销售预测和存货需求的分析进行生产授权，填制预先编号的生产通知单的部门是（　　）。

A.供应部门　　　　B.生产计划部门

C.财务部门　　　　D.销售部门

14.从存货实物中选取项目追查至存货盘点记录，以测试（　　）。

A.存货的计价　　　　B.存货是否存在

C.存货盘点记录的完整性　　　　D.存货的所有权

15.监盘程序只能确认存货的（　　）。

A.结存数量　　　　B.发出数量

C.发出金额　　　　D.结存金额

（二）多项选择题

1.在20×6年年末实施存货截止测试程序，可能查明被审计单位（　　）。

A.少计20×6年年末的存货和应付账款

B.多计20×6年年末的存货和应付账款

C.虚增20×6年度利润

D.虚减20×6年度利润

2.在与被审计单位讨论盘点计划时，注册会计师应关注的事项有（　　）。

A.盘点时间　　　　B.盘点参与人员

C.盘点期间存货移动的控制　　　　D.在产品完工程度的确定方法

3.注册会计师对被审计单位的存货进行截止测试的方法有（　　）。

A.实地观察和抽查期末存货

B.抽查存货盘点日前后的购货发票和验收报告，检查是否每张发票都附有验收报告

C.从验收部门的业务记录中选取接近截止日的业务，检查其对应的

购货发票是否在同期入账

D.询问存货的安全保护措施是否到位

4.为完成生产循环的完整性测试，需要执行的审计程序包括（　　）。

A.抽查成本计算单，检查各种费用的归集和分配及成本的计算是否正确

B.审查有关原始凭证的编号是否连续

C.分析程序

D.从有关的原始凭证中选取样本，检查其在生产成本明细账中的记录

5.注册会计师在对存货进行计价测试时需要考虑的问题有（　　）。

A.测试样本是否具有代表性

B.存货计价方法是否合理且一致

C.是否有抵押、担保的存货

D.存货跌价准备的计提是否正确

6.存货周转率的波动可能意味着被审计单位存在（　　）。

A.销售价格发生变动

B.有意或无意地减少存货准备

C.单位产品成本发生变动

D.存货核算方法发生变动

7.在生产与薪酬循环的有关内部控制中，不相容的职务有（　　）。

A.生产的授权审批和生产过程的记录

B.生产过程的记录和生产的执行

C.存货的保管和记录

D.工资的授权批准和记录

8.在审查生产成本的直接材料项目时，需要抽查的原始凭证通常有（　　）。

A.领料单　　　　B.发出材料汇总表

C.材料费用分配汇总表　　　　D.成本计算单

9.在审查原材料、包装物和库存商品时，通常要执行的程序有（　　）。

A.分析程序　　　　B.计价测试

C.监督性盘点　　　　D.截止测试

10.为了确定直接材料成本的金额准确性，注册会计师可能需要（　　）。

A.检查材料明细账，验证材料计价的正确性

B.抽查产品成本计算单，检查相关计算是否正确

C.分析、比较同一产品前后年度的直接材料成本

D.检查直接材料成本在财务报表中的披露是否恰当

11.注册会计师需要对应付职工薪酬进行审计，原因在于（　　）。

A.薪酬费用一般是产品成本的重要组成部分

B.薪酬费用分配不当会影响损益情况

C.薪酬费用通常是被审计单位的一项重要费用

D.薪酬一般采用现金的形式支付，因而相对于其他业务更容易发生错误或舞弊行为

12.首次接受委托未能对期初存货实施监盘，为了获取关于期初存货的审计证据，注册会计师应当（　　）。

A.查阅前任注册会计师工作底稿

B.复核上期存货盘点记录及文件

C.检查上期存货交易记录

D.运用毛利百分比法等分析期初存货的总体合理性

13.注册会计师在实施存货监盘过程中，应当跟随被审计单位安排的存货盘点人员，观察（　　）。

A.被审计单位制订的存货盘点计划是否得到贯彻执行

B.被审计单位人员盘点数量是否正确

C.是否准确、无误地记录了被盘点存货的数量和状况

D.存货的移动情况，防止遗漏或重复盘点

14.存货截止审计的方法是（　　）。

A.抽查存货盘点日期前后的购货发票与入库单

B.审阅验收部门的业务记录

C.审阅存货明细账的相关记录

D.抽查存货盘点日期前后的销售发票与出库单

15.在抽查时发现差异，表明被审计单位的存货盘点记录在准确性或完整性方面有错误，注册会计师应当（　　）。

A.考虑错误的潜在范围和重大程度，在可能的情况下扩大抽查范围

B.在必要时要求被审计单位重新进行盘点

C.查明原因并提请被审计单位更正

D.要求被审计单位直接进行账务调整

（三）判断题

1.定期盘点存货、合理确定存货的数量和状况是注册会计师的责任。（　）

2.注册会计师应当复核被审计单位的存货盘点计划，并据此合理安排存货监盘。（　）

3.如果被审计单位的存货盘存制度和相关内部控制健全有效，注册会计师可以同意被审计单位将盘点时间安排在期中进行。（　）

4.在检查已盘点的存货时，注册会计师应当从存货盘点记录中选取项目追查至存货实物，以测试盘点记录的准确性；还应当从存货实物中选取项目追查至存货盘点记录，以测试存货盘点记录的完整性。（　）

5.在实地观察盘点现场时，注册会计师应当特别关注存货的移动情况，防止遗漏或重复盘点。（　）

6.分析各月的存货成本差异率，可以发现利用存货成本差异率人为调节成本的问题。（　）

7.如果存货盘点日不是资产负债表日，注册会计师应当实施适当的审计程序，确定是否已对在盘点日与资产负债表日之间存货的变动作出正确的记录。（　）

8.对存货进行计价测试，一般要选取结存余额较大、价格变动较大的项目。（　）

9.生产循环是指从请购原材料开始直到产品销售为止的过程。（　）

10.所有薪酬变动都应有人事部门授权。这项控制有助于保证薪酬的正确性，因此与“存在与发生”的认定有关。（　）

11.生产成本的审计一般应从审阅生产成本明细账入手，抽查有关的费用凭证，验证企业产品直接耗用材料、直接薪酬、制造费用的数

量、工时、计价和费用分配等是否真实、合理。（　　）

12.主营业务成本的审计主要是通过编制生产成本及销售成本倒轧表，与总账核对相符等程序完成的。（　　）

13.实地观察是指注册会计师现场监督被审计单位存货盘点工作，但并不参与存货的盘点工作。（　　）

14.如果注册会计师首次接受委托未能获取有关本期期初存货余额的充分、适当的审计证据，注册会计师应当根据其重要程度发表保留意见或否定意见。（　　）

15.如果验收报告为次年1月份的日期，本年12月份已收到发票并入账，则货物未纳入年底实地盘点范围之内，会虚增本年的存货和利润。（　　）

（四）分析题

1.注册会计师在对A公司存货项目的相关内部控制进行研究评价之后，发现A公司存在以下五种可能导致错报的情况：

（1）所有存货都未经认真盘点。

（2）接近资产负债表日前入库的产成品可能已纳入存货盘点范围，但可能未进行相关会计记录。

（3）由B公司代管的某种材料可能不存在。

（4）B公司存放于A公司仓库内的某种产品可能已计入A公司的存货项目。

（5）存货计价方法已作变更。

要求：说明为了证实上述情况是否真正导致错报，注册会计师应当分别执行的最主要的实质性程序（每一种情况只列一项程序）。

2.甲注册会计师制订了对X公司存货的监盘计划，由助理人员实施监盘工作。

请判断下面有关监盘计划和监盘工作有无不妥之处；若有，请予以更正：

（1）注册会计师在制订存货监盘计划时，应与X公司沟通，确定检查的重点。

（2）对外单位存放于X公司的存货，注册会计师未要求纳入盘点的范围，助理人员也未实施其他审计程序。

（3）在检查存货盘点结果时，助理人员从存货实物中选取项目追查至存货盘点记录，目的是测试存货盘点记录的真实性。

（4）虽然年末前后是销售旺季，但为了进行盘点和监盘，注册会计师要求生产产品的生产线停产。

（5）X公司的一批重要存货已质押给保险公司，助理人员通过电话询问了其真实性。

3. 甲注册会计师负责对A公司的存货进行监盘，如果在进行监盘时遇到如下问题，请分别指出甲注册会计师下一步应当如何处理：

（1）由于B公司在A公司寄存的L材料与A公司自身的L材料并无区别，故并未单独摆放。

（2）在监盘时，发现A公司D存货的仓库明细账和实物监盘结果不一致。

（3）A公司对废品与毁损品不进行盘点，以财务部门和仓库部门的账面记录为准。

（4）甲注册会计师了解到E原材料为易腐易烂物资，由于设备条件限制，A公司将其存放于露天临时仓库内。

（5）甲注册会计师了解到截至资产负债表日之前装运出库的存货F在途，A公司对此没有作相关销售的确认。

4. 某企业的原材料采用计划成本核算，注册会计师发现甲材料的计价存在问题，具体情况如下：5月初材料成本差异为超支10 800元，库存材料成本为300 000元；5月份购入材料的计划成本为2 400 000元，其实际成本为2 356 800元；5月份基本生产车间生产产品领用甲材料，计划成本为480 000元，企业结转材料成本超支差异9 600元。

要求：

（1）说明审计的方法。

（2）指出存在的问题。

（3）提出调整意见。

5. 注册会计师在审查某公司的销售费用时，发现临时销售人员的工资发放存在问题，具体情况如下：由销售部门负责录用临时销售人员，因为流动性非常大，所以人事部门没有为这些人员建立人事记录，每月由销售科长上报临时销售人员名单，按每人每月800元发放工资。工资款由销售科长填制领款单后向财会部门领取，并负责向销售人员发放，之后将由销售人员签名的工资结算单交回财会部门，财会部门不再进行复核。对此，注册会计师抽查了销售部门全年的工资结算单，发现其中几个月有几个人的工资是由销售科长代领的。

要求：请你分析该公司在工资发放中可能存在的问题及其产生的原因，并提出相应的管理建议。

六、案例

1. 中兴会计师事务所于20×6年12月10日接受甲公司的委托进行年度财务报表审计。据了解，甲公司原是华远会计师事务所的常年客户，经向甲公司负责人员询问得知，负责甲公司审计业务的华远会计师事务所的注册会计师李峰离职，经李峰介绍，转而委托中兴会计师事务所。中兴会计师事务所的注册会计师要求在12月31日参与甲公司的存货盘点，甲公司婉言拒绝，原因是公司曾于6月30日进行了盘点，当时李峰参与了盘点工作，且盘点时的所有资料均可以提供给注册会计师复核，现在刚刚接受一张订单，交货期限很短，如果停工盘点，则难以按期交货。

对此，中兴会计师事务所的注册会计师做了大量的工作，现了解到以下信息：

（1）李峰与甲公司总经理的私人关系甚好。

（2）甲公司存货的内部控制存在一定的漏洞。

（3）审阅6月30日的盘点记录，其中A产品期末盘存量是20 000件；查阅以前月份的存货明细账，A产品的期末库存每月都保持在10 000件至12 000件。

（4）甲公司的生产经营特点决定了其存货占比较大，约占总资产的40%。

要求：在这种情况下，注册会计师是否应该坚持对存货进行监督性盘点？如果不能进行，能否出具无保留意见的审计报告？请说明原因。

2. B注册会计师负责对乙公司20×6年度财务报表进行审计。乙公司为玻璃制造企业，20×6年年末存货余额占资产总额的比重很大。存货包括玻璃、煤炭、烧碱、石英砂，其中60%的玻璃存放在外地公用仓库。乙公司对存货核算采用永续盘存制，与存货相关的内部控制比较薄弱。乙公司拟于20×6年11月25日至27日盘点存货，盘点工作和盘点监督工作分别由熟悉相关业务且具有独立性的人员执行。存货盘点计划的部分内容如下（见表15-1）：

表15-1 **存货盘点计划的部分内容**

地点	存货类型	估计占存货总额的比重	盘点时间
A仓库	烧碱、煤炭	烧碱10%，煤炭5%	20×6年11月25日
B仓库	烧碱、石英砂	烧碱10%，石英砂5%	20×6年11月26日
C仓库	玻璃	玻璃26%	20×6年11月27日
外地公用仓库	玻璃	玻璃39%	20×6年11月27日

（1）存货盘点计划的范围、地点和时间安排。

（2）对存放在外地公用仓库的存货的检查。

对存放在外地公用仓库的玻璃，检查公用仓库签收单，请公用仓库自行盘点，并提供20×6年11月27日的盘点清单。

（3）存货数量的确定方法。

对于烧碱、煤炭和石英砂等堆积型存货，采用观察以及检查相关的收、发、存凭证和记录的方法，确定存货数量；对于存放在C仓库的玻璃，按照包装箱标明的规格和数量进行盘点，并辅以适当的开箱检查。

（4）盘点标签的设计、使用和控制。

对存放在C仓库的玻璃的盘点，设计预先编号的一式两联的盘点标签。使用时，由负责盘点存货的人员将一联粘贴在已盘点的存货上，另一联由其留存；盘点结束后，连同存货盘点表交存财务部门。

（5）盘点结束后，对出现盘盈或盘亏的存货，由仓库保管员将存货实物数量和仓库存货记录调节相符。

要求：针对上述存货盘点计划第（1）至第（5）项，逐项判断其是否存在缺陷。如果存在缺陷，则简要提出改进建议。

3. A注册会计师负责对常年审计客户甲公司20×6年度财务报表进

行审计。甲公司从事商品零售业，存货占其资产总额的60%。除自营业务外，甲公司还将部分柜台出租，并为承租商提供商品仓储服务。根据以往的经验和期中测试的结果，A注册会计师认为甲公司有关存货的内部控制有效。A注册会计师计划于20×6年12月31日实施存货监盘程序。A注册会计师编制的存货监盘计划部分内容摘录如下：

（1）在到达存货盘点现场后，监盘人员观察代柜台承租商保管的存货是否已经单独存放并予以标明，确定其未被纳入存货盘点范围。

（2）在甲公司开始盘点存货前，监盘人员在拟检查的存货项目上作出标识。

（3）对以标准规格包装箱包装的存货，监盘人员根据包装箱的数量及每箱的标准容量直接计算确定存货的数量。

（4）在存货监盘过程中，监盘人员除关注存货的数量外，还需要特别关注存货是否出现毁损、陈旧、过时及残次等情况。

（5）对存货监盘过程中收到的存货，要求甲公司单独码放，不纳入存货监盘的范围。

（6）在存货监盘结束时，监盘人员将除作废的盘点表单以外的所有盘点表单的号码记录于监盘工作底稿。

要求：

（1）针对上述第（1）至第（6）项，逐项指出是否存在不当之处。如果存在，简要说明理由。

（2）假设因雪灾导致监盘人员在原定存货监盘日未能到达盘点现场，指出A注册会计师应当采取何种补救措施。

4. A注册会计师负责对甲公司20×6年度财务报表进行审计。在对甲公司20×6年12月31日的存货进行监盘时，发现部分存货的财务明细账、仓库明细账、实物监盘三者的数量不一致，相关资料见表15-2。

表15-2 **存货监盘相关资料**

库号	存货名称	财务明细账数量	仓库明细账数量	实物监盘数量
1	a产品	35套	30套	30套
2	b产品	27套	25套	27套
3	c材料	1 600千克	1 600千克	1 700千克
4	d材料	1 200千克	1 200千克	1 000千克

要求：

（1）根据监盘结果，假定不考虑舞弊及财务明细账串户登记、仓库明细账串户登记的情况，逐项分析存货数量差异可能存在的主要原因。

（2）针对存货的财务明细账数量与实物监盘数量不一致的情况，简要说明应当实施哪些必要的审计程序。

案例提示

1.在这种情况下，注册会计师必须坚持对存货进行监督性盘点，否则不能出具无保留意见的审计报告。主要考虑以下几个方面因素：

第一，存货的内部控制存在一定的漏洞，在这种情况下只在期中进行盘点是不妥的，况且存货占总资产的比重很大。

第二，前任注册会计师李峰与甲公司总经理的关系甚好，李峰的离职导致甲公司变更委托，在这种情况下，应考虑能否充分信赖前任注册会计师的工作。

第三，6月30日的盘点结果与以前月份的期末存货数量之间存在相当大的差异，这更加提醒现任注册会计师不能充分信赖前任注册会计师的工作。

2.（1）存在三个缺陷。一是在A、B仓库的存货中均存在烧碱，对于同一类型的存货，建议采用同时盘点的方法，不应该安排在不同的时间；二是对于存放在公用仓库的存货——玻璃，由于其占存货总额的39%，属于占比非常高的存货，所以建议安排时间进行盘点，纳入盘点范围；三是乙公司内部控制比较薄弱，应该选择在资产负债表日前后进行盘点。

（2）存在缺陷。对于存放在公用仓库的存货，采取的盘点方式应是发函确认，由于乙公司与存货相关的内部控制薄弱，所以不能仅把签收单作为盘点的方式。

（3）存在缺陷。盘点方式不恰当，对于烧碱、煤炭和石英砂等堆积型存货，通常应选择的盘点方式为运用工程估测、几何计算、高空勘测，并依赖详细的存货记录；如果堆场中存货堆不高，可进行实地监盘，或通过旋转存货堆加以估计。

（4）不存在缺陷。

（5）存在缺陷。盘点结束后，对于盘盈或盘亏的存货，不应由仓库保管员对存货实物数量和仓库存货记录进行调节，应该安排与仓库保管有关的主管人员负责调节。

3.（1）事项（1）不存在不当之处。

事项（2）存在不当之处。在甲公司开始盘点存货前，监盘人员不应当在拟检查的存货项目上作出标识，注册会计师检查的范围不应该让被审计单位知道。

事项（3）存在不当之处。注册会计师应当对标准规格包装箱包装的存货进行开箱查验，以防止内装存货弄虚作假。

事项（4）不存在不当之处。

事项（5）存在不当之处。存货监盘的时间定在12月31日，所以对存货监盘过程中收到的存货，需要被纳入存货监盘的范围。

事项（6）存在不当之处。注册会计师应当将所有盘点表单的号码记录于监盘工作底稿，包括作废的盘点表单。

（2）注册会计师应当考虑改变存货监盘日期，对预定盘点日与改变后的存货监盘日（本题存货监盘日就是资产负债表日，故也可以答成资产负债表日）之间发生的交易进行测试。

4.（1）根据监盘结果，分析存货数量差异可能存在的主要原因有：

①a产品，仓库明细账数量和实物监盘数量相同，但是财务明细账数量大于实物监盘数量，可能是货物已经发出但没有及时将相关凭证送交财务部门登记入账，即没有及时确认收入结转成本，或产品已出库但仓库没有及时将出库单据传递至财务部门等原因所致。

②b产品，财务明细账数量和实物监盘数量相同，但是仓库明细账数量小于财务明细账数量，可能是b产品入库后仓库部门没有及时登记仓库明细账等原因所致。

③c材料，财务明细账数量和仓库明细账数量相同，但实物监盘数量大于财务明细账数量，可能是c材料入库后未及时记入财务明细账与仓库明细账，或c材料退库后没有及时记入财务明细账和仓库明细账等原因所致。

④d材料，财务明细账数量和仓库明细账数量相同，但实物监盘数量小于财务明细账数量，可能是d材料报废后未及时进行账务处理、未及时登记仓库明细账，或d材料自然损耗、丢失、被盗等原因所致。

（2）针对存货的财务明细账数量与实物监盘数量不一致的情况，注册会计师应当实施的审计程序有：

①应当查明差异原因，如果确实是甲公司账务处理有误，应及时提请甲公司更正。

②应当考虑错误的潜在范围和重大程度，在可能的情况下，扩大检查范围或提请甲公司重新盘点。

七、阅读文献

［1］朱荣恩．审计学［M］．北京：高等教育出版社，2000．

［2］余玉苗．审计学［M］．2版．北京：清华大学出版社，2008．

［3］阿伦斯，洛布贝克．审计学——整合方法研究［M］．石爱中，等，译．北京：中国审计出版社，2001．

［4］刘圣妮．2010年注册会计师考试应试指导及全真模拟测试——审计［M］．北京：北京大学出版社，2010．

［5］周春利．2010注册会计师考试过关必做1 000题——审计［M］．北京：北京大学出版社，2010．

［6］范永亮．2010年注册会计师考试经典题解及练习题库——审计［M］．北京：北京大学出版社，2010．

第十六章　筹资与投资循环审计

一、学习目的与要求

通过本章的学习，了解筹资与投资循环所涉及的主要业务活动、主要凭证和会计记录；了解筹资业务和投资业务的主要内部控制和控制测试程序；了解其他应收款、其他应付款、应付股利、预计负债、无形资产、长期待摊费用等账户的实质性程序；掌握资本公积、盈余公积、未分配利润的实质性程序；重点掌握短期借款、长期借款审计的目标和实质性程序；重点掌握所有者权益审计的目标以及股本和实收资本审计的实质性程序；重点掌握投资审计的目标和实质性程序；重点掌握管理费用、财务费用、营业外收入、营业外支出、所得税费用审计的实质性程序。

二、相关准则与制度

1.《中国注册会计师审计准则第1312号——函证》

2.《企业会计准则第2号——长期股权投资》

3.《企业会计准则第22号——金融工具确认和计量》等相关会计准则

三、预习要览

(一) 关键概念

筹资交易	投资交易
交易性金融资产	其他权益工具投资
债权投资	其他债权投资
所有者权益	实收资本
长期股权投资	递延所得税

（二）关键问题

1.短期借款和长期借款审计的实质性程序有哪些？

2.股本和实收资本审计的实质性程序有哪些？

3.资本公积、盈余公积、未分配利润审计的实质性程序有哪些？

4.投资审计的实质性程序有哪些？

5.财务费用和管理费用审计的实质性程序有哪些？

6.营业外收入和营业外支出审计的实质性程序有哪些？

7.所得税费用审计的实质性程序有哪些？

四、重点与难点解析

1.在短期借款和长期借款的审计程序中，有一些程序是共同的，如编制或索取明细表、审查借款的合理性、向银行或其他债权人函证等。在长期借款的审计程序中，审查长期借款的借款费用是一项重要的程序，长期借款费用处理的错误一般属于混淆资本性支出和收益性支出的错误，对当期损益和下期损益都会产生影响。

2.应付债券、所有者权益增减变动的业务较少但金额较大，注册会计师在审计中一般以实质性程序为主，而且主要是防止高估。除了审查相关业务的会计处理、报表披露等程序以外，通过审核有关的原始凭证确定所有者权益的交易是否符合有关的法规规定和董事会等的决议是审计程序中的重要内容。

3.在投资业务中，交易性金融资产、其他权益工具投资、债权投资、其他债权投资、长期股权投资的确认和计量有很大区别，因此，审查投资业务的会计处理是非常重要的内容。除此以外，还需要审查投资业务的授权批准情况、实地盘点或函证投资证券等。

4.对其他应收款和其他应付款，重要的程序是选择大额或异常的项目进行询证、截止测试，检查有无长期挂账的项目以及报表披露是否恰当等；对财务费用和管理费用，重要的审计程序是抽查大额或异常的项目、执行分析程序、进行截止测试等；对营业外收入和营业外支出，尤其注意对核算内容的审查、对大额或异常项目的审查等。

5.公司所有者权益发生变动的业务频率较低，但金额较大，性质也很重要。根据会计方程式——资产=负债+所有者权益，如果注册会计师将被审计单位的资产和负债全部审计完结并得出了相应的审计结论，则可以从侧面证实所有者权益的正确性。但是，由于现代审计是抽样审计，资产、负债的审计结论并不能全面证实所有者权益的正确性，因此应重点通过审阅公司章程、实施细则及股东大会和董事会记录，函证发行在外的股票等程序审查股本、实收资本等项目。

五、练习题

（一）单项选择题

1.甲注册会计师在审计某公司长期借款业务时，为确定“长期借款”账户余额的真实性而进行函证。函证的对象应当是（　　）。

A.该公司的律师　　B.金融监管机构

C.银行或其他有关债权人　　D.该公司的主要股东

2.注册会计师在审计应付债券时，如果被审计单位应付债券业务不多，可直接执行（　　）。

A.内部控制调查　　B.控制测试

C.实质性程序　　D.穿行测试

3.注册会计师在审计股票发行费用的会计处理时，若股票溢价发行，则应查实被审计单位是否按规定将各种发行费用（　　）。

A.冲减溢价收入　　B.计入长期待摊费用

C.计入资本公积　　D.计入管理费用

4.所有者权益的审计一般（　　）。

A.以控制测试为主　　B.以实质性程序为主

C.以细节测试为主　　D.以分析程序为主

5.注册会计师为了验证被审计单位在资产负债表日所列示的债权投资、其他债权投资确实归被审计单位所有，应当实施的最佳审计程序是（　　）。

A.将交易与会计记录进行核对，确定所有交易均经批准或授权

B.抽查投资交易原始凭证，证实有关凭证是否已预先编号

C.将明细账与总账进行核对

D.函证被托管的证券，实际盘点企业自行保管的证券

6.在应付债券的审计中，一般不涉及的账户是（　　）。

A.“在建工程”　　B.“投资收益”

C.“财务费用”　　D.“银行存款”

7.甲公司上市发行普通股股票，下列审计程序中注册会计师最不可能执行的是（　　）。

A.向该公司的开户银行函证　　B.向证券登记结算公司函证

C.检查股票备查登记簿　　D.检查该公司已签发的现金支票

8.企业不按期确认应付债券的应计利息，不会影响（　　）。

A.应付债券的面值　　B.财务费用的账面记录

C.应付债券的账面价值　　D.在建工程的账面记录

9.审查未分配利润时，一般不涉及的账户是（　　）。

A.“应付股利”　　B.“股本”

C.“本年利润”　　D.“利润分配”

10.注册会计师在审查企业的债券投资业务时，不需要审查（　　）。

A.是否采用实际利率法进行溢价摊销

B.每期摊销额的计算是否正确

C.是否正确选择成本法或权益法核算

D.是否按期计算应计利息

（二）多项选择题

1.注册会计师在审查无形资产的摊销时，应查实（　　）。

A.摊销年限是否合理

B.摊销金额的计算是否无误

C.摊销的会计处理是否正确

D.摊销是否经授权批准

2.对于实收资本的减少，注册会计师应查明被审计单位是否（　　）。

A.事先通知所有债权人，债权人无异议

B.事先通知所有债务人，债务人无异议

C.经股东大会决议同意，并修改公司章程

D.减资后的注册资本不低于法定注册资本的最低限额

3.某公司长期股权投资采用权益法进行核算，在审查长期股权投资的投资收益时，注册会计师应重点查实（　　）。

A.该公司采用权益法核算长期股权投资是否经过批准

B.被投资方净损益的金额是否真实

C.该公司的投资比例是否真实、准确

D.被投资方分派现金股利的金额是否真实

4.某客户的财务负责人担任证券投资的会计记录工作，他不宜再（　　）。

A.参与证券买卖　　　　B.参与证券保管

C.兼任证券业务的授权审批　　D.兼任证券买卖的负责人

5.下列关于所有者权益审计的说法中正确的有（　　）。

A.通常以实质性程序为主

B.通常不需要了解相关的内部控制

C.控制测试是必须要执行的程序

D.通常的审计重点是有无高估

6.为证实长期借款披露的恰当性，注册会计师应注意（　　）。

A.借款合同中有关限制条件的财务信息的披露情况

B.一年内到期的长期借款的分类情况

C.长期借款的授权批准情况

D.长期借款的抵押和担保的披露情况

7.下列审计程序中属于分析程序的是（　　）。

A.根据长期借款的加权平均总额和加权平均利率计算全年的利息费用，并与实际利息费用比较

B.根据每月的借款利息和平均利率推算长期借款的金额，据以检查长期借款的漏计和低估情况

C.根据票面利率和债券的面值计算应计利息数，并验证企业的账面记录

D.验算需要资本化的利息金额

8.对管理费用和财务费用进行审查，需要执行的实质性程序一般有（　　）。

A.趋势分析　　　　B.截止测试

C.是否长期挂账　　　　D.是否超范围列支

9.为证实被审计单位是否存在未入账的长期负债业务，注册会计师可选用下列哪些程序进行测试（　　）。

A.审查年内到期的长期负债是否列示在流动负债类项目下

B.函证银行存款余额的同时证实负债业务

C.分析财务费用，确定付款利息是否异常地高

D.从相关的借款合同追查至借款明细账的记录

10.在对被审计单位长期借款进行实质性程序时，注册会计师一般应获取的审计证据包括（　　）。

A.长期借款合同和授权批准文件

B.长期借款明细表

C.重大长期借款的函证回函、逾期长期借款的展期协议

D.相关抵押资产的所有权证明文件

（三）判断题

1.注册会计师应提请被审计单位将其对子公司的投资采用权益法核算。（　　）

2.如果企业的投资证券是委托某些专门机构代为保管的，注册会计师应向这些保管机构进行函证，以证实投资证券的存在性和金额的准确性。（　　）

3.由于对所有者权益项目审计主要以实质性程序为主，所以注册会计师可以不了解所有者权益的相关内部控制。（　　）

4.注册会计师在审查公司已公开发行的股票数量是否真实、是否已收到股款时，应向主要股东函证。（　　）

5.应付债券的审计一般以实质性程序为主。（　　）

6.注册会计师应根据各项借款的日期、利率、还款期限，复核被审计单位短期借款的利息计算是否正确，有无多算或少算利息的情况。（　　）

7.公司所有者权益发生变动的业务频率较低，但金额较大，性质也很重要。根据会计方程式——资产=负债+所有者权益，如果注册会计师将被审计单位的资产和负债全部审计完结并得出了相应的审计结论，可以从侧面证实所有者权益的正确性。（　　）

8.注册会计师应向被审计单位索取或自行编制实收资本明细表作为当期档案，以备审查实收资本时使用。（　　）

9.对投资执行分析程序，计算长期股权投资中高风险投资所占的比

重，分析投资的安全性，并要求被审计单位据此调整相关账项。（　）

10. 在审查债权投资初始计量及确认时，如果支付的价款中包含已到付息期但尚未领取的债券利息或已宣告但尚未发放的现金股利，应注意检查其是否被列入其中。（　）

（四）分析题

注册会计师在对A公司20×6年度财务报表进行审计时，发现A公司20×6年10月12日支付价款从二级市场购入B公司发行的股票100 000股，每股价格10.50元（含已宣告但尚未发放的现金股利每股0.50元），另支付交易费用2 000元。

A公司作了如下会计处理：

借：交易性金融资产——成本　　1 000 000
　　应收股利　　50 000
　　财务费用　　2 000
　贷：银行存款　　1 052 000

注册会计师了解到，该股票年末市场价格为每股17元，A公司将持有的B公司股权划分为交易性金融资产，且持有B公司股权后对其无重大影响。A公司年末对该股票按公允价值作了如下会计处理：

借：交易性金融资产——公允价值变动　　700 000
　贷：资本公积——其他资本公积　　700 000

要求：分析存在的问题，提出处理意见并编制审计调整分录。

六、案例

某会计师事务所接受委托，对某上市公司20×6年度财务报表进行审计。注册会计师于20×6年12月份对该公司的内部控制进行测试。审计工作底稿部分内容如下：

（1）该公司股东大会批准董事会的投资权限为1亿元以下，董事会决定由总经理负责实施。总经理决定由证券部负责总额在1亿元以下的股票买卖。该公司规定，公司划入营业部的款项由证券部申请，由会计部审核，总经理批准后划入公司在营业部开立的资金账户。经总经理批准，证券部直接从营业部资金账户支取款项。证券买卖、资金存取的会计记录由会计部处理。注册会计师了解和测试投资的内部控制后发现：证券部在某营业部开户的有关协议及补充协议未经会计部或其他部门审核。根据总经理的批准，会计部已将8 000万元汇入该账户。证券部处理证券买卖的会计记录，月底将证券买卖清单交给会计部，会计部据以汇总登记。

（2）该公司控股股东的法定代表人同时兼任该公司的法定代表人，总经理是聘任的。在公司章程及相关决议中未具体载明股东大会、董事会、经营班子的融资权限和批准程序。经了解，该公司由财务部负责融资，20×6年根据总经理的批示向中国工商银行借入了1亿元贷款。

要求：

（1）根据上述内容，假定未描述的其他内部控制不存在缺陷，请指出该公司内部控制在设计和运行方面的缺陷，并提出改进建议。

（2）根据对该公司内部控制的了解和测试，请分别指出上述内部控制缺陷与投资交易的何种认定相关。

案例提示

（1）内部控制存在的缺陷及改进建议：

由证券部直接支取款项使授权与执行职务未得到分离，款项的安全得不到保证。建议该公司在从资金账户中支取款项时，由会计部审核和记录，由证券部办理。

与证券投资有关的活动要由两个部门控制。有关的协议未经独立部门审核，会使有关的条款未全部在协议中载明，可能存在协议外的约定。建议该公司与营业部的协议应经会计部或其他部门审核。

证券部自己处理证券买卖的会计处理，使业务的执行与记录这两个不相容职务未分离，并且未得到适当的授权和批准；月末会计部汇总登记证券投资记录，未及时按每一种证券分别设立明细账，并进行详细核算。建议该公司由会计部负责对投资进行核算，及时分品种设立明细账并进行详细核算。

借款应得到适当的授权或批准。建议该公司在公司章程或有关决议中具体规定股东大会、董事会、经营班子关于筹资的权限和批准程序。

（2）内部控制缺陷与财务报表项目认定的关系：

由证券部直接支取款项与投资的“完整性”“存在或发生”认定

有关。

与证券部的协议未经独立部门审核与投资的“完整性”认定有关。

由证券部进行会计核算、会计部月末汇总与投资的“估价或分摊”“完整性”认定有关。

在公司章程及相关决议中未具体载明股东大会、董事会、经营班子的融资权限和批准程序，与借款的“完整性”“存在或发生”“估价或分摊”的认定有关。

七、阅读文献

[1] 余玉苗. 审计学 [M]. 2版. 北京：清华大学出版社，2008.

[2] 刘圣妮. 2010年注册会计师考试应试指导及全真模拟测试——审计 [M]. 北京：北京大学出版社，2010.

[3] 周春利. 2010注册会计师考试过关必做1 000题——审计 [M]. 北京：北京大学出版社，2010.

[4] 范永亮. 2010年注册会计师考试经典题解及练习题库——审计 [M]. 北京：北京大学出版社，2010.

第十七章　货币资金审计

一、学习目的与要求

通过本章的学习，了解货币资金的内部控制及控制测试的主要内容；了解其他货币资金的审计目标和实质性程序；掌握库存现金和银行存款的审计目标；掌握库存现金和银行存款审计的实质性程序。

二、相关准则与制度

《中国注册会计师审计准则第1312号——函证》

《财政部、银监会关于进一步规范银行函证及回函工作的通知》（财会〔2016〕13号）

三、预习要览

（一）关键概念

货币资金	内部控制
函证	监督盘点
银行存款余额调节表	挪用补空

（二）关键问题

1.货币资金的审计目标是什么？货币资金审计的实质性程序一般包括哪些？

2.注册会计师执行库存现金的盘点程序和存货的监盘程序有何区别？

3.银行存款的审计目标是什么？银行存款审计的实质性程序一般包括哪些？

4.银行存款的函证与应收账款的函证有何区别？

5.审查银行存款余额调节表的目的何在？审查的重点是什么？

四、重点与难点解析

1.货币资金的流动性非常强，因此其内部控制显得格外重要，主要包括岗位分工和授权批准制度、库存现金和银行存款的管理制度、票据及有关印章的保管制度等。

2.货币资金内部控制的测试主要通过检查的方法进行，如检查收付款凭证、检查银行存款余额调节表等，即通过检查交易和事项留下的凭证来测试内部控制的执行情况。

3.货币资金内部控制测试的部分程序与库存现金和银行存款审计的部分实质性程序相近，如日记账与总账核对、检查银行存款余额调节表、检查外币资金的折算等，但应注意二者的目的是不同的。在控制测试中执行上述程序，是为了检查账账核对、定期编制银行存款余额调节表等内部控制制度的执行情况，以及外币折算方法的合法性和一贯性，而在实质性程序中执行这些程序，则是为了检查相关内部控制下所产生的会计信息的合法性和公允性，如账账是否相符、银行存款余额调节表中未达账项的真实性、外币业务折算的正确性等。

4.监督盘点库存现金是库存现金审计实质性程序中的一项重要程序，其目的是证实库存现金的存在性。注意比较库存现金盘点与存货监盘程序的区别，如盘点的参加人员、盘点的范围、盘点的内容、盘点的时间、盘点的方式等方面。

5.检查银行存款余额调节表和函证银行存款余额都是证实银行存款是否存在的重要程序。

取得银行存款余额调节表后，应重点检查未达账项的真实性。向银行函证，不仅可以了解银行存款的存在、企业欠银行的债务，还可以发现未登记的银行借款及应披露的或有负债。注意应向本年度被审计单位存过款的所有银行发函。注意比较银行存款函证与应收账款函证。

五、练习题

（一）单项选择题

1.办理货币资金支付业务的程序是（　　）。

A.支付申请、支付审批、办理支付、支付复核

B.支付申请、支付审批、支付复核、办理支付

C.支付申请、支付复核、支付审批、办理支付

D.支付申请、办理支付、支付复核、支付审批

2.下面各项中属于银行存款的控制测试程序的是（　　）。

A.取得银行存款余额调节表并检查未达账项的真实性

B.检查银行存款收支的截止是否正确

C.检查外币银行存款的折算方法是否符合有关规定，是否与上年度一致

D.函证银行存款余额

3.如果注册会计师已从被审计单位的某开户银行获取了银行对账单和所有已付支票清单，则该注册会计师（　　）。

A.无须再向该银行函证

B.仍需向该银行函证

C.可根据实际需要，确定是否向该银行函证

D.可根据审计业务约定书的要求，确定是否向该银行函证

4.注册会计师测试库存现金余额的起点是（　　）。

A.核对库存现金日记账与总账的余额是否相符

B.抽取并检查现金收付款凭证，与库存现金日记账进行核对

C.检查所有现金支出凭证和已开出支票

D.盘点库存现金

5.注册会计师监盘库存现金时，被审计单位必须参加的人员是（　　）。

A.会计主管人员和内部审计人员

B.现金出纳员和银行出纳员

C.现金出纳员和内部审计人员

D.现金出纳员和会计主管人员

6.注册会计师需要进行函证的被审计单位的开户银行应该是（　　）。

A.存款账户已经结清的银行

B.存款账户尚未结清的银行

C.本年度的所有开户银行

D.有其他货币资金存款的银行

7.如果注册会计师要证实被审计单位在临近12月31日签发的支票

未予入账，最有效的审计程序是（　　）。

A.函证12月31日的银行存款余额

B.审查12月31日的银行对账单

C.审查12月31日的银行存款余额调节表

D.审查被审计单位12月份的支票存根和银行存款日记账

8.银行存款截止测试的关键是（　　）。

A.审查被审年度各月的银行存款余额调节表

B.确定被审年度企业对各银行账户开出的最后一张支票的号码

C.审查被审年度各月的银行对账单

D.确定企业在被审年度记录的最后一笔银行存款业务

9.监督盘点库存现金时，对抵充库存现金的借条及未提现支票，注册会计师应（　　）。

A.通知被审计单位及时入账

B.将其作为审计差异，并记录于“审计差异调整表”

C.在“库存现金盘点表”中注明或作必要调整

D.要求被审计单位在资产负债表相关附注中列示

10.为证实银行对账单、银行存款日记账、总账记录的正确性，注册会计师应抽取审查一定期间的（　　）。

A.内部控制流程图　　　　B.收款凭证

C.付款凭证　　　　　　　D.银行存款余额调节表

（二）多项选择题

1.在货币资金的内部控制中，关于印章保管的说法中正确的有（　　）。

A.财务专用章和个人名章可以由一人保管

B.财务专用章和个人名章应该交由银行保管

C.财务专用章和个人名章严禁由一人保管

D.财务专用章应由专人管理，个人名章必须由本人或其授权的人保管

2.在注册会计师实施的下列各项审计程序中，能够证实银行存款是否存在的有（　　）。

A.分析定期存款占银行存款的比重

B.检查银行存款余额调节表

C.函证银行存款余额

D.检查银行存款收支截止的正确性

3.一个良好的银行存款内部控制制度应做到（　　）。

A.按月编制银行存款余额调节表

B.加强对银行存款收支业务的内部审计

C.全部收支及时准确入账，支出要有核准手续

D.银行存款收支与记账的岗位分离

4.为证实银行存款是否存在，注册会计师取得银行存款余额调节表以后应当（　　）。

A.核实企业是否按月编制银行存款余额调节表

B.核实银行存款余额调节表数据计算的正确性

C.审查大额银行存款的收支情况

D.调查未达账项的真实性

5.注册会计师向客户的往来银行进行函证，可以了解（　　）。

A.资产负债表所列银行存款是否存在

B.银行存款收支记录的完整性

C.是否有欠银行的债务

D.是否有未登记的银行借款

6.注册会计师对库存现金进行突击性盘点，可以实现的审计目标有（　　）。

A.确定资产负债表上所列示的库存现金是否确实存在

B.确定资产负债表上所列示的库存现金是否确实归被审计单位所有

C.确定库存现金的余额是否正确

D.确定库存现金在资产负债表上的披露是否恰当

7.一个良好的现金内部控制应该做到（　　）。

A.控制现金坐支，当日收入现金应及时送存银行

B.按月盘点现金，做到账实相符

C.全部收支要有合理、合法的凭据并及时准确入账，支出要有核准手续

D.现金收支与记账的岗位分离

8.下列关于库存现金盘点程序的说法中正确的有（　　）。

A.企业各部门经管的现金都应列入盘点范围

B.是证实资产负债表所列现金是否存在的一项重要程序

C.对借条、未作报销的原始凭证，可以视同库存现金

D.对存放在两处或两处以上的库存现金应同时进行盘点

9.按照内部控制的要求，出纳人员不得兼管（　　）。

A.开具现金收据工作

B.债权、债务账簿的登记工作

C.会计档案保管工作

D.收入、支出、费用账簿的登记工作

10.注册会计师于20×6年12月31日对被审计单位的库存现金实施监盘程序后，在其编制的库存现金监盘表中应当列明的基本内容包括（　　）。

A.12月31日账面库存金额

B.12月31日未记账传票收入金额

C.12月31日实有库存金额

D.12月31日未记账传票支出金额

（三）判断题

1.货币资金的支出要有合理、合法的凭据，并要有核准手续。（　　）

2.库存现金的盘点一般采用突击方式进行。（　　）

3.如果企业的其他货币资金业务较少，注册会计师可以直接执行其他货币资金的实质性审计程序。（　　）

4.库存现金的监督盘点一般不能在资产负债表日后进行，因为盘点的目的是证实资产负债表日库存现金的实际库存数。（　　）

5.银行存款的函证一般采用否定式函证。（　　）

6.被审计单位的一年以上的定期存款或限定用途的存款不属于流动资产，应列示于其他资产项下。（　　）

7.被审计单位资产负债表上的银行存款余额应以编制的银行存款余额调节表调节后的数额为准。（　　）

8.库存现金的盘点是针对现金审计的完整性目标而实施的。（　　）

9.对于货币资金票据（如银行汇票），应在购买、保管、领用、注销等环节加强授权批准和职责分工等控制程序，明确职责权限。（　）

10.除了岗位分离和授权批准制度外，库存现金和银行存款的管理制度以及票据和有关印章的保管制度也是货币资金内部控制的要点。（　）

（四）分析题

注册会计师于剑从20×7年2月11日开始对银河公司20×6年度财务报表进行审计。其助理人员郭熙于2月13日下午5：30对该单位的库存现金进行了监盘。

当天的库存现金总账余额和库存现金日记账余额都为45 998元，清点结果如下：

（1）现金实有数，100元285张，50元250张，10元90张，5元58张，1元8张。

（2）在保险柜内发现以下凭证，已经付款尚未制证入账：职工王伟的借款条一张，日期为20×7年1月6日，金额1 500元，未经批准，也没有说明用途。

（3）银行核定库存现金限额为30 000元。

（4）20×6年12月22日开出转账支票400元付给往来单位，因漏盖负责人图章，支票被退回，后以现金付讫，对此账面未作出处理。

要求：指出该公司库存现金管理中存在的问题。

六、案例

1.甲注册会计师在对A公司20×6年度财务报表进行审计时，对该公司的银行存款实施的部分审计程序如下：

（1）取得20×6年12月31日的银行存款余额调节表。

（2）向开户银行寄发询证函，并直接收取寄回的询证函回函。

（3）取得开户银行20×7年1月31日的银行对账单。

要求：

（1）甲注册会计师应采取何种方式才能直接收回开户银行的询证函回函？这样做的目的是什么？

（2）甲注册会计师取得银行存款余额调节表后应检查哪些内容？

（3）甲注册会计师索取开户银行20×7年1月31日的银行对账单，能证实20×6年12月31日银行存款余额调节表中的哪些内容？

2. 注册会计师在审查某机器制造公司的银行存款时，发现该公司20×6年5月31日的银行存款日记账账面余额为168 800元，银行对账单余额为166 000元。注册会计师将银行存款日记账和银行对账单逐笔核对后，发现下列情况：

（1）5月15日，银行对账单上收到外地某加工厂的托收承付货款60 000元，公司的银行存款日记账上没有记录。

（2）5月19日，银行向外地某钢厂支付钢材采购款60 000元，公司的银行存款日记账上没有记录。

（3）5月29日，公司开出转账支票一张，金额为6 400元，银行对账单上没有记录。

（4）5月30日，公司的银行存款日记账上记载存入转账支票一张，金额为9 200元，银行对账单上没有记录。

要求：根据上述情况，验证该公司5月31日的银行存款日记账余额是否正确；分析公司的银行存款管理中可能存在的问题，并提出进一步的审查意见。

案例提示

1.（1）注册会计师应在询证函内指明回函请直接寄至甲注册会计师所在会计师事务所，或在询证函内附上贴足邮票的以甲注册会计师所在会计师事务所为回函地址的信封。甲注册会计师直接收回开户银行询证函的目的是防止A公司截留或更改回函。

（2）甲注册会计师应核实银行存款余额调节表中数字计算的正确性，并调查未达账项的真实性。

（3）甲注册会计师索取开户银行20×7年1月31日的银行对账单，能证实列示在银行存款余额调节表中的银行已入账企业尚未入账的未达账项（如在途存款和未兑现支票）的真实性。

2. 公司银行存款日记账的正确余额=166 000+9 200−6 400+60 000−60 000

=168 800（元）

公司的银行存款日记账余额是正确的。

公司可能存在出借银行账户的问题。因为，5月15日和5月19日银行对账单上有一收一付金额相等的两笔收付记录，而公司的银行存款日记账上没有相应的收付记录。根据银行对账单上显示的收付记录的内容，可以检查公司的主营业务收入明细账和材料采购明细账。如果主营业务收入明细账上没有向外地某加工厂销售的记录，材料采购明细账上没有向外地某钢厂采购材料的记录，则可以断定公司确实存在出借银行账户的问题。

七、阅读文献

[1] 阿伦斯，洛布贝克. 审计学——整合方法研究 [M]. 石爱中，等，译. 北京：中国审计出版社，2001.

[2] 朱荣恩. 审计学 [M]. 北京：高等教育出版社，2000.

[3] 余玉苗. 审计学 [M]. 2版. 北京：清华大学出版社，2008.

[4] 刘圣妮. 2010年注册会计师考试应试指导及全真模拟测试——审计 [M]. 北京：北京大学出版社，2010.

[5] 周春利. 2010注册会计师考试过关必做1 000题——审计 [M]. 北京：北京大学出版社，2010.

[6] 范永亮. 2010年注册会计师考试经典题解及练习题库——审计 [M]. 北京：北京大学出版社，2010.

第十八章　特殊项目审计

一、学习目的与要求

通过本章的学习，理解期初余额的审计程序；理解比较数据的含义和审计目标；理解错误与舞弊的含义和种类、产生错误与舞弊可能性的情形；掌握期初余额的含义和审计目标；掌握对于比较数据应当评价的事项；掌握期后事项的审计目标和审计程序；掌握非货币性资产交换的审计目标、审计程序及对审计结果的处理；掌握关联方及其交易的审计目标、审计程序和对审计结果的处理；掌握持续经营假设可能无法成立的情况及持续经营假设的审计目标和审计程序；掌握违反法规行为的迹象、如何识别和报告违反法规行为、如何评价违反法规行为的影响及违反法规行为对审计报告的影响；重点掌握期初余额的审计结论对本期审计意见的影响；重点掌握比较数据的审计结果对审计报告的影响；重点掌握期后事项的含义、种类及对期后事项审计结果的处理；重点掌握持续经营假设的审计结果对审计报告的影响；重点掌握错误与舞弊的审计程序及对审计结果的处理。

二、相关准则与制度

1.《中国注册会计师审计准则第1141号——财务报表审计中与舞弊相关的责任》

2.《中国注册会计师审计准则第1142号——财务报表审计中对法律法规的考虑》

3.《中国注册会计师审计准则第1211号——通过了解被审计单位及其环境识别和评估重大错报风险》

4.《中国注册会计师审计准则第1231号——针对评估的重大错报风险采取的应对措施》

5.《中国注册会计师审计准则第1321号——审计会计估计（包括公允价值会计估计）和相关披露》

6.《中国注册会计师审计准则第1323号——关联方》

7.《中国注册会计师审计准则第1324号——持续经营》

8.《中国注册会计师审计准则第1331号——首次审计业务涉及的期初余额》

9.《中国注册会计师审计准则第1332号——期后事项》

10.《中国注册会计师审计准则第1511号——比较信息：对应数据和比较财务报表》

11.《中国注册会计师审计准则第1521号——注册会计师对含有已审计财务报表的文件中的其他信息的责任》

三、预习要览

（一）关键概念

期初余额	比较信息
比较财务报表	期后事项会计估计
非货币性资产交换	关联方及其交易
或有事项	持续经营
错误与舞弊	违反法规行为
应对措施	对应数据

（二）关键问题

1.注册会计师在什么情况下需要对期初余额进行审计？期初余额的审计目标是什么？

2.期初余额的审计程序通常包括哪些？

3.如何根据期初余额的审计结论确定其对本期审计意见的影响？

4.对于比较数据，应当评价哪些事项？注册会计师是否需要在审计报告中提及比较数据？上期财务报表审计中导致非无保留意见的事项及本期财务报表审计中新发现影响上期财务报表的重大错报对本期审计报告有何影响？

5.什么是期后事项？期后事项分为哪两种类型？各自举出4个例子。

6.期后事项的审计程序包括哪些？

7.注册会计师应如何处理审计报告日前识别的期后事项？

8.注册会计师应如何处理审计报告日后至财务报表报出日前知悉的可能对财务报表产生重大影响的期后事项？

9.对财务报表报出日后知悉的在审计报告日已经存在的、可能导致修改审计报告的期后事项，注册会计师应如何处理？

10.对会计估计（包括公允价值会计估计）的审计结果如何处理？

11.关联方及其交易的审计目标是什么？简要说明通常需要执行哪些审计程序进行关联方交易的审计？

12.或有事项审计的主要程序有哪些？

13.被审计单位在财务状况、经营情况等方面出现哪些迹象时可能导致注册会计师对其持续经营能力产生疑虑？

14.持续经营假设的审计目标是什么？其主要的审计程序有哪些？

15.持续经营假设的审计结果对注册会计师出具审计报告有何影响？

16.哪些信息可能表明被审计单位存在错误与舞弊的可能性？

17.针对评估的舞弊导致的财务报表重大错报风险，注册会计师应采取哪些总体应对措施？

18.注册会计师如何应对评估的舞弊导致的认定层次重大错报风险？

19.针对管理层凌驾于控制之上的风险，应当实施哪些审计程序？

20.如果被审计单位的财务报表存在舞弊或舞弊嫌疑导致的错报，注册会计师应如何处理？

21.哪些信息可能表明被审计单位存在违反法规行为？

22.当发现被审计单位存在或可能存在违反法规行为时，注册会计师应采取哪些措施？

四、重点与难点解析

1.期初余额审计的含义和注册会计师首次接受被审计单位委托的两类主要情况

（1）期初余额的审计程序。

（2）期初余额审计结论对审计报告的影响。

2. 比较信息审计

（1）比较信息、对应数据、比较财务报表的含义。

比较信息是指包含于财务报表中的、符合适用的财务报告框架的、与一个或多个以前期间相关的金额和披露。它包括对应数据和比较财务报表。

对应数据属于比较信息，是指作为本期财务报表组成部分的上期金额和相关披露，这些金额和披露只能和与本期相关的金额和披露（称为“本期数据”）联系起来阅读。对应数据列报的详细程度主要取决于其与本期数据的相关程度。

比较财务报表属于比较信息，是指为了与本期财务报表相比较而包含的上期金额和相关披露，但如果已经审计，则将在审计意见中提及。比较财务报表包含信息的详略程度与本期财务报表包含信息的详略程度相似。

（2）审计意见。

①如果以前针对上期财务报表发表了保留意见、无法表示意见或否定意见，且导致非无保留意见的事项仍未解决，则注册会计师应当对本期财务报表发表非无保留意见的审计报告。

在审计报告的导致非无保留意见的事项段中，注册会计师应当分下列两种情况予以处理：

A. 如果未解决事项对本期数据的影响或可能的影响是重大的，注册会计师应当在导致非无保留意见事项段中同时提及本期数据和对应数据；

B. 如果未解决事项对本期数据的影响或可能的影响是不重大的，注册会计师应当说明，由于未解决事项对本期数据和对应数据可比性的影响或可能的影响，因此发表了非无保留意见。

②如果注册会计师已经获取上期财务报表存在重大错报的审计证据，而以前对该财务报表发表了无保留意见的审计报告，且对应数据未经适当重述或恰当披露，注册会计师应当就包括在财务报表中的对应数据，在审计报告中对本期财务报表发表保留意见或否定意见。

③如果上期财务报表未经审计，注册会计师应当在审计报告的其他事项段中说明对应数据未经审计。但这种说明并不减轻注册会计师获取

充分、适当的审计证据，以确定期初余额不含有严重影响本期财务报表的错报的责任。

④如果上期财务报表已由前任注册会计师审计，并且法律法规不禁止注册会计师提及前任注册会计师对对应数据出具的审计报告，当注册会计师决定提及时，应当在审计报告的其他事项段中说明：

A.上期财务报表已由前任注册会计师审计；

B.前任注册会计师发表的意见的类型（如果是非无保留意见，还应当说明发表非无保留意见的理由）；

C.前任注册会计师出具的审计报告的日期。

3.期后事项的审计

（1）期后事项的定义。

资产负债表日后的时期被分成了3个阶段，即资产负债表日至审计报告日（A段）、审计报告日至财务报表报出日（B段）及财务报表报出日以后（C段）。相应地，期后事项有3种情况，即截至审计报告日发生的事项、审计报告日后至财务报表报出日前发现的事实、财务报表报出日后发现的事实。注册会计师对审计报告日前后发生的期后事项的责任有所不同，对审计报告日前发生的期后事项，注册会计师负有主动查找的责任。

（2）期后事项的种类。

期后事项的种类是根据其对财务报表的影响不同进行划分的，与其发生的时间没有关系，但期后事项的类型应当根据期后事项主要情况出现的时间确定。

（3）期后事项审计结果的处理。

对审计报告日前识别的期后事项，首先应当确定其类型，然后根据影响程度和被审计单位的调整或披露情况确定审计意见的类型。

①审计报告日前识别的期后事项。

对审计报告日前识别的期后事项，注册会计师首先应当根据其主要情况出现的时间确定期后事项的类型。如果期后事项对财务报表的公允性有重大影响，就应当根据期后事项的类型提请被审计单位调整财务报表或在财务报表附注中进行适当的披露。如果被审计单位不接受调整或披露建议，注册会计师应当发表保留意见或否定意见。

②审计报告日后至财务报表报出日前知悉的期后事项。

在审计报告日后，注册会计师没有义务针对财务报表实施任何审计程序。对在审计报告日后至财务报表报出日前知悉的可能对财务报表产生重大影响的期后事项，注册会计师应当考虑是否需要修改财务报表，并与管理层讨论，同时根据具体情况采取相应的措施。

③财务报表报出日后知悉的事实。

在财务报表报出日后，注册会计师没有义务针对财务报表实施任何审计程序。在财务报表报出日后，如果知悉在审计报告日已经存在的、可能导致修改审计报告的期后事项，注册会计师应当考虑是否需要修改财务报表，并与管理层和治理层讨论该事项，同时根据具体情况作处理。

4.会计估计（包括公允价值估计）及其披露审计

（1）会计估计的含义。

会计估计是指在缺乏精确计量手段的情况下，对结果不确定的交易或者事项以最近可利用的信息为基础所作的判断，对某项金额采用的近似值。会计估计一般包括存在估计不确定性时以公允价值计量的金额，以及其他需要估计的金额。

（2）实施风险评估程序。

当实施要求的风险评估程序和相关活动，以了解被审计单位及其环境时，注册会计师应当了解下列内容，作为识别和评估会计估计重大错报风险的基础：

①与会计估计（包括相关披露）相关的适用的财务报告编制基础的规定。

②管理层如何识别可能需要作出会计估计并在财务报表中确认或披露的交易、事项和情况。在进行了解时，注册会计师应当向管理层询问可能导致新的或需要修改现有的会计估计的环境变化。

③管理层如何作出会计估计，以及会计估计所依据的数据。

（3）实施进一步审计程序。

应对评估的重大错报风险时，注册会计师应当考虑会计估计的性质，并实施下列一项或多项程序：

①确定截至审计报告日发生的事项是否提供有关会计估计的审计

证据。

②测试管理层如何作出会计估计及会计估计所依据的数据。在进行测试时，注册会计师应当评价采用的计量方法在具体情况下是否恰当，以及根据适用的财务报告编制基础确定的计量目标，管理层使用的假设是否合理。

③测试与管理层如何作出会计估计相关的控制的运行有效性，并实施恰当的实质性程序。

④作出注册会计师的点估计或区间估计，以评价管理层的点估计。

（4）对审计结果的处理。

注册会计师应当根据了解的被审计单位情况，以及是否与在审计中获取的其他审计证据相一致，对被审计单位会计估计及其变更的合理性作出最终评价，进而为形成审计意见提供依据。

5.持续经营审计

（1）持续经营假设的含义。

持续经营假设是指被审计单位在编制财务报表时，假定其经营活动在可预见的将来会继续下去，不拟也不必终止经营或破产清算，可以在正常的经营过程中变现资产、清偿债务。可预见的将来通常是指资产负债表日后12个月。

（2）风险评估程序。

注册会计师按照规定实施风险评估程序时，应当考虑是否存在可能导致对被审计单位持续经营能力产生重大疑虑的事项或情况。在进行考虑时，注册会计师应当确定管理层是否已对被审计单位持续经营能力作出初步评估。

（3）评价管理层的评估。

注册会计师应当评价管理层对被审计单位持续经营能力作出的评估。在评价管理层对被审计单位持续经营能力作出的评估时，注册会计师的评价期间应当与管理层按照适用的财务报告编制基础或法律法规（如果法律法规要求的期间更长）的规定作出评估的涵盖期间相同。

（4）审计结论与报告。

①持续经营假设适当，但存在重大不确定性。

如果运用持续经营假设是适当的，但存在重大不确定性，且财务报表对重大不确定性已作出充分披露，注册会计师应当发表无保留意见，并在审计报告中增加以“与持续经营相关的重大不确定性”为标题的单独部分。

如果运用持续经营假设是适当的，但存在重大不确定性，且财务报表对重大不确定性未作出充分披露，注册会计师应当发表保留意见或否定意见。注册会计师应当在审计报告“形成保留（否定）意见的基础”部分说明，存在可能导致对被审计单位持续经营能力产生重大疑虑的重大不确定性，但财务报表未充分披露该事项。

②持续经营假设不当。

如果判断被审计单位将不能持续经营，但财务报表仍然按照持续经营假设编制，注册会计师应当出具否定意见的审计报告。

③管理层或治理层不愿对持续经营能力作出评估。

在审计过程中，注册会计师如果注意到，管理层不愿对持续经营能力作出评估，或者存在超出管理层评估期间的可能导致其对持续经营能力产生重大疑虑的事项或情况，或者管理层评估持续经营能力涵盖的期间少于自资产负债表日起的12个月，注册会计师应当提请管理层对持续经营能力作出评估，或将评估期间延伸至自资产负债表日起的12个月。

如果管理层拒绝注册会计师的要求，注册会计师应当将其视为审计范围受到限制，考虑出具保留意见或无法表示意见的审计报告。

④管理层或治理层在财务报表日后严重拖延对财务报表的批准。

如果管理层或治理层在财务报表日后严重拖延对财务报表的批准，注册会计师应当询问拖延的原因。如果认为拖延可能涉及与持续经营评估相关的事项或情况，注册会计师应当实施追加的审计程序，并考虑被审计单位存在重大不确定性对审计结论的影响。

五、练习题

（一）单项选择题

1.下列关于或有事项和期后事项的描述，正确的是（　　）。

A.前者主要情况出现在资产负债表日之前，后者主要情况出现在资产负债表日之后

B.前者可能引起对外支付，后者不可能

C.前者结束于资产负债表日之前，后者结束于资产负债表日之后

D.前者的结果尚不明确，后者的结果已经明确

2.下列各项中不属于关联方及其交易审计目标的是（　　）。

A.关联方及其交易是否真实存在

B.关联方交易是否合法

C.关联方交易的记录是否适当

D.关联方及其交易的披露是否恰当

3.下列事项需要提请被审计单位调整财务报表的是（　　）。

A.被审计单位资产负债表日后被兼并

B.被审计单位所持股票的市价在资产负债表日后严重下跌

C.资产负债表日前被审计单位被起诉，法院于资产负债表日后、审计报告日前作出判决，被审计单位败诉，要支付大笔赔偿金

D.被审计单位在资产负债表日后、审计报告日前发生一起重大火灾

4.注册会计师在对被审计单位年度财务报表进行审计时，应关注其财务危机。在下列各种迹象中，属于财务危机的是（　　）。

A.会计主管人员离职且无人代替

B.失去主要市场、特许权或主要供应商

C.人力资源或重要原材料短缺

D.无法偿还到期债务

5.如果注册会计师认为被审计单位的持续经营假设不再合理，而被审计单位仍按照持续经营假设编制财务报表，则注册会计师应发表（　　）。

A.带强调事项段的无保留意见　B.保留意见

C.否定意见　D.无法表示意见

6.注册会计师在对期后事项进行审计时，应负识别责任的截止日期为（　　）。

A.审计报告日　B.财务报表报出日

C.资产负债表日　D.下期资产负债表日

7.注册会计师对期后事项所负的责任取决于（　　）。

A.期后事项主要情况出现的时间

B.期后事项发生的原因

C.期后事项的性质

D.期后事项发生的时间

8.被审计单位连续出现巨额营业亏损，但注册会计师认为其持续经营假设是合理的，则下列说法中错误的是（　　）。

A.应提请被审计单位在财务报表附注中进行适当披露

B.若被审计单位拒绝披露，应发表保留意见或否定意见

C.若被审计单位充分披露，则不需要在审计报告中提及

D.无论被审计单位是否作了披露，都应在审计报告中提及

9.下列情形中不属于错误行为的是（　　）。

A.蓄意使用不当的会计政策

B.对事实的疏忽和误解

C.对会计政策的误用

D.原始记录和会计数据的计算、抄写错误

10.某注册会计师于20×7年1月10日完成了对被审计单位20×6年度财务报表的审计工作，于1月15日获知被审计单位有大批库存商品为残次品，并于1月22日完成了对这一情况的追加审计程序，则审计报告日应确定为（　　）。

A.1月10日　　　　B.1月22日

C.1月15日　　　　D.1月10日或1月22日

（二）多项选择题

1.注册会计师在进行财务报表审计时，一般对期初余额（　　）。

A.无须专门发表审计意见

B.无须专门实施审计程序

C.必须专门发表审计意见

D.必须考虑其审计结论对所审计财务报表的审计意见的影响

2.注册会计师在确定有关期初余额的审计证据的充分性和适当性时，应当考虑下列事项中的（　　）。

A.被审计单位运用的会计政策，注册会计师收集的审计证据应该能够证明会计政策的选用是否恰当及是否一贯运用，会计政策的变更是否合理

B.上期财务报表是否经过审计，如果经过审计，审计报告是否为非标准审计报告

C.账户的性质和本期财务报表中的重大错报风险

D.期初余额对于本期财务报表的重要程度

3.如果无法获得充分、适当的审计证据以证实期初余额是否对本期财务报表有重大影响，注册会计师应对本期财务报表发表（　　）。

A.无保留意见　　B.保留意见

C.否定意见　　D.无法表示意见

4.对应数据与上期财务报表反映的金额和相关披露应当一致，但发生如下哪些情况，则两者可能不一致（　　）。

A.会计准则和会计制度发生变化，或者相关法律法规对信息披露提出了新的要求，导致财务报表格式和内容发生了重大变化

B.被审计单位经营业务性质发生了重大变化，变更财务报表项目的列报能够提供更可靠、更相关的会计信息

C.上期财务报表存在重大差错

D.上期期末是否存在或有事项及财务承诺

5.被审计单位应该在财务报表附注中披露的或有负债一般包括（　　）。

A.未决仲裁形成的或有负债

B.已贴现商业承兑汇票形成的或有负债

C.未决诉讼形成的或有负债

D.为其他单位提供债务担保形成的或有负债

6.注册会计师对关联方及关联方交易进行审计时，应当（　　）。

A.实施必要的审计程序，查明是否存在关联方关系

B.实施必要的审计程序，查明是否存在关联方交易

C.提请被审计单位就关联方及其交易的披露出具管理层声明书

D.在审计报告中提及重要的关联方及其交易

7.对于被审计单位存在的违反法规的行为，注册会计师应当（　　）。

A.关注其可能对财务报表产生的重大影响

B.考虑诉诸媒体以维护公众利益

C.考虑向监管机构报告

D.考虑解除业务约定

8.当被审计单位拒绝调整或适当披露对财务报表有重大影响的错误、舞弊或违法行为时，注册会计师应发表（　　）。

A.无保留意见　　B.保留意见

C.否定意见　　D.无法表示意见

9.下列审计程序中可以帮助注册会计师识别关联方的有（　　）。

A.查阅以前年度工作底稿

B.执行交易或余额的细节测试

C.查阅股东大会、董事会会议及其他重要会议记录

D.查阅会计记录中数额较大的、异常的及不经常发生的交易或金额

10.下列迹象中可能导致注册会计师对被审计单位持续经营假设产生重大疑虑的有（　　）。

A.无法继续履行重大借款合同中的有关条款

B.无法偿还即将到期且难以展期的债务

C.营业期限即将到期且无意继续经营

D.存在数额巨大的或有负债

（三）判断题

1.只有被审计单位首次接受审计时才涉及对期初余额的审计。（　　）

2.注册会计师对期初余额进行审计，主要是为了证实期初余额是否存在对本期财务报表有重大影响的错报。（　　）

3.注册会计师要充分考虑期初余额审计形成的相关结论对所审计财务报表的影响，以决定发表审计意见的类型。（　　）

4.通报可能影响财务报表的期后事项，是注册会计师的责任。（　　）

5.实施必要的审计程序，获取充分、适当的审计证据，以确定被审计单位是否按照企业会计准则的要求识别和披露关联方及其交易是注册会计师的责任。（　　）

6.注册会计师通常在审计报告中无须特别提及比较信息。（　　）

7.注册会计师应当就被审计单位所提供的关联方交易资料的真实性、完整性，向被审计单位管理层获取书面声明。（　　）

8.注册会计师在审计关联方交易时，应将重点放在关联方交易的会计处理是否恰当上。（ ）

9.对未决诉讼案件，如果被审计单位已经在财务报表附注中作了适当披露，注册会计师也对此取得了充分证据，但其结果对财务报表的影响较大且不确定性较大，则注册会计师仍应在审计报告中进行反映。（ ）

10.注册会计师关注或有事项的主要目的在于提请被审计单位在财务报表或附注中对重大的或有损失加以反映。（ ）

11.在审计报告日之前发生的期后事项，应提请被审计单位调整财务报表；在审计报告日之后发生的期后事项，应提请被审计单位在财务报表附注中披露。（ ）

12.注册会计师有责任考虑管理层在编制财务报表时运用持续经营假设的适当性，并考虑是否存在需要在财务报表中披露有关持续经营能力的重大不确定性。（ ）

13.被审计单位管理层是否对持续经营能力进行评估并不影响注册会计师对财务报表的审计意见。（ ）

14.注册会计师有责任发现被审计财务报表中所有的错误、舞弊和违法行为。（ ）

15.当注册会计师无法取得充分、适当的审计证据以证实错误、舞弊或违法行为对财务报表的影响程度时，应出具无法表示意见的审计报告。（ ）

（四）分析题

U会计师事务所审计了X公司20×4年度财务报表，并出具了保留意见的审计报告。负责X公司外勤审计工作的A注册会计师于20×5年5月离职加入V会计师事务所，但转所手续直至20×6年5月才办理完毕。20×6年1月，X公司决定改聘V会计师事务所审计其20×5年度财务报表，并与V会计师事务所签订了审计业务约定书。该约定书中约定X公司协助V会计师事务所与U会计师事务所进行沟通，以了解相关情况。V会计师事务所委派A注册会计师担任X公司20×5年度财务报表审计的外勤负责人，于20×6年4月出具了无保留意见审计报告。

要求：

（1）在何种情况下，注册会计师应对X公司20×5年度财务报表的期初余额作适当审计？对期初余额实施审计的目的是什么？

（2）V会计师事务所通常应采用什么方式了解X公司20×5年度期初余额的情况？了解的主要内容有哪些？

（3）针对U会计师事务所对X公司20×4年度财务报表审计报告中的保留事项，V会计师事务所对X公司20×5年度财务报表出具无保留意见的前提是什么？

（4）A注册会计师能否签署X公司20×5年度财务报表的审计报告？请说明具体原因？

六、案例

注册会计师王某审计甲公司20×6年度的财务报表，于20×7年2月2日完成审计工作。之后王某了解到，20×7年2月16日甲公司的债务人乙公司宣布破产，导致甲公司的一笔巨额应收账款无法收回。王某于2月22日完成了对这一期后事项的审计工作。

要求：

（1）假设甲公司在被审计年度中就很清楚债务人已经出现了严重的资不抵债的情况，但在计提坏账准备时没有考虑这一情况。对债务人破产这一事件，王某应要求甲公司如何处理被审财务报表？

（2）假设债务人的破产是20×7年2月5日的一场重大火灾所导致的，而在被审计年度其经营状况良好。对债务人破产这一事件，王某应要求甲公司如何处理被审财务报表？

案例提示

（1）债务人早已出现了严重的资不抵债的情况，但在被审计单位资产负债表日后宣布破产，这属于期后事项中的调整事项，即主要情况在被审计年度就已经出现，属于为资产负债表日已经存在情况提供补充证据的事项，所以应提请甲公司调整20×6年度财务报表。

（2）债务人因突发火灾遭受重大损失而宣布破产，这属于期后事项中的非调整事项，即主要情况出现在被审计单位资产负债表日之后，不影响被审计年度的财务报表，但如果不加以披露，则可能影响对财务报表的正确理解，所以应提请甲公司在20×6年度财务报表的附注中披露。

七、阅读文献

[1] 余玉苗. 审计学 [M]. 2版. 北京：清华大学出版社，2008.

[2] 刘圣妮. 2010年注册会计师考试应试指导及全真模拟测试——审计 [M]. 北京：北京大学出版社，2010.

[3] 周春利. 2010注册会计师考试过关必做1 000题——审计 [M]. 北京：北京大学出版社，2010.

[4] 范永亮. 2010年注册会计师考试经典题解及练习题库——审计 [M]. 北京：北京大学出版社，2010.

第十九章　终结审计

一、学习目的与要求

通过本章的学习，了解复核审计工作的意义和内容；了解注册会计师与被审计单位沟通的对象和内容；了解项目质量控制复核的相关内容；明确管理层声明的含义和内容；明确注册会计师对管理层声明书的考虑；明确注册会计师对律师声明书的考虑；掌握审计差异的种类和注册会计师对审计差异的处理；掌握注册会计师形成审计意见前对财务报表的评价的内容。

二、相关准则与制度

1.《中国注册会计师审计准则第1121号——对财务报表审计实施的质量控制》

2.《中国注册会计师审计准则第1151号——与治理层的沟通》

3.《中国注册会计师审计准则第1341号——书面声明》

三、预习要览

（一）关键概念

管理层书面声明	律师声明书
审计差异	复核审计工作
与管理层和治理层沟通	形成审计意见
项目质量控制复核	

（二）关键问题

1.什么是管理层书面声明？它对注册会计师搜集审计证据、发表审计意见有何影响？

2.什么是律师声明书？注册会计师对其应如何考虑？

3.审计差异有哪几种类型？注册会计师应对审计差异作何种处理？

4.签发审计报告前应如何对已审财务报表进行复核和分析？

5.注册会计师与被审计单位沟通的对象和事项有哪些？

6.如何进行项目质量控制复核？

四、重点与难点解析

1.管理层书面声明

管理层声明是指被审计单位管理层向注册会计师提供的关于财务报表的各项陈述，包括口头形式和书面形式的声明。当管理层声明以书面形式存在时，可被称为管理层声明书。

管理层声明的作用有两个：一是明确管理层认可财务报表的责任；二是为注册会计师提供具有补充作用的审计证据。对于某些对财务报表有重大影响的事项来说，如涉及管理层的判断、意图及仅限管理层知悉的事实的事项，除存在实施询问程序获取的审计证据之外，不存在其他充分、适当的审计证据。因此，获取管理层声明可以降低注册会计师与管理层之间产生误解的可能性。当然，注册会计师应搜集审计证据来支持管理层声明，管理层声明不能代替其他审计证据。

2.律师声明书

被审计单位律师或法律顾问对函证问题的答复和说明就是律师声明书。一般而言，律师声明书可以提供有力的证据，帮助注册会计师合理确认有关的期后事项和或有事项，从而在一定程度上降低了注册会计师对上述事项判断错误或产生误解的可能性。注册会计师不能直接根据律师声明书形成审计意见，但律师声明书的内容会影响注册会计师发表审计意见的类型。若律师声明书表明或暗示律师拒绝提供信息，或隐瞒信息，或对被审计单位叙述的情况不加修正，就表明注册会计师的审计范围受到了限制，注册会计师应考虑这种影响及其对审计意见类型和措词的影响。

3.审计差异

注册会计师在审计中发现的被审计单位会计处理方法与适用的会计准则和相关会计制度的不一致就是审计差异。审计差异可能是由会计核算中的错误引起的，也有可能是因故意地错报而产生的。审计差异按是否需要调整账簿记录可分为核算差异和重分类差异。核算差异是因被审计单位对经济业务作了不恰当的会计处理而引起的差异，其按重要性又可分为建议调整的不符事项和不建议调整的不符事项。重分类差异是因被审计单位未按适用的会计准则和相关会计制度的规定编制财务报表而引起的差异。

为了便于审计项目各级负责人进行综合判断、分析和决定，也为了便于编制试算平衡表和代编经审计的财务报表，通常要将审计差异进行汇总，编制调整分录汇总表、重分类分录汇总表和未调整不符事项汇总表。

4.与管理层和治理层沟通

在审计工作中，注册会计师应当就财务报表审计相关事项与管理层进行讨论。在与治理层沟通特定事项之前，通常应先与管理层进行沟通，除非这些事项不适合与管理层讨论。

在终结审计之前，注册会计师应当就审计工作中发现的问题与治理层直接沟通。沟通的事项包括：（1）注册会计师对被审计单位会计处理质量的看法；（2）审计工作中遇到的重大困难；（3）已与管理层讨论或书面沟通的、审计中发现的重大事项；（4）注册会计师在审计过程中发现的重大问题，影响审计报告的形式和内容；（5）审计中发现的、根据职业判断认为重大且与治理层监督财务报告过程直接相关的所有其他重大事项。

另外，在适当的时间，注册会计师还应就注册会计师的责任、计划的审计范围和时间、注册会计师的独立性，以及要求和商定沟通的其他事项，及时地与治理层进行沟通。沟通可采取口头或书面形式。注册会计师还应以适当的形式记录与治理层沟通的重大事项。

5.复核审计工作

签发审计报告前，必须要由富有专业知识和丰富经验的注册会计师认真复核所有的审计工作底稿。首先注册会计师及其助理人员对各自的工作底稿要进行初步的整理，然后由项目组内经验较多的人员复核经验较少的人员所执行的工作。项目负责人应当在审计过程的适当阶段实施复核，在出具审计报告前，项目负责人应当通过复核审计工作底稿和与项目组进行讨论，确信获取的审计证据已经充分、适当，足以支持形成的结论和拟出具的审计报告。

在审计结束时，项目组负责人或主任会计师要对审计后的财务报表进行复核。复核人员应当运用分析程序对财务报表进行总体复核，以确定财务报表整体是否与其对被审计单位的了解一致，并要特别关注是否存在不正常的金额或关联方交易，同时分析所获取的审计证据是否充分、适当。

6.项目质量控制复核

为了保证每个审计项目的质量，除了需要项目组实施组内复核外，会计师事务所还应当制定政策和程序，对特定业务实施项目质量控制复核，并在出具审计报告前完成项目质量控制复核。所谓项目质量控制复核，是指会计师事务所挑选没有参与该业务的人员，在出具审计报告前，对项目组作出的重大判断和在准备报告时形成的结论作出客观评价的过程。

会计师事务所制定的项目质量控制复核政策和程序应规定：(1) 如何确定复核的对象；(2) 项目质量控制复核的性质、时间和范围；(3) 项目质量控制复核人员的资格标准；(4) 对项目质量控制复核的记录要求。

7.形成审计意见之前对财务报表的评价

在对财务报表形成审计意见时，注册会计师应当根据已获取的审计证据，评价是否已对财务报表整体不存在重大错报获取了合理的保证，并进一步评价财务报表的合法性和公允性，形成对被审计单位财务报表合法性和公允性的审计意见。

(1) 合法性。

财务报表的合法性是指财务报表是否按照适用的会计准则和相关的会计制度的规定编制。为了评价财务报表的合法性，注册会计师应当考虑被审计单位所选用的会计政策、管理层所作出的会计估计、财务报表所反映的信息质量、财务报表的披露情况。

对被审计单位所选用的会计政策要评价其合法性和合理性。合法性是指会计政策是否符合适用的会计准则和相关会计制度；合理性是指会计政策是否适合于被审计单位的具体情况，包括合并政策、外币折算方法、收入确认、存货计价、长期投资的核算、坏账损失及坏账准备的核算、借款费用的处理、所得税的核算、固定资产的核算、无形资产的核算等。

对管理层所作的会计估计，主要是评价其合理性。需要评价的会计估计一般包括坏账、存货的毁损或陈旧过时情况、固定资产的使用年限和净残值、无形资产的受益期限、递延资产的摊销期限、或有费用和或有损失、收入确认中的估计、资产减值等。

对财务报表所反映的信息的质量，注册会计师应按照财务信息的主要质量特征加以评价，即要评价财务信息的相关性、可靠性、可比性和可理解性。具体来说，评价相关性就是要评价财务信息是否有助于使用者对被审计单位过去、现在或未来的情况作出评价或预测，以便作出正确的决策。评价可靠性就是要评价被审计单位是否以实际发生的交易或者事项为依据进行会计确认、计量和报告。评价可比性就是要评价被审计单位会计政策的使用是否具有一贯性，采用的会计政策是否与其他同类型的企业一致。评价可理解性就是要评价财务报表提供的信息是否清楚易懂。

评价财务报表的披露，主要是评价被审计单位财务报表作出的披露是否充分，是否使财务报表使用者能够理解重大交易和事项对被审计单位财务状况、经营成果和现金流量的影响。对财务报表的披露情况，应关注财务报表的格式和内容是否规范，所作出的披露是否充分，所提供的报表附注是否符合规定的最低要求并易于理解。

（2）公允性。

财务报表的公允性是指被审计单位财务报表在所有重大方面是否公允反映其财务状况、经营成果和现金流量。在评价财务报表的公允性时，注册会计师一方面，要评价财务报表的整体合理性，确定经管理层调整后的财务报表是否与注册会计师对被审计单位及其环境的了解一致。另一方面，要评价财务报表的列报与内容的合理性及财务报表反映的真实性。

五、练习题

（一）单项选择题

1.项目负责人对审计后的财务报表的复核时间通常为（　　）。

A.编制审计计划时　　　　　B.实施审计的过程中

C.审计结束或临近结束时　　D.出具审计报告时

2.在就下列事项与治理层进行沟通时，必须采取书面形式的是（　　）。

A.注册会计师的独立性

B.已向治理层提出并已得到妥善解决的事项

C.补充事项

D.审计工作中遇到的重大困难

3.不适合与管理层沟通的事项是（　　）。

A.会计估计　　　　　　　B.期后事项

C.管理层的胜任能力和诚信　D.内部控制的重大缺陷

4.在评价被审计单位所选用的会计政策时，主要的关注点是（　　）。

A.相关性和可靠性　　　　B.及时性和明晰性

C.重要性和谨慎性　　　　D.合法性和合理性

5.下列关于项目质量控制复核的表述不适当的是（　　）。

A.项目质量控制复核应在出具审计报告前完成

B.项目质量控制复核应由项目负责人实施

C.项目质量控制复核不能减轻项目负责人的责任

D.会计师事务所应就项目质量控制复核制定政策和程序

6.A注册会计师获取的甲公司管理层书面声明通常不需要包括的内容是（　　）。

A.甲公司战略目标的可实现性

B.管理层对财务报表的责任

C.甲公司提供的董事会会议记录的完整性

D.持续经营假设的合理性

7.在审计的完成阶段，审计项目经理应通过编制审计差异调整表来汇总审计差异。以下关于审计差异调整表的说法中，不正确的是（　　）。

A.账项调整分录汇总表用来汇总因对经济业务进行了不正确的会计核算而引起的错误

B.重分类调整分录汇总表用来汇总会计核算正确但未能在财务报表中正确列报的错报

C.未调整不符事项汇总表用来汇总被审计单位由于各种原因拒绝调

整的核算错误和重分类错误

D.未调整不符事项汇总表用来汇总那些因注册会计师认为不重要而无须建议调整的错误

8.在编制了审计差异调整表和试算平衡表以后，注册会计师确定审计意见的类型主要应根据已审财务报表和（　　）。

A.账项调整分录汇总表

B.重分类调整分录汇总表

C.未更正错报汇总表

D.资产负债表试算平衡表

9.以下各项都是注册会计师在编制试算平衡表时必须完成的，但从工作程序上来看，（　　）是在其他工作完成以后才能最终确定的。

A.将已接受调整的调整分录中涉及资产的项目过入资产负债表试算平衡表

B.将已接受调整的调整分录中涉及负债的项目过入资产负债表试算平衡表

C.将已接受调整的调整分录中涉及所有者权益的项目过入资产负债表试算平衡表

D.将已接受调整的调整分录中涉及收入、成本费用的项目过入利润表试算平衡表

（二）多项选择题

1.注册会计师应当向管理层获取书面声明的主要事项包括（　　）。

A.管理层认可其设计并实施内部控制以防止或发现并纠正错报的责任

B.管理层认为注册会计师在审计过程中发现的未更正错报对财务报表整体不具有重大影响

C.内部控制存在重大缺陷

D.超过重要性水平的错报

2.审计差异按性质可划分为（　　）。

A.已知错报　　　　B.估计错报

C.差错准备　　　　D.重大错报

3.所谓对审计工作底稿的整理和复核，包括（　　）。

A.注册会计师及其助理人员对各自工作底稿的初步整理

B.项目组内经验较多的人员对较少经验的人员所实施的工作的复核

C.项目负责人在出具审计报告前进行的复核

D.其他注册会计师的复核

4.需要向律师寄发询证函的事项一般包括（　　）。

A.期后事项　　　　　　　　B.关联方交易

C.或有事项　　　　　　　　D.管理层对财务报表的责任

5.关于被审计单位会计处理质量，注册会计师应与治理层沟通的事项包括（　　）。

A.或有事项　　　　　　　　B.选用的会计政策

C.作出的会计估计　　　　　D.财务报表的披露

6.在评价财务报表的披露情况时，应关注的方面包括（　　）。

A.财务报表是否包括了应当提供的所有报表

B.报表附注是否达到了规定的最低要求

C.内容是否完整并易于理解

D.报表的格式是否符合规范

7.确定审计差异后，注册会计师可能针对被审计单位的某些会计核算正确、报表反映不正确的错报编制重分类调整分录。如果不考虑因重分类调整分录引起的其他审计调整分录，重分类调整分录借贷两方的项目可能有（　　）。

A.借贷两方都是资产类项目或都是负债类项目

B.借贷两方都是利润表项目

C.一方是资产负债表项目，一方是利润表项目

D.一方是资产类项目，一方是负债类项目

8.编写审计报告时，注册会计师应在审计报告的注册会计师责任段中说明的内容有（　　）。

A.按审计准则计划和实施审计工作，以合理确信财务报表是否不存在重大错报

B.实施的审计工作为注册会计师发表意见提供了合理的基础

C.已审报表的名称，反映的日期和期间

D.管理层的会计责任

9.编制审计报告前，注册会计师需要按规定对已审财务报表实施分析程序。与分析程序在审计其他阶段的应用不同，这一次分析程序的重点应集中在（　　）。

A.调整前重大错报风险较高的方面

B.考虑了所有重分类误差的财务报表部分

C.注册会计师认定的重要审计领域

D.接受了账项调整建议后的财务报表部分

（三）判断题

1.管理层书面声明的作用就是明确管理层认可财务报表的责任。（　　）

2.管理层书面声明不能作为形成审计意见的基础。（　　）

3.管理层书面声明在某些情况下可以代替其他审计证据。（　　）

4.如果管理层拒绝提供注册会计师认为必要的声明，注册会计师应将其视为审计范围受到限制。（　　）

5.注册会计师不能根据律师的声明形成审计意见。（　　）

6.审计差异按照是否需要调整账户记录可分为核算差异和重分类差异。（　　）

7.当尚未调整的错报或漏报的汇总数接近重要性水平时，注册会计师应当实施追加实质性程序或提请被审计单位调整。（　　）

8.如果管理层书面声明其销售收入全部入账，则注册会计师可以不再对销售收入的完整性进行测试。（　　）

9.如果与被审计单位的沟通是以讨论的形式进行的，则注册会计师应保证对沟通事项加以记录。（　　）

10.在对财务报表形成审计意见时，注册会计师应当根据已获取的审计证据，评价是否已对财务报表整体不存在重大错报获取合理保证。（　　）

（四）分析题

1.公开发行A股的X股份有限公司（以下简称X公司）系U会计师事务所的常年客户。A和B注册会计师负责对X公司20×6年度财务报表进行审计，并确定财务报表层次的重要性水平为120万元。X公司20×6年度财务报表于20×7年2月25日获董事会批准，并于同日报送证券交易所。X公司适用的增值税税率为17%。其他相关资料如下：

20×6年1月X公司为G公司向银行借款4 000万元提供信用担保。20×6年12月，因G公司未能偿还到期债务，银行向法院起诉，要求X公司承担连带责任，支付借款本息4 240万元。20×7年1月20日，法院终审判决银行胜诉，并责令X公司于20×7年1月25日执行完毕。考虑到G公司已宣告破产清算，无法向其追偿债务，X公司在20×6年度作了如下会计处理：借记“营业外支出”科目4 240万元，贷记“预计负债”科目4 240万元。这一事项使X公司20×6年年末的营运资金和20×7年1月经营活动产生的现金流量净额均出现了负数。针对可能导致对持续经营能力产生重大疑虑的上述事项，X公司提出了拟采取的改善措施。A和B注册会计师实施了必要的审计程序，认为X公司编制20×6年度财务报表所依据的持续经营假设是合理的，但持续经营能力仍存在重大不确定性。

要求：如果不考虑审计重要性水平，针对资料中的事项，回答A和B注册会计师是否需要提出审计调整建议。若需要提出审计调整建议，请直接列示审计调整分录（审计调整分录均不考虑对X公司20×6年度的企业所得税、期末结转损益及利润分配的影响）。

2.A注册会计师于20×7年4月审计X公司20×6年度财务报表时，发现X公司在20×4年10月为K公司向Z银行取得2年期、金额为100万元借款提供了担保。在20×6年10月份借款到期时，K公司因经营严重亏损，已进入破产清算阶段，无力偿还该笔借款。Z银行要求X公司按担保协议的约定最迟于20×6年年底代为偿还，但X公司置之不理。

20×7年年初，Z银行向法院起诉，要求X公司承担连带偿还责任，支付借款本息共计110万元。20×7年2月20日，法院判决Z银行胜诉，并判令X公司支付借款本息110万元。该项判决已于20×7年2月28日执行完毕。X公司在执行当日作了借记“营业外支出”科目100万元、贷记“银行存款”科目100万元的账务处理。

要求：

（1）请指出A注册会计师是否应基于担保发生于20×4年而要求X公司调整20×4年度财务报表。

（2）请指出X公司在编制20×6年度财务报表时是否需要根据K公

司已无力偿还借款的事实和担保协议的约定进行相应的账务处理。如认为不需要，请说明原因；如认为需要，请列示会计分录。

（3）对所述的担保赔偿情况，A注册会计师应向X公司提出何种审计建议？需要建议X公司调整财务报表的，请直接列示审计调整分录（编制审计调整分录时无须考虑流转税费及损益结转，也不考虑对所得税及利润分配的影响）。

六、案例

1.注册会计师在对某股份有限公司20×6年度财务报表进行审计时，发现以下问题：

（1）20×6年5月1日，公司按面值发行2年期、面值为2 400万元、票面年利率为10%的企业债券，年末未计提债券利息。

（2）20×6年11月份，公司盘点发现短缺产成品25万元，作了借记“待处理财产损溢”科目25万元、贷记“库存商品”科目25万元的会计处理。次年1月，查明短缺原因，其中属于一般经营损失部分的为20万元，属于非常损失部分的为5万元。公司没有对20×6年度的财务报表作相应的调整。

（3）公司采用备抵法核算坏账，坏账准备按期末应收账款余额的6%计提。20×6年年末未经审计的资产负债表反映的应收账款科目为借方余额1 050万元，其他应收款科目为借方余额84.6万元，预收账款科目为贷方余额67.5万元，坏账准备科目为贷方余额63万元。其中，应付账款和预收账款科目的明细组成见表19-1。

表19-1　　　　**明细组成**　　　　单位：万元

应付账款——A公司	300	预收账款——F公司	105
应付账款——B公司	-75	预收账款——G公司	50
应付账款——C公司	104	预收账款——H公司	-100
应付账款——D公司	50	预收账款——I公司	9.5
应付账款——E公司	25	预收账款——J公司	3
合计	404	合计	67.5

要求：如果不考虑重要性水平，针对上述3种情况，注册会计师应分别提出什么样的审计调整建议（包括报表重分类审计调整分录）？编制调整分录时忽略对税费、期末结转损益及利润分配的影响。

2. A注册会计师审计X公司20×6年度财务报表，审计报告日为20×7年3月15日，财务报表公布日为3月20日，X公司在资产负债表日后有如下事项：

（1）X公司应收取Y公司一笔金额较大的货款。20×6年12月31日，Y公司经营状况良好，并无财务困难的迹象，但在20×7年3月10日，Y公司发生重大火灾，无力偿还X公司的货款。

（2）20×6年5月，由于X公司未能履行供货合同，使Z公司遭受3 000万元的损失，Z公司已在20×6年10月通过法律途径要求索赔。20×7年3月16日，法院一审判决X公司赔偿Z公司经济损失3 000万元，X公司决定接受判决。

（3）X公司内部审计人员于20×7年3月21日发现20×6年度已审财务报表存在100万元的重大错报，并向公司最高管理层作了汇报。

（4）X公司于20×7年3月25日公布的其他信息与已审财务报表的相关信息存在重大不一致。

要求：

（1）假定A注册会计师在20×7年3月11日获知Y公司发生火灾，并于当日实施了必要审计程序后，应当提请X公司如何作出处理？

（2）A注册会计师在20×7年3月17日获知X公司需要赔偿Z公司经济损失后，于3月18日实施了追加审计程序，并已作适当处理。请简要说明A注册会计师确定的审计报告日期及其理由。

（3）假定A注册会计师在20×7年3月22日获知X公司已审财务报表中存在100万元的重大错报，如不改正，将影响报表使用者的判断，A注册会计师应当采取何种最适当的补救措施？

（4）假定A注册会计师在20×7年3月25日查阅X公司20×6年度报告时发现，X公司公布的其他信息与已审财务报表的相关信息存在重大不一致。经检查确认，其他信息对事实有重大错报，且X公司同意作出修改，A注册会计师应当采取什么措施？

案例提示

1.对第一种情况，应作调整分录如下：

借：财务费用　　　　1 600 000

　贷：应付债券——应计利息　　　　1 600 000

对第二种情况，应作调整分录如下：

借：管理费用　　　　200 000

　　营业外支出　　　　50 000

　贷：待处理财产损溢　　　　250 000

对第三种情况，应作相关处理如下：

（1）将应付账款中的借方余额部分通过财务报表重分类调整至预付账款科目：

借：预付账款——B公司　　　　750 000

　贷：应付账款　　　　750 000

（2）将预收账款中的借方余额部分通过重分类调整至应收账款科目：

借：应收账款——H公司　　　　1 000 000

　贷：预收账款——H公司　　　　1 000 000

（3）按期末应收账款余额的6%补提坏账准备=（1 050+84.6+100）×6%−63

=11.076（万元）

借：资产减值损失　　　　110 760

　贷：坏账准备　　　　110 760

2.（1）该事项于资产负债表日后、审计报告日前发生，不影响20×6年度财务报表的金额，但可能影响对财务报表的正确理解，应提请X公司在财务报表中予以适当披露。

（2）A注册会计师应当更改报告日期，即将原定审计报告日期20×7年3月15日推迟至完成追加审计程序时的报告日期20×7年3月18日。这是因为，审计报告的日期是注册会计师完成审计工作的日期。

（3）因为发现的错报影响了20×6年度的财务报表，所以A注册会计师应要求X公司立即发布修改后的财务报表，并解释修改原因，然后根据X公司的反应作进一步决策。

（4）A注册会计师可以实施检查X公司所采取的措施是否适当等必

要程序，以合理确信财务报表使用者知悉修改情况。

七、阅读文献

[1] 余玉苗. 审计学 [M]. 2版. 北京：清华大学出版社，2008.

[2] 阿伦斯，洛布贝克. 审计学——整合方法研究 [M]. 石爱中，等，译. 北京：中国审计出版社，2001.

[3] 刘圣妮，2010年注册会计师考试应试指导及全真模拟测试——审计 [M]. 北京：北京大学出版社，2010.

[4] 周春利. 2010注册会计师考试过关必做1 000题——审计 [M]. 北京：北京大学出版社，2010.

[5] 范永亮. 2010年注册会计师考试经典题解及练习题库——审计 [M]. 北京：北京大学出版社，2010.

第四篇

其他类型鉴证业务
与相关服务

第二十章 财务报表审阅和其他鉴证业务

一、学习目的与要求

通过本章的学习，了解财务报表审阅的实施过程；了解预测性财务信息的种类；了解预测性财务信息审核的实施过程；掌握财务报表审阅的特点；掌握财务报表审阅报告的基本内容和撰写；掌握预测性财务信息审核的目标与保证程度及报告的基本内容和撰写；重点掌握内部控制审计的内容、审计程序及审计报告的基本内容和撰写。

二、相关准则与制度

1.《中国注册会计师审阅准则第2101号——财务报表审阅》

2.《中国注册会计师其他鉴证业务准则第3101号——历史财务信息审计或审阅以外的鉴证业务》

3.《中国注册会计师其他鉴证业务准则第3111号——预测性财务信息的审核》

4.《企业内部控制审计指引》（财会〔2010〕11号）

三、预习要览

（一）关键概念

财务报表审阅　　预测性财务信息的审核

内部控制审计　　审阅报告

内部控制审计报告

（二）关键问题

1.什么是财务报表审阅业务？其与财务报表审计业务相比有哪些

特点？

2.财务报表审阅报告应包括哪些基本内容？

3.预测性财务信息有哪几种类型？预测性财务信息审核的目标是什么？

4.在预测性财务信息审核业务中，预测性财务报表的编制责任和审核责任是如何界定的？

5.预测性财务信息审核报告应包括哪些基本内容？

6.什么是内部控制审计？如何理解这一定义？

7.内部控制审计报告应包括哪些基本内容？

8.注册会计师识别风险、选择拟测试控制的基本思路是什么？

9.比较财务报表审阅报告、预测性财务信息审核报告、内部控制审计报告的主要区别。

四、重点与难点解析

1.与财务报表审计相比，财务报表审阅的特点有：（1）审阅范围小，虽然注册会计师也需要关注财务报表的合法性和公允性，但这种关注是停留在“是否注意到”的程度上，形成结论的基础是“审阅程序”而不是“审计程序”。（2）实施的程序少，主要使用询问和分析程序。（3）提供有限保证，结论的保证程度比审计意见低。

2.注册会计师应当根据实施审阅程序的情况，在审阅报告的结论段中提出下列之一的结论：（1）根据注册会计师的审阅，如果没有注意到任何事项使其相信财务报表没有按照适用的会计准则和相关会计制度的规定编制，未能在所有重大方面公允反映被审阅单位的财务状况、经营成果和现金流量，注册会计师应当提出无保留的结论。（2）如果注意到某些事项使其相信财务报表没有按照适用的会计准则和相关会计制度的规定编制，未能在所有重大方面公允反映被审阅单位的财务状况、经营成果和现金流量，注册会计师应当在审阅报告的结论段前增设说明段，说明这些事项对财务报表的影响，并提出保留结论。如果这些事项对财务报表的影响非常重大和广泛，以至于认为仅提出保留结论不足以揭示财务报表的误导性或不完整性，注册会计师应当对财务报表提出否定结论，即财务报表没有按照适用的会计准则和相关会计制度的规定编制，未能在所有重大方面公允反映被审阅单位的财务状况、经营成果和现金流量。(3) 如果存在重大的范围限制，注册会计师应当在审阅报告中说明：假定范围不受限制，注册会计师就可能发现需要调整财务报表的事项，因而提出保留结论。如果范围限制的影响非常重大和广泛，以至于注册会计师认为不能提供任何程度的保证，则不应提供任何保证。

3.预测性财务信息可以表现为预测、规划或两者的结合，可能包括财务报表或者财务报表的一项或多项要素。财务预测是指管理层在最佳估计假设的基础上编制的预测性财务信息。最佳估计假设是指截至编制预测性财务信息日，管理层对预期未来发生的事项和采取的行动作出的假设。财务规划是指管理层基于推测性假设，或同时基于推测性假设和最佳估计假设编制的预测性财务信息。推测性假设是指管理层对未来事项和采取的行动作出的假设，该事项或行动预期在未来不一定发生。

4.预测性财务信息的审核目标是对被审核的预测性财务信息所依据的基本假设、信息的编制和列报及使用的会计政策进行审核，并出具审核报告。在执行预测性财务信息审核业务时，注册会计师应当就下列事项获取充分、适当的证据：(1) 管理层编制预测性财务信息所依据的最佳估计假设并非不合理；在依据推测性假设的情况下，推测性假设与信息的编制目的是相适应的。(2) 预测性财务信息是在假设的基础上恰当编制的。(3) 预测性财务信息已恰当列报，所有重大假设已充分披露，包括说明采用的是推测性假设还是最佳估计假设。(4) 预测性财务信息的编制基础与历史财务报表一致，并选用了恰当的会计政策。

5.注册会计师不应对预测性财务信息的结果能否实现发表意见。在对管理层采用的假设的合理性发表意见时，注册会计师仅提供有限保证。

6.注册会计师在预测性财务信息的审核报告中应当说明：(1) 根据对支持假设的证据的检查，注册会计师是否注意到任何事项，导致其认为这些假设不能为预测性财务信息提供合理基础。(2) 对预测性财务信息是否依据这些假设恰当编制，并按照适用的会计准则和相关会计制度的规定进行列报发表意见。(3) 由于预期事项通常并非如预期那样发生，并且变动可能重大，实际结果可能与预测性财务信息存在差异；同样，当预测性财务信息以区间形式表述时，对实际结果是否处于该区间内不提供任何保证。（4）在审核规划的情况下，应提醒信息使用者注意，预测性财务信息不得用于特定目的以外的其他目的。

7.内部控制审计是指注册会计师接受委托，对被审计单位特定基准日财务报告内部控制设计与运行的有效性进行审计，发表审计意见。

要想全面把握内部控制审计的定义，应当注意对其含义的解释：

（1）企业内部控制审计基于特定基准日。注册会计师基于基准日（如12月31日）内部控制的有效性发表意见，而不是对财务报表涵盖的整个期间的内部控制的有效性发表意见。但这并不意味着注册会计师只关注企业基准日当天的内部控制，而是要考察企业一个时期内（足够长的一段时间）内部控制的设计和运行情况。

（2）财务报告内部控制与非财务报告内部控制。财务报告内部控制是指企业为了合理保证财务报告及相关信息真实、完整而设计和运行的内部控制，以及用于保护资产安全的内部控制中与财务报告可靠性目标相关的控制。非财务报告内部控制是指除财务报告内部控制之外的其他控制，通常是指为了合理保证经营的效率效果、遵守法律法规、实现发展战略而设计和运行的控制，以及用于保护资产安全的内部控制中与财务报告可靠性无关的控制。

（3）企业内部控制责任与注册会计师审计责任。建立健全和有效实施的内部控制、评价内部控制的有效性，是被审核单位董事会（或类似决策机构）的责任。按照《企业内部控制审计指引》的要求，在实施审计工作的基础上对内部控制的有效性发表审计意见，是注册会计师的责任。

（4）整合审计。注册会计师可以单独进行内部控制审计，也可以将内部控制审计与财务报表审计整合进行。

8.注册会计师应当恰当地计划内部控制审计工作，配备具有专业胜任能力的项目组，并对助理人员进行适当的督导。在内部控制审计中，注册会计师应当以风险评估为基础，确定重要账户、列报及其相关认定，选择拟测试的控制，并确定针对所选定控制所需收集的证据。注册会计师应当对委托人企业概况、其主要经营活动以及所在行业进行了解，并且对内部控制风险进行评估。

9.注册会计师应当按照自上而下的方法实施审计工作。自上而下的方法是注册会计师识别风险、选择拟测试控制的基本思路。

自上而下的方法按照下列思路展开：

（1）从财务报表初步了解内部控制的整体风险；

（2）识别企业层面控制；

（3）识别重要账户、列报及其相关认定；

（4）了解错报的可能来源；

（5）选择拟测试的控制。

10.注册会计师应当测试内部控制设计与运行的有效性。如果某项控制由拥有必要授权和专业胜任能力的人员按照规定的程序与要求执行，能够实现控制目标，表明该项控制的设计是有效的。如果某项控制正在按照设计运行，执行人员拥有必要授权和专业胜任能力，能够实现控制目标，表明该项控制的运行是有效的。

11.明确与控制相关的风险与拟获取证据的关系。在测试所选定控制的有效性时，注册会计师需要根据与控制相关的风险，确定所需获取的证据。与控制相关的风险包括控制可能无效的风险和因控制无效而导致重大缺陷的风险。与控制相关的风险越高，注册会计师需要获取的证据就越多。

12.评价控制缺陷的总体要求。如果某项控制的设计、实施或运行不能及时防止或发现并纠正财务报表错报，则表明内部控制存在缺陷。如果企业缺少用来及时防止或发现并纠正财务报表错报的必要控制，同样表明存在内部控制缺陷。注册会计师需要评价从各种来源获取的证据，包括对控制的测试结果、财务报表审计中发现的错报以及已识别的所有控制缺陷，以形成对内部控制有效性的意见。

五、练习题

（一）单项选择题

1.由于实施审阅程序不能提供在财务报表审计中要求的所有证据，审阅业务对所审阅的财务报表不存在重大错报（　　）。

A.提供有限保证　　　　B.提供合理保证

C.提供绝对保证　　　　D.以积极方式提出结论

2.下列关于审阅业务的说法中正确的是（　　）。

A.注册会计师不需要询问在资产负债表日后发生的、可能需要在财务报表中调整或披露的期后事项

B.注册会计师应当询问在资产负债表日后发生的、可能需要在财务报表中调整或披露的期后事项

C.注册会计师应当询问在审阅报告日后发生的、可能需要在财务报表中调整或披露的事项

D.注册会计师有责任实施程序以识别审阅报告日后发生的事项

3.在下列业务的进行过程中，注册会计师难以搜集到实物证据的是（　　）。

A.财务报表审阅　　　　B.验资

C.内部控制审计　　　　D.基建预决算审核

（二）多项选择题

1.审阅报告的范围段应当说明的内容有（　　）。

A.审阅业务所依据的准则

B.审阅主要限于询问和实施分析程序，提供的保证程度低于审计

C.没有实施审计，因而不发表审计意见

D.管理层的责任和注册会计师的责任

2.注册会计师应出具否定结论的审阅报告的条件有（　　）。

A.注册会计师注意到某些事项使其相信财务报表没有按照适用的会计准则和相关会计制度的规定编制，未能在所有重大方面公允反映被审阅单位的财务状况、经营成果和现金流量

B.这些事项对财务报表的影响非常重大和广泛

C.审阅范围受限

D.仅提出保留结论不足以揭示财务报表的误导性或不完整性

3.在确定执行预测性财务信息审核程序的性质、时间和范围时，注册会计师应当考虑的因素有（　　）。

A.重大错报的可能性

B.管理层编制预测性财务信息的能力

C.预测性财务信息受管理层判断影响的程度

D.基础数据的恰当性和可靠性

4.注册会计师在执行预测性财务信息审核时，应当就下列（　　）等事项向管理层获取书面声明。

A.预测性财务信息的预定用途

B.管理层作出的重大假设的完整性

C.管理层认可对预测性财务信息的责任

D.注册会计师对预测性财务信息的责任

5.如果认为预测性财务信息的列报不恰当，注册会计师可以（　　）。

A.对预测性财务信息出具保留意见的审核报告

B.对预测性财务信息出具否定意见的审核报告

C.对预测性财务信息出具无法表示意见的审核报告

D.解除业务约定

6.在测试内部控制执行的有效性时，注册会计师通常实施的程序有（　　）。

A.询问被审核单位的有关人员

B.检查内部控制生成的文件和记录

C.观察被审核单位的经营管理活动

D.重新执行有关内部控制

（三）判断题

1.在执行财务报表审阅业务时，业务约定书中应说明不能依赖财务报表审阅揭示错误、舞弊和违反法规行为。（　　）

2.如果有理由相信所审阅的财务报表可能存在重大错报，注册会计师应当实施追加的或更为广泛的程序，以便形成无保留审阅结论或确定是否出具非无保留结论的报告。（　　）

3.如果在审阅过程中没有发现重大错报，注册会计师则可以相信被审阅财务报表在所有重大方面公允反映被审阅单位的财务状况、经营成果和现金流量。（　　）

4.注册会计师应对预测性财务信息的结果能否实现发表意见。（　　）

5.在审核预测性财务信息时，如果假设明显不切实际，或认为预测性财务信息并不适合预定用途，注册会计师应当拒绝接受委托，或解除业务约定。（　　）

6.注册会计师应以积极方式说明预测性财务信息的假设是否为预测性财务信息提供了合理的基础。（　　）

7.在内部控制审计报告中应说明内部控制的固有限制，告诫读者根据对内部控制的评价结果推测未来内部控制有效性的风险。（　　）

8.在内部控制审计报告中，应说明被审核单位在特定日期是否保持了与财务报表相关的有效的内部控制。如果认为内部控制存在重大缺陷，应出具无法表示意见的报告。（　　）

9.内部控制审计报告日期是指注册会计师完成外勤审核工作的日期。（　　）

10.内部控制存在的缺陷，按严重程度分为重大缺陷、重要缺陷和一般缺陷。（　　）

（四）分析题

假设你是明泽会计师事务所的项目负责人，下面是审计助理起草的对ABC股份有限公司20×6年度财务报表发表的无保留结论的审阅报告，请指出其中的错误并改正。

审阅报告

ABC股份有限公司全体股东：

我们审阅了后附的ABC股份有限公司（以下简称ABC公司）财务报表，包括20×6年12月31日的资产负债表，20×6年度的利润表、股东权益变动表和现金流量表及财务报表附注。这些财务报表的编制是ABC公司管理层的责任，我们的责任是在实施审阅工作的基础上对这些财务报表出具审阅报告。

我们按照《中国注册会计师审阅准则第2101号——财务报表审阅》的规定执行了审阅业务。该准则要求我们计划和实施审阅工作，以对财务报表是否不存在重大错报获取合理保证。审阅包括询问公司有关人员和对财务数据实施分析程序及其他审计程序，提供的保证程度低于审计。我们没有实施审计，因而不发表审计意见。

根据我们的审阅，我们相信ABC公司财务报表按照企业会计准则的规定编制，在所有重大方面公允反映了被审阅单位的财务状况、经营成果和现金流量。

明泽会计师事务所（盖章）

中国注册会计师：×××（签名并盖章）

中国注册会计师：×××（签名并盖章）

地址：中国大连市　　　　报告日期：20×7年4月10日

六、案例

某煤气化公司本不在要求强制披露内部控制信息的上市公司范畴内，但该公司在20×7年3月的年报中主动、自愿披露了相关的内部控制报告，并由北京立信会计师事务所出具了标准无保留意见的内部控制审核报告。而如果对其内部控制报告认真分析，就会发现其治理控制体系存在着较为严重的问题。

20×6年，煤气化公司与集团公司（大股东）签署了气源厂资产租赁协议，由该公司向集团公司租赁气源厂54.41%的资产，租赁费用为每月7 860.21万元，期限从20×6年10月1日起至20×7年9月30日止。据煤气化公司公告称，之所以由上市公司租赁集团公司的气源厂资产，是因为20×1年国内焦炭市场形势较好，公司为增加新的利润增长点，给投资者以较高的回报而作出了租赁经营气源厂的决定。然而，事实却是，20×5年气源厂发生亏损，而且亏损一直延续（气源厂究竟亏了多少钱，煤气化公司一直未予披露）。在此不难看出，通过租赁的安排，本应由大股东承担的气源厂亏损全部落在了上市公司的身上。

20×6年10月25日，在该公司预测20×7年焦炭售价为每吨850元，低于20×5年的每吨865.28元（气源厂20×5年的亏损是在焦炭售价为每吨865.28元的情况下发生的）的情况下，竟再次与大股东签署了气源厂资产租赁协议。此次协议的签署，公司居然绕过了股东大会，因为其内部控制报告中的公司治理结构明确指出："股东大会是公司最高权力机构，通过董事会对公司进行管理和监督。董事会是公司的常设决策机构，向股东大会负责，对公司经营活动中的重大决策问题进行审议并作出决定，或提交股东大会审议。"这也就意味着董事会对重大决议有直接决定权，未必需要股东大会审议通过。这种制度设计，实际上是为大股东侵犯小股东利益铺平了道路，也是对《中华人民共和国公司法》中有关股东大会职权等规定的公然违背。

要求：指出该公司内部控制存在的缺陷。

案例提示

《企业内部控制审计指引》指出，注册会计师应当对财务报告内部控制的有效性发表审计意见，并对内部控制审计过程中注意到的非财务报告内部控制的重大缺陷，在内部控制审计报告中增加“非财务报告内部控制重大缺陷描述段”予以披露。本案例中的注册会计师显然没有做到这一点。

从煤气化公司自愿披露的内部控制报告中可以看出，其治理控制体系存在着较为重大的缺陷。该公司治理结构呈明显的“一股独大”格局，大股东与经营者利益实际上合二为一，“投资者与经营者”之间的代理问题已经被“大股东与小股东”之间的代理问题取代。这种“一股独大”的公司治理格局严重危害小股东的利益，甚至还容易使企业作出不当的经营决策。

因此，对企业内部控制审计报告的使用者来说，尽管煤气化公司在20×7年3月年报中主动、自愿地披露了相关的内部控制报告，并得到了北京立信会计师事务所出具的标准无保留意见的内部控制审核报告，但并不等于其内部控制一定不存在重大缺陷。企业利益相关者及信息使用者应该注意：注册会计师对企业内部控制报告出具的无保留意见的内部控制审计报告仅是评价企业内部控制有效性的参考，而并非唯一依据。

七、阅读文献

[1] 朱荣恩. 审计学［M］. 北京：高等教育出版社，2000.

[2] 余玉苗. 审计学［M］. 2版. 北京：清华大学出版社，2008.

[3] 阿伦斯，洛布贝克. 审计学——整合方法研究［M］. 石爱中，等，译. 北京：中国审计出版社，2001.

[4] 蒋占华. 企业内部控制配套指引解读及应用指南［M］. 北京：中国商业出版社，2010.

[5] 中国注册会计师协会. 中国注册会计师执业准则应用指南2010［M］. 北京：中国财政经济出版社，2010.

第二十一章　相关服务

一、学习目的与要求

通过本章的学习，了解商定程序的含义、实施和报告的基本内容；掌握代编业务的含义、执行和报告的基本内容。

二、相关准则与制度

1.《中国注册会计师相关服务准则第4101号——对财务信息执行商定程序》

2.《中国注册会计师相关服务准则第4111号——代编财务信息》

三、预习要览

（一）关键概念

对财务信息执行商定程序　　代编财务信息

（二）关键问题

1.什么是对财务信息执行商定程序？

2.商定程序报告应包括哪些基本内容？

3.什么是代编业务？代编业务报告应包括哪些基本内容？

四、重点与难点解析

1.对财务信息执行商定程序的目标是注册会计师接受委托，对特定财务数据、单一财务报表或整套财务报表等财务信息执行与特定主体商定的具有审计性质的程序，并就执行的商定程序及其结果出具报告。特定主体是指委托人和业务约定书中指明的报告致送对象。

2.注册会计师执行商定程序业务，仅报告执行的商定程序及其结果，并不提出鉴证结论。报告使用者自行对注册会计师执行的商定程序及其结果作出评价，并根据注册会计师的工作得出自己的结论。商定程序业务报告仅限于参与协商确定程序的特定主体使用，以避免不了解商定程序的人对报告产生误解。

3.商定程序业务报告应当指出：（1）执行的商定程序是与特定主体协商确定的；（2）所执行的商定程序并不构成审计或审阅，注册会计师不提出鉴证结论；（3）如果执行商定程序以外的程序，或执行审计或审阅，注册会计师可能得出其他应报告的结果；（4）报告仅限于特定主体使用；（5）在适用的情况下，说明报告仅与执行商定程序的特定财务数据有关，不得扩展到财务报表整体。

4.代编业务的目标是注册会计师运用会计而非审计的专业知识和技能，代客户编制一套完整或非完整的财务报表，或代为搜集、分类和汇总其他财务信息。注册会计师执行代编业务使用的程序并不旨在、也不能对财务信息提出任何鉴证结论。

5.除《中国注册会计师相关服务准则第4111号——代编财务信息》规定的程序外，注册会计师通常不需要执行下列程序：（1）询问客户管理层，以评价所提供信息的可靠性和完整性；（2）评价内部控制；（3）验证任何事项；（4）验证任何解释。如果注意到管理层提供的信息不正确、不完整或在其他方面有欠缺，注册会计师应当考虑执行前述的程序，并要求管理层提供补充信息。如果管理层拒绝提供补充信息，注册会计师应当解除该项业务约定，并告知客户解除业务约定的原因。

6.注册会计师应当阅读代编的财务信息，并考虑形式是否恰当，是否不存在明显的重大错报。这里所述的重大错报包括下列情形：（1）编制基础不正确；（2）没有披露所采用的编制基础和获知的重大背离会计准则情况；（3）没有披露注册会计师注意到的其他重大事项。如果注意到存在重大错报，注册会计师应当尽可能与客户就如何恰当地更正错报达成一致意见。如果重大错报仍未得到更正，并且认为财务信息存在误导，注册会计师应当解除该项业务约定。

7.代编业务报告应当指出：（1）财务信息是在管理层提供信息的基础上代编的，并说明代编财务信息的名称、日期或涵盖的期间；（2）说明管理层对注册会计师代编的财务信息负责；（3）说明执行的业务既非审计，也非审阅，因此不对代编的财务信息提出鉴证结论。注册会计师应当在代编财务信息的每页或一套完整的财务报表的首页明确标示“未经审计或审阅”“与代编业务报告一并阅读”等字样。

五、练习题

(一) 单项选择题

1.执行商定程序的充分性和适当性由（　　）负责。

A.执行商定程序的委托方

B.注册会计师

C.执行商定程序的委托方和注册会计师

D.注册会计师和报告使用人

2.下列有关代编业务的描述，正确的是（　　）。

A.注册会计师运用会计而非审计的专业知识和技能

B.代客户编制的一定是一套完整的财务报表

C.代为搜集、分类和汇总财务信息不属于代编业务

D.注册会计师执行代编业务使用的程序旨在对财务信息提出鉴证结论

3.如果注册会计师在代编财务信息时发现存在重大错报仍未得到更正，并且认为财务信息存在误导，那么注册会计师应该（　　）。

A.发表保留意见　　B.发表否定意见

C.发表无法表示意见　　D.解除该项业务约定

4.如果代编财务信息对采用的编制基础存在重大背离，那么注册会计师应该（　　）。

A.发表保留意见　　B.发表否定意见

C.发表无法表示意见　　D.增加段落予以说明

5.商定程序报告的使用者（　　）。

A.仅限于参与协商确定程序的特定主体

B.包括潜在投资者

C.包括全体股东

D.包括所有利益关系人

6.应在报告中指出不是提出鉴证结论的是（　　）。

A.财务报表审计　　B.财务报表审阅

C.预测性财务信息的审核　　　　D.代编财务信息

7.商定程序属于（　　）。

A.审计业务　　　　　　　　　　B.鉴证业务

C.相关服务　　　　　　　　　　D.注册会计师法定业务

（二）多项选择题

1.执行财务信息商定程序的对象可以包括（　　）。

A.内部控制　　　　　　　　　　B.特定财务数据

C.单一财务报表　　　　　　　　D.整套财务报表

2.商定程序业务报告应当指出（　　）。

A.执行的商定程序是与特定主体协商确定的

B.所执行的商定程序并不构成审计或审阅，注册会计师不提出鉴证结论

C.如果执行商定程序以外的程序，或执行审计或审阅，注册会计师可能得出其他应报告的结果

D.在适用的情况下，说明报告仅与执行商定程序的特定财务数据有关，不得扩展到财务报表整体

3.代编业务报告应当指出（　　）。

A.财务信息是在管理层提供信息的基础上代编的

B.管理层对注册会计师代编的财务信息负责

C.执行的业务既非审计，也非审阅，因此不对代编的财务信息提出鉴证结论

D.注册会计师应当在代编财务信息的每页或一套完整的财务报表的首页明确标示"未经审计或审阅""与代编业务报告一并阅读"等字样

4.当注册会计师不独立时，需要在报告中加以说明的业务有（　　）。

A.财务报表审阅　　　　　　　　B.预测性财务信息的审核

C.对财务信息执行商定程序　　　D.代编财务信息

六、阅读文献

[1] 朱荣恩. 审计学 [M]. 北京：高等教育出版社，2000.

[2] 余玉苗. 审计学 [M]. 2版. 北京：清华大学出版社，2008.

[3] 阿伦斯，洛布贝克. 审计学——整合方法研究 [M]. 石爱中，等，译. 北京：中国审计出版社，2001.

[4] 中国注册会计师协会. 中国注册会计师执业准则应用指南 2010 [M]. 北京：中国财政经济出版社，2010.

第二十二章　其他类型的审计

一、学习目的与要求

通过本章的学习，了解经营审计的含义、目标和特征；了解合规审计的含义、特征和目标；了解内部审计和国家审计的意义、目标和特征；了解国家审计报告与处理意见；掌握经营审计目标的确定；掌握经营审计的程序和方法；掌握经营审计报告的内容、格式和使用；掌握国家审计的程序；掌握内部审计报告的编制过程和审计建议书的内容；掌握内部审计报告的格式和内容；掌握国家审计的程序和方法。

二、相关准则与制度

《中华人民共和国审计法》

三、预习要览

（一）关键概念

经营审计	合规审计
审计建议	国家审计
审计意见书	

（二）关键问题

1.经营审计的含义是什么？目标是什么？有哪些特征？

2.经营审计项目是如何确定的？经营审计要经过哪些步骤？

3.进行经营审计的初步调查可采用哪些方法？

4.如何建立经营审计的评价标准？

5.经营审计报告应包括哪些内容？

6.合规审计的含义是什么？目标是什么？有哪些特征？程序是什么？

7.合规审计报告包括哪些内容？

8.内部审计的含义是什么？目标是什么？有哪些特征？程序是什么？

9.内部审计报告的编制过程是什么？

10.内部审计报告的格式和内容是什么？

11.国家审计的含义是什么？目标是什么？程序是什么？

12.国家审计报告的格式与内容是什么？

13.审计意见书包括哪些内容？

四、重点与难点解析

1.经营审计的概念

经营审计是对一个组织的业务活动或业务活动的某些方面是否达到预定目标而进行的系统的研究。所谓预定目标包括业务活动的效率性、效果性和经济性。经营审计的目标是对被审计项目的工作绩效作出评估，找出改进的潜力所在，提出改进的建议。内部审计人员、国家审计人员和注册会计师都可以执行经营审计。

在理解经营审计的概念时，要注意以下几点：第一，经营审计是一种系统的审查，所谓系统的审查就意味着要对经营活动进行有规律、有计划的观察和分析，也要客观地搜集和评价证据。第二，经营审计的范围比财务审计的范围更广，可以是对管理层关于经营决策和某些事件的认定的审查，也可以是对被审计单位的经营活动的计划、执行和控制所进行的审查活动，审计对象可以是整个被审计单位的业务活动，也可以是一个单位内部的部分业务活动。第三，经营审计要按一定的标准来进行，要确定实际与标准的符合程度，这一点与财务审计是一样的。但是，经营审计所使用的标准往往不像财务审计标准那样完备和具有权威性。第四，经营审计结果要采取正式的书面报告的形式进行报告，但报告的格式根据不同的审计业务会有很大的不同。经营审计报告通常要说明审计的目标、范围、方式、结果和建议。报告要指出可改善的方面和改善的途径，而不对整个组织的经营活动整体的效率性、效果性表示意见。

2.经营审计目标

经营审计目标与财务审计目标完全不同。财务审计的目标是就财务报表整体的公允性表示意见。经营审计的目标有3个，即对现有的业绩进行评价、挖掘改善的潜力、为改进工作和决策提供建议。当然，在执行具体的经营审计业务时，上述目标中的某一个可能需要优先考虑。

3.经营审计的特征

经营审计有以下几个特征：

（1）审计人员的资格。执行经营审计的人员不需要获得任何特别的证书或执照，但经营审计对审计人员的知识和能力的要求常常要超出会计和审计知识及技能的范围，因此要求从事经营审计的组织中必须有相关的专家。

（2）经营审计的标准。提供经营审计服务也要遵循一定的业务标准。不论哪种审计人员都要遵守职业道德准则，即具有专业胜任能力、适当的职业谨慎、实施计划与督导和搜集充分、适当的审计证据。至于经营审计的标准，必须照顾到该种审计的特殊性，一般要达到以下标准：第一，考虑委托人的利益。在坚持正直性和客观性的前提下满足客户的要求。第二，与客户达成协议。审计人员应就双方的责任、服务的性质和种类及有关限制达成书面或口头的协议，在情况发生重大变化时，还要对协议进行修改。第三，与委托人沟通。要让委托人了解审计人员按照执业行为守则执行业务可能会与客户发生利益冲突，了解双方关于业务范围和利益的约定或保留，了解审计发现或事件。

（3）审计人员的独立性。在经营审计领域，对审计人员的独立性应该有比较宽松的解释，它更主要表现为正直和客观。

（4）审计依据。经营审计没有既定的和统一的审计依据，它需要一些“特定的目标”，这些特定的目标起着与公认会计原则相同的作用。事实上，建立评价标准本身就是经营审计的一个组成部分。

4.经营审计的程序

（1）初步调查。初步调查的目的是要确定容易出现问题的环节，采取的方法通常包括面询、观察、查阅内部报告和实际操作。

（2）确定评价的标准。经营审计人员需要查阅公司关于被审查业务的文件，确定被审计项目的责任部门和责任人员、公司的授权或职责分工、每种授权的目的及各种授权之间的关系，寻找或建立评价的标准。在可能的情况下，审计人员应使用客观的、相关的、公认的标准对业务活动进行评价或计量，以支持所得出的判断性结论和建议。审计人员可通过以下方法确定标准：①利用被审计单位的内部标准。审计人员不能盲目地使用管理层确定的考核技术，只有当他们确信管理层的评价标准或考核技术符合逻辑且有效时，才可以确定为评价标准。②外部的衡量标准。③以前相同审计业务的经验。找到十分精确的标准可能是困难的，审计人员应更加关注业务活动中是否存在浪费，是否有成本更低或更有效的方法。

（3）审查管理控制和相关的控制。在执行经营审计业务时，审计人员更关注的是内部控制中的管理控制部分，凡是与实现被审计的经营活动目标有关的控制都应关注。审计人员应当研究与审计项目有关的管理政策，对有关的管理控制进行测试，深入研究有缺陷或有异议的方面。

（4）提出审计结论和建议。形成审计结论和建议要求审计人员对在前面的步骤里搜集到的信息进行分析，并搜集证据支持所搜集到的信息，依据在上述步骤中所获得的信息，对具体事项作出结论。

（5）编写和提交审计报告。经营审计的最后一个步骤是编写审计报告并提交给有关人员。这里的有关人员即按规定有权接受审计报告或有责任就审计结果和建议采取措施的人员。

5.经营审计报告

（1）审计人员在审计报告中要说明审计的目标、范围和所使用的方法。审计报告对审计目标和范围加以说明有助于读者了解审计结果和审计人员的建议。委托人给审计业务提出的限制也应在审计报告中加以说明，概括说明审计方法（如面询、流程图等）也是有益的。在这一部分通常要说明为什么要使用某种方法，所使用的标准的来源和运用情况，还要提醒读者，经营审计报告一般主要报告存在的问题（缺陷）和需要改进的方面，而不是报告企业的优点。

（2）审计人员应当报告重要的审计发现（结果）和审计结论。审计人员应当以建议书的形式建议被审计单位应采取何种措施纠正错误、改进工作。建议书也可以不限于那些能够客观地确定的事项，对于本次审计没有审查，或由于本次业务的限制没能得出适当结论的事项，审计人员均可以提出做进一步调查研究的建议。

经营审计报告与财务审计报告最主要的区别是，经营审计报告一般不对整个审计结果形成总体意见，而是对具体的审计发现进行评价，财务审计报告必须对被审计单位的财务报表整体表示意见。

6.合规审计的含义

合规审计是为了确定被审计单位是否遵守了有关的法律和上级监管部门制定的有关程序与规划而实施的审计。政府部门和企事业单位都可以成为合规审计的对象，因为所有的政府部门、企业和非营利组织都需要遵守一些既定的政策、契约、法律的规定，要对它们执行法规的情况进行鉴定，就需要进行合规审计，所以，我们可以把合规审计划分为政府合规审计和企业合规审计。合规审计与财务审计有着密切的关系。在进行合规审计时，必须对被审计单位的财务报表进行审计，因为法律法规的执行情况必然反映在财务报表当中。

7.合规审计的程序

财务报表审计的程序同样适用于合规审计，即要经过准备阶段、实施阶段和报告阶段，只是在不同的阶段有各自的特点而已。

（1）准备阶段。进行合规审计的一个首要工作就是要熟悉被审计单位或被审计项目所适用的法律法规，明确审计所须遵守的法律法规范围。

（2）实施阶段。在对被审计单位实施合规审计时，审计人员必须实施必要的审计程序，确定被审计单位的管理层是否明确哪些法律法规对其财务报表可能有直接或间接的影响，掌握管理层是否忽视了有关的法律法规。审计人员也要了解被审计单位的内部控制，要特别关注被审计单位关于保证有关的法律法规得到执行的内部控制程序的设计和执行情况，还要对内部控制进行测试，对控制风险加以评估。

（3）报告阶段。合规审计报告的使用范围不及财务审计报告的使用范围广。合规审计报告的呈送对象取决于审计的委托方。如果合规审计是由部门或企业的管理层安排的，由企业的管理层自行聘请注册会计师完成合规审计，审计的结果通常是报告给被审计单位的有关负责人，内部管理层是合规审计报告的主要使用者。如果某个组织机构要确定它所制定的制度或提出的要求是否得到了有关个人或组织的贯彻执行，这个组织就会聘请注册会计师来对有关个人或组织进行合规审计。

8.内部审计的目标

一般认为，内部审计的发展经历了3个发展阶段，在每个发展阶段，都伴随着审计目标的不断扩展。第一个阶段的内部审计主要是以揭露经济业务和会计记录中的差错和舞弊行为为目的。第二个阶段的内部审计是内部牵制制度与内部审计的结合，它是以会计事项为中心，检查企业制定的会计程序和制度是否得到遵守，检查错误和舞弊行为，对今后可能发生错误的会计事项采取预防措施。第三个阶段的内部审计是现代内部审计与内部控制的结合，这个阶段的内部审计以企业全部的经济活动为对象，检验和审查企业的各项控制是否有效，评价经济活动的效率性、效果性和经济性，其审计内容不仅包括财务审计，也包括经营审计和合规审计。可见，内部审计的总体目标包括了财务审计、经营审计和合规审计的目标，即审查会计记录的正确性，揭露会计处理过程中发生的错误和舞弊行为，检查法律法规的执行情况，审查和评价经济活动的效率性、效果性和经济性。

9.内部审计的特征

内部审计作为审计的一种特殊形式，不仅具有审计的一般特征，还具有区别于外部审计的特征，主要表现在以下几个方面：

（1）服务的内向性。内部审计机构与被审计单位同在一个组织内，内部审计人员是本部门、本单位领导在经济监督方面的助手和经济管理方面的参谋，因此，服务的内向性是内部审计最基本的特征。内部审计侧重于内向服务，内部审计进行内部监督本身就是在为本部门和本单位的直接管理者提供服务，这是由内部审计的组织地位和利益导向决定的。

（2）审计范围的广泛性。内部审计作为对一个部门或一个单位的综合经济监督，其范围是相当广泛的，既可以对部门和单位的整个经济活动过程进行监督，又可以对部门、单位的计划、预算、合同、协议的合理性进行审计，还可以对工作效率和管理水平进行审计，以及对部门和单位遵守法律、法规、合同、制度、操作规程的情况进行审计。现代内部审计有时很难明确区分财务审计和经营审计。

（3）内部审计以经济效益为中心。内部审计的这一特征是由企业的中心任务决定的。企业的中心任务是加强经营管理，不断提高企业的经济效益，这就决定了内部审计只有把审计工作的中心放在经济效益审计时，才能得到本单位领导和职工的广泛支持和重视，才能有效地发挥其作用。可见，以经济效益为中心，乃是内部审计的重要特征，内部审计的实践也证明了这一点。

（4）相对的独立性。内部审计机构作为部门、单位的一个职能部门，与部门、单位有着千丝万缕的联系。一方面，审计人员的行为受到部门、单位负责人的牵制；另一方面，审计人员的利益与部门、单位的利益休戚相关。所以，内部审计的独立性与权威性是相对的，是不充分的。

除了上述几个主要特征外，内部审计还具有审计方式的灵活性、审计时间的经常性和及时性、审计结论的非强制性等特征。

10.内部审计程序

根据审计署颁布的关于内部审计工作的规范，内部审计工作的主要程序是拟订审计项目计划、通知被审计单位、实施审计、提出审计报告、征求被审计单位意见、出具审计意见书、作出审计决定、进行后续审计。

11.国家审计目标

国家审计机构作为国家的代表，以维护国家利益为宗旨，从广义上讲，其审计目标就是维护国家在社会经济活动中的权益不受侵犯；从狭义上讲，其审计目标主要取决于审计内容。国家审计是由国家审计组织实施的审计，从内容上来说，可以是财务审计，也可以是合规审计，还可以是经营审计。因此，国家审计的基本目标与其他各种审计的基本目标是相同的，即真实性目标、合法性目标、有效性目标。

12.国家审计的特征

与内部审计和注册会计师审计相比，国家审计的特征主要表现在以下几个方面：

第一，审计对象特殊。国家审计的对象包括国民经济各部门、各行业的宏观调控部门、职能管理部门和企事业单位。政府部门本身就是监督机构，对它们进行审计，就是对监督部门进行再监督，既包括审查监督各政府部门自身的财政、财务收支活动，也包括审查和评价该部门职能的履行情况、工作效果和工作效率、法律法规的执行情况。

第二，审计依据政策性强。政府部门和行政事业单位所受的法律约束与其他经济组织是不同的。政府职能部门是管理部门，它的作用必须通过贯彻执行国家的法律法规、方针政策和规章制度来实现，行政事业单位的收支必须遵守国家的专门规定。因此，在审查这些部门和单位的职能履行情况和业务活动情况时，必须严格地以相关的法律法规、方针政策和规章制度为审计的依据。

第三，审计方式、方法多样化。国家审计内容的综合性决定了其审计方式、方法的多样化。在审计方式上，可以是通常的“上审下”，也可以采取“联合审”“同级审”“同步审”“就地审”“延伸审”等多种方式。在方法上，国家审计可以根据审计项目的要求灵活运用各种审计方法。

13.国家审计程序

国家审计程序分为3个阶段，即准备阶段、实施阶段和终结阶段。《中华人民共和国审计法》中关于审计程序的规定，是国家审计人员实施审计的法律依据，也是维护国家利益和被审计单位合法权益的重要保证。

（1）准备阶段，包括编制审计项目计划、确定被审计单位、组织审计力量、拟订审计工作方案。

（2）实施阶段，包括下达审计通知书、实施审计、提出审计报告、征求被审计单位意见。

（3）终结阶段，包括审定审计报告、出具审计意见书和审计决定、进行后续审计、受理审计行政复议。

审计工作结束时，审计小组应将具有保存价值的文件资料按照一定的要求归类、装订、立卷，建立审计档案。审计档案是国家档案的重要组成部分，它真实地记录了审计项目的过程及结果，对今后审计案情的考查及审计理论研究提供重要的参考依据。

五、练习题

（一）单项选择题

1.经营审计与财务审计最明显的区别是（　　）。

A.经营审计可以由内部审计人员进行

B.经营审计报告的使用人是委托人
C.经营审计要评价内部控制
D.经营审计结果要以书面形式报告
2.下列说法中适用于经营审计的是（　　）。
A.经营审计不需要使用任何标准
B.建立评价标准本身就构成经营审计的一项内容
C.经营审计的执行者不需要具有独立性
D.经营审计比财务报表审计更易于完成
3.下列关于合规审计的说法，正确的是（　　）。
A.合规审计报告的呈送对象取决于委托人
B.合规审计与评价被审计单位的内部控制无关
C.合规审计不需要编制审计计划
D.合规审计必须定期进行
4.下列关于合规审计的说法，不正确的是（　　）。
A.审计人员需要识别与被审计项目有关的法律法规
B.要评估被审计单位管理层违法违规的风险
C.不需要向被审计单位管理层索要声明书
D.审计人员要了解内部控制
5.在下列工作内容中，内部审计与外部审计不同的是（　　）。
A.拟订审计计划　　B.通知被审计单位
C.实施审计　　D.进行后续审计
6.在下列内容中，不属于内部审计目标的是（　　）。
A.审查会计记录的正确性
B.对财务报表进行对外公证
C.审查和评价经济活动的效率性、效果性和经济性
D.检查法律法规的执行情况
7.审计决定是适用于（　　）等情况的审计文书。
A.对违反国家规定的行为需要依法给予处理、处罚
B.审计机关审定审计报告并对审计事项作出评价
C.对被审计单位提出审计建议
D.对审计事项进行说明

8.国家审计报告的提出者是（　　）。

A.派出审计机关　　B.上级审计机关

C.负责审计的审计小组　　D.审计小组隶属的部门

（二）多项选择题

1.经营审计目标包括（　　）。

A.评估业绩　　B.寻找改善的潜力

C.为改进工作提供建议　　D.搜集审计证据

2.经营审计一般要遵循的步骤包括（　　）。

A.进行初步调查　　B.建立评价的标准

C.审查相关的内部控制　　D.形成并提交审计结论和建议

3.下列关于合规审计正确的说法有（　　）。

A.合规审计必须由注册会计师执行

B.合规审计与财务审计有密切的联系

C.合规审计的具体审计目标要根据不同的审计项目来确定

D.财务审计的目标基本上适用于合规审计

4.下列项目中属于合规审计报告的内容的有（　　）。

A.关于审计依据的说明

B.关于被审计单位违法行为的说明

C.关于违法行为对财务报表影响程度的说明

D.关于审计报告使用范围的说明

5.内部审计的特征包括（　　）。

A.服务的内向性　　B.审计范围的广泛性

C.以经济效益为中心　　D.相对的独立性

6.内部审计的内容可以有（　　）。

A.财务审计　　B.合规审计

C.经营审计　　D.上市公司财务报表审计

7.国家审计的目标包括（　　）。

A.完整性　　B.合法性

C.经营审计　　D.有效性

8.国家审计机关实施后续审计的目的是（　　）。

A.确保审计决定的执行　　B.搜集更多的审计证据

C.验证审计结论的正确性　　D.撰写审计报告

（三）判断题

1.经营审计的范围比财务审计的范围广。（　　）

2.经营审计与财务审计的标准相同。（　　）

3.经营审计结束时，审计人员应向委托人提供建议。（　　）

4.财务报表的审计程序也适用于合规审计。（　　）

5.合规审计与财务报表审计有密切的联系。（　　）

6.经营审计对审计人员的独立性要求更严格。（　　）

7.经营审计报告没有统一的格式。（　　）

8.合规审计报告的使用范围比财务报表审计报告的使用范围广。（　　）

9.内部审计是企业管理体系的重要组成部分。（　　）

10.内部审计的主要职能是监督。（　　）

11.内部审计报告应包括对改进工作的建议和措施。（　　）

12.内部审计报告应采取统一格式。（　　）

13.后续审计是国家审计不可缺少的一个程序。（　　）

14.审计决定具有法律效力，而审计意见书没有法律效力。（　　）

（四）分析题

1.合规审计与财务报表审计有哪些异同？

2.执行经营审计的最大难点是什么？为什么？

3.国家审计与注册会计师审计和内部审计有哪些不同？

4.内部审计有哪些特征？它为什么会有这些特征？

六、阅读文献

［1］李三喜. 内部审计规范精要与案例分析［M］. 北京：中国市场出版社，2006.

［2］刘实. 企业内部审计论——基于管理学视角的理论思考［M］. 北京：中国时代经济出版社，2005.

［3］秦荣生，卢春泉. 审计学［M］. 北京：中国人民大学出版社，2006.

［4］徐政旦. 审计研究前沿［M］. 上海：上海财经大学出版社，2002.

附录一　练习题参考答案

第一章　审计与鉴证概论

（一）单项选择题

1.D　2.C　3.D　4.D　5.A　6.A　7.B　8.C　9.C　10.D　11.D　12.B　13.A　14.D　15.C

（二）多项选择题

1.ABC　2.ABC　3.ABCD　4.ABD　5.ABCD　6.AC　7.ABCD　8.ABCD　9.ABC　10.ABCD　11.ACD

（三）判断题

1.√　2.√　3.×　4.√　5.√　6.×　7.×　8.×　9.×　10.×　11.×　12.√　13.√　14.×　15.√

（四）分析题

1.许多财务报告使用人和公众都混淆了审计和会计，主要是因为审计往往和会计信息相关，而且许多注册会计师是会计方面的专家。更重要的是，从事注册会计师审计工作的人被称为“注册会计师”，更加剧了这种概念的混淆。

会计是为决策提供财务信息而对经济事项进行计量、记录、确认和报告的一个系统。会计的任务是为管理层和其他信息使用人提供各种有价值的信息，便于其作出经济决策。为了能提供与决策相关的信息，会计人员必须充分理解处理会计信息的原则和基础。

审计会计数据时要关注的是已经记录的这些信息是否反映了在一定会计期间内发生的经济事项。因为会计规则是评价会计信息是否得到恰当记录的标准，所以审计这些数据的注册会计师必须充分理解这些会计规则。例如，在财务报表审计中，会计规则就是一般公认会计原则。因此，在学习审计知识以前，学生必须先掌握一般公认会计原则的知识。

除了要掌握会计知识以外，注册会计师还必须是收集和解释审计证据的专家，这是会计和审计的最大区别。注册会计师必须运用恰当的审计程序，决定测试的项目和类型，并进行评价，这是审计必须完成的工作。所以，学会了会计未必就能做审计。莫茨和夏拉夫曾将会计和审计比作律师和法官，律师要懂得法律知识，但是并不是懂得了法律知识就可以做法官。

2.（1）注册会计师主要为客户提供专业服务，客户可能包括各类企业、非营利组织、政府机构及个人，为各种客户提供审计和其他鉴证服务将积累很多的经验。经过不断的职业后续教育，从业者可以跟进最新的发展，而且审计公费收入比较高。同时由于其独立性和专业性，该职业和律师、医生一样备受尊敬。但是，注册会计师审计需要承担一定的风险，有时可能仅仅因为“深口袋”理论而败诉。要从事审计工作必须考取注册会计师资格，并且需要有两年的实践工作经验。企业内部审计人员受雇于企业，为管理者执行内部审计任务。内部审计人员的任务根据管理要求的不同可能会有很大的变化，有的时候进行经营审计，有的时候进行合规审计，甚至有的时候还可能承担超出会计范围的各种任务。但是，内部审计人员如果不独立于各个部门，则无法有效开展工作。在税务局工作，按照税法的规定审计纳税义务人的所得，属于合规审计的范畴。不仅税的种类很多，而且税法的规定复杂多变，因而在这个领域工作也需要具备充分的审计知识和审计技巧。

（2）除了这些审计职业以外，他们还可以在政府或其他非营利组织的审计部门工作。

3.中国大陆的“会计师”是指具有会计师职称的人，会计师是一种专业技术资格。会计专业技术资格分为会计员、助理会计师、会计师和高级会计师等不同等级，要想取得会计专业技术资格，需要通过考试或评审。在企事业单位从事会计工作的人都可以参加会计师技术资格考试，并按照聘任的职称级别取得相应的待遇。这种会计师不能从事注册会计师审计业务。在中国大陆从事注册会计师审计业务的是“注册会计师”，其需要通过全国统一的注册会计师考试，并参加审计工作两年以上才能进行注册登记，从事法定审计业务。

4.内部审计的工作目标主要是提高经营的效率和效果，涉及的领域包括会计问题或与财务相关的审计或经营审计等。其工作内容包括：复核及评估会计、财务管理及其他活动的控制是否设计周密、适当，执行是否有效，并在符合成本效益原则的前提下，尽量提高各项内部控制的有效性；确定各级管理人员遵守企业政策、方案及程序的程度；确定企业资产得到适当记录、保管及防止损失的做法及执行程度；确保管理信息的可靠性；评估各级人员执行被指派的工作时的质量水平；提出改进工作管理方法的建议。内部审计隶属的管理层次越高，独立性越强，其越能发挥作用，因此应当将内部审计机构设置在董事会下。

5.略。

第二章　注册会计师管理

（一）单项选择题

1.D　2.B　3.A　4.A　5.C　6.C　7.A　8.B　9.B　10.B

（二）多项选择题

1.ABCD　2.ABC　3.ABCD　4.AC　5.AB　6.ABC　7.ABCD　8.ABCD　9.ABCD　10.BC

（三）判断题

1.×　2.×　3.√　4.×　5.×　6.×　7.√　8.×　9.√　10.×　11.×　12.×

（四）分析题

1.如果你没有大专学历，本科也没有毕业，又没有会计师中级职称，则没有资格参加中国注册会计师全国统一考试。在毕业取得了本科学历之后，你才可以参加考试。考试划分为专业阶段考试和综合阶段考试。考生在通过专业阶段考试的全部科目后，才能参加综合阶段考试。专业阶段考试设会计、审计、财务成本管理、公司战略与风险管理、经济法、税法6门科目；综合阶段考试设职业能力综合测试1门科目。考试为闭卷，采用计算机化考试方式或者纸笔考试方式。考试实行百分制，60分为成绩合格分数线。专业阶段考试的单科考试合格成绩5年内有效。对在连续5个年度考试中取得专业阶段考试全部科目考试合格成绩的考生，财政部考委会颁发注册会计师全国统一考试专业阶段考试合格证书。对取得综合阶段考试科目考试合格成绩的考生，财政部考委会颁发注册会计师全国统一考试全科考试合格证书。根据《注册会计师法》的规定，参加注册会计师全国统一考试成绩合格，并从事审计业务工作2年以上的，可以向省、自治区、直辖市注册会计师协会申请注册。准予注册的申请人，由注册会计师协会发给国务院财政部门统一制定的注册会计师证书。

2.在中国境内执行注册会计师审计业务必须有中国注册会计师资格证书，因此方先生还不能直接在中国大陆从事审计业务。他可以申请参加中国注册会计师统一考试，申请时必须提供如下有效证明：合法身份的有效证件（护照、身份证等），以及在中国台湾获得的注册会计师资格证书。

3.属于鉴证业务的有：（1）、（2）、（3）、（7）、（8）。

4.20世纪90年代以来，全球范围内的会计师事务所的业务范围呈现出多样化发展趋势，税务服务、技术服务、管理咨询服务和业绩管理服务、财务计划、IT咨询服务、电子商务、网誉认证、人力资源管理、信息系统可靠性、风险评估等非审计服务得到了蓬勃发展。企业的“委外服务（outsourcing）”也给注册会计师拓展服务范围带来了新的商机。

5.注册会计师个人单独设立会计师事务所，独立性和稳定性比较差，业务承受能力和风险承受能力比较弱，因而我国不允许设立独资会计师事务所。注册会计师被期望作为“信息风险的减少者”和“保险人”，但是注册会计师个人很难有能力担当这个角色，即使是无限责任，对于单个的注册会计师而言，其承担公众的责任都是很困难的。因此，我国规定所有业务只能由会计师事务所统一承接，会计师事务所不能由个人设立，只能是合伙设立或者以有限责任形式设立。会计师事务所的形式决定了其抵御风险的能力，容易避免缺乏独立性的问题，可以承接更多、更大的项目，增强持久经营的能力。

第三章　注册会计师执业准则

（一）单项选择题

1.A　2.C　3.D　4.B　5.C　6.B　7.B　8.D　9.A　10.D

（二）多项选择题

1.ABCD　2.AB　3.ABC　4.ABCD　5.ABCD　6.ABCD　7.ACD　8.ABCD　9.ABC　10.AD

（三）判断题

1.√　2.×　3.√　4.×　5.×　6.×　7.√　8.√　9.×　10.√　11.√　12.×　13.√　14.×　15.√

（四）分析题

1.会计师事务所的质量控制制度应当包括6项内容：

（1）对业务质量承担的领导责任；

（2）相关职业道德要求；

（3）客户关系和具体业务的接受与保持；

（4）人力资源；

（5）业务执行；

（6）监控。

2.注册会计师应当考虑下列5个环节来收集证据：

（1）了解鉴证对象及其他的业务环境事项，在适用的情况下包括了解内部控制；

（2）在了解鉴证对象及其他的业务环境事项的基础上，评估鉴证对象信息可能存在的重大错报风险；

（3）应对评估的风险，包括制定总体应对措施以及确定进一步程序的性质、时间和范围；

（4）针对已识别的风险实施进一步程序，包括实施实质性程序，以及在必要时测试控制运行的有效性；

（5）评价证据的充分性和适当性。

3.注册会计师对鉴证业务只能合理保证或者有限保证，不能绝对保证。其原因简言之是将鉴证业务风险降至零是几乎不可能的，也不符合成本效益原则。具体来说是由于：

（1）选择性测试方法的运用；

（2）内部控制的固有局限性；

（3）大多数证据是说服性的而非结论性的；

（4）在获取和评价证据以及由此得出结论时涉及大量判断；

(5) 在某些情况下鉴证对象具有特殊性。

4.(1) 所有应当保持独立性的人员，将注意到的违反独立性要求的情况立即告知会计师事务所；

(2) 会计师事务所将已识别的违反这些政策和程序的情况，立即传达给需要与会计师事务所共同处理这些情况的项目负责人，以及需要采取适当行动的会计师事务所内部其他相关人员和受独立性要求约束的人员；

(3) 项目负责人、会计师事务所内部的其他相关人员，以及需要保持独立性的其他人员，在必要时，立即向会计师事务所告知他们为解决有关问题采取的行动，以便会计师事务所能够决定是否应当采取进一步的行动。

第四章　注册会计师职业道德

（一）单项选择题

1.D　2.D　3.C　4.D　5.B　6.C　7.A　8.C　9.B　10.D　11.D　12.C

（二）多项选择题

1.AC　2.ABCD　3.ACD　4.AB　5.AD　6.ABCD　7.BCD　8.ABD　9.ABD　10.ABCD

（三）判断题

1.√　2.×　3.√　4.×　5.×　6.√　7.√　8.√　9.×　10.×

（四）分析题

1.职业道德规范的基本目的是：

(1) 它规定哪些行为是可行的，哪些行为是不可行的，从而为注册会计师执业提供有用的行为指南；

(2) 促使注册会计师按照注册会计师审计准则等执业准则的要求提供专业服务，保证并提高服务质量；

(3) 加强注册会计师对来自外界压力的抵抗力，避免注册会计师在外界的强制要求下发表不当意见，以牺牲一方利益为代价而使另一方受益；

(4) 向社会公众昭示注册会计师应达到的道德水准，提高社会公众对注册会计师职业的信赖程度；

（5）明确注册会计师的职业责任，进而规范注册会计师与客户、同行及社会公众的关系，有利于维护注册会计师的正当权益，使他们免受不正当的指责和控告。

2.根据职业道德规范，注册会计师与客户的负责人和主管人员、董事或委托事项的当事人有近亲关系的应当回避。因此，小刘的独立地位受到了损害，应当回避。假设小刘不参加对该客户的审计工作，该分所的独立地位不受损害。

3.（1）所谓或有收费，是指收费与否或收费多少以鉴证工作结果或实现特定目的为条件的一种收费方式。注册会计师出具的报告或提供的建议对客户的有利作用越大，服务报酬越高；有利作用越小，服务报酬越低；不利于委托人，则少收费甚至不收费。按照职业道德规范，审计收费的多少应当以工作量的大小、参加人员层次的高低以及业务的繁简程度等为主要依据，按照协会规定的标准合理确定。制定这条规则是因为或有收费方式极易诱导那些立场不坚定的注册会计师放弃应有的公正立场，出具有损其他利害关系人利益的鉴证报告，甚至导致注册会计师与管理层串通舞弊。

（2）这位注册会计师没有违反这条职业行为规则。

4.（1）小刘的做法违背了职业道德规范。“AAA”这样的名称容易产生误导。

（2）小刘的做法违背了职业道德规范。不得以任何名义向帮助取得委托业务的其他单位或个人支付介绍费、佣金、手续费或回扣等，也不得向得到本所帮助取得委托业务的其他会计师事务所收取介绍费、佣金、手续费或回扣等。

（3）小刘的做法违背了职业道德规范。不得采取或有收费的方式收取审计费用。

5.情况（1）将损害ABC会计师事务所的独立性。这种收费方式将诱导ABC会计师事务所为了收取剩余50%的审计费用而放弃审计原则，甚至帮助×银行粉饰其状况，使事务所与银行有了直接的经济利益关系，属于“对鉴证业务采取或有收费的方式”，违反职业道德规范。

情况（2）不损害ABC会计师事务所的独立性。通常，会计师事务所不得接受客户的借款，否则将影响其独立性，但如果借款行为遵循正常的程序、条件和要求，则并不限制会计师事务所向银行或其他类似金融机构借贷的行为。

情况（3）损害A注册会计师的独立性。因为A注册会计师既是ABC会计师事务所的合伙人，又是×银行的独立董事，其注册会计师的独立性会受影响。

情况（4）损害C注册会计师的独立性。这是因为所审计的财务报表是由C注册会计师协助编制的，违反了“没有人能独立地评价自己的工作”的基本假定。

情况（5）不损害D注册会计师的独立性。D注册会计师的妻子是×银行的职员，在×银行有经济利益。尽管注册会计师的配偶、子女、父母的经济利益应视同注册会计师本人的经济利益，但这种利益属于工资、薪金性质的，而非股票、股权性质的，而且注册会计师的妻子所从事的工作内容与审计对象无关，因此不影响D注册会计师的独立性。

第五章　注册会计师法律责任

（一）单项选择题

1.C　2.A　3.C　4.D　5.B　6.C　7.C　8.D　9.A　10.A　11.D　12.D

（二）多项选择题

1.ABCD　2.ABC　3.BCD　4.ABD　5.BCD　6.ABC　7.ABCD　8.CD　9.AB　10.BC

（三）判断题

1.×　2.×　3.×　4.×　5.√　6.√　7.√　8.√　9.√　10.×　11.×　12.×　13.×　14.×　15.√

（四）分析题

（1）内部控制概念在区分一般过失和重大过失中的作用是，注册会计师对财务报表项目的实质性测试是以内部控制的研究和评价为基础的，如果企业内部控制不健全，注册会计师应当调整实质性程序的性质、时间和范围，以合理确信发现由此产生的报表重大错报，否则，就具有重大过失的性质。如果企业内部控制非常健全，注册会计师没有调整实质性程序的性质、时间和范围，以发现由职工串通舞弊导致内部控制失效而产生的重大错报，一般被认为是一般过失或没有过失。

（2）重要性概念在区分一般过失和重大过失中的作用是，如果财务报表中存在重大错报事项，注册会计师运用常规审计程序通常应该发现，但因工作疏忽而未能将重大错报查出来，可以视同为重大过失。如果财务报表有多处错报事项，每一处都不算重大，但综合起来对财务报表整体的影响却较大，也就是说，财务报表作为一个整体可能严重失实，但常规审计程序难以发现，一般认为其具有一般过失。

（3）在下列情况下，注册会计师可能被认为免于承担民事责任：①注册会计师本身并无过失，即他执业时严格遵循了专业标准的要求，保持了职业上应有的认真与谨慎；②注册会计师虽有过失，但这种过失与损害结果不存在因果关系。

（4）在注册会计师存在重大过失或欺诈时，注册会计师应当对第三方承担法律责任。

（5）注册会计师可从以下几个方面进行抗辩：①注册会计师本身并无过失，即他执业时严格遵循了专业标准的要求，保持了职业上应有的认真与谨慎；②注册会计师虽有过失，但这种过失与损害结果不存在因果关系；③原告已经超过诉讼时效（自有关机关公布处罚决定日或刑事判决生效日起两年）。

第六章　审计目标与审计过程

（一）单项选择题

1.C　2.C　3.D　4.B　5.C　6.A　7.D　8.C　9.C　10.C

（二）多项选择题

1.ABC　2.BCD　3.ACD　4.CD　5.ABCD　6.ABCD　7.ABCD　8.BCD　9.CD　10.ABC

（三）判断题

1.×　2.×　3.√　4.×　5.×　6.√　7.×　8.×　9.×　10.×

（四）分析题

1.答案见表6–5。

表6–5 项目的相关认定对应的审计目标与审计程序

项目	认定	审计目标	审计程序
应收账款	计价和分摊	记录的应收账款计价准确，坏账计提准确	1.分析应收账款账龄，确定坏账准备计提是否准确充足 2.检查商品价目表和销售发票，重新计算发票金额
营业收入	发生	记录的营业收入是真实发生的	1.从营业收入的账簿记录追查至相应的销售发票 2.结合应收账款审计，选择主要客户函证本期销售额
固定资产	权利和义务	记录的固定资产由被审计单位拥有或控制	1.检查固定资产的抵押担保情况 2.对外购的固定资产，审核采购发票、采购合同等；对房地产类固定资产，查阅有关的合同、产权证明、财产税单和保险单等书面文件
应付账款	完整性	已存在的应付账款均已记录	1.检查期后付款情况，确定有无未入账的应付账款 2.从原始凭证追查至账簿记录
存货	存在	已记录的存货是真实存在的	1.实施存货监盘 2.对存放于外单位的存货，向外单位进行函证或前往外单位进行存货监盘

2.答案见表6–6。

表6–6 具体审计目标或审计程序对应的管理层认定

具体目标或程序	管理层认定的名称
（1）确定所有的应收票据均已反映在账簿记录中	完整性
（2）检查生产设备的购货发票，核实付款人是否为ABC公司	权利和义务
（3）固定资产与低值易耗品的界限是否明确，披露是否充分	分类和可理解性
（4）应收票据明细账余额加计是否与总账余额相符	计价和分摊
（5）期末存货按成本与可变现净值孰低法计价	准确性和计价
（6）检查已入账销售业务的支持性凭证中是否包含顾客订单	发生
（7）确定当年所购商品验收单的最大号码	截止
（8）编制或获取营业收入项目的明细表，复核加计是否正确	准确性
（9）核实所记录的应付账款是否均已收到符合要求的材料	存在

第七章　审计证据与审计工作底稿

（一）单项选择题

1.C　2.C　3.A　4.D　5.B　6.B　7.B　8.B　9.B　10.D

（二）多项选择题

1.ABC　2.ABD　3.ABCD　4.BCD　5.CD　6.ACD　7.BC　8.AB　9.ABC　10.ACD　11.ABC　12.ABCD　13.ABCD　14.ABCD

（三）判断题

1.×　2.×　3.√　4.×　5.√　6.×　7.×　8.×　9.×　10.×　11.√　12.√　13.×　14.×　15.×　16.√　17.×　18.√

第八章　计划审计工作

（一）单项选择题

1.A　2.B　3.A　4.C　5.A　6.C　7.D　8.C　9.D　10.D　11.D　12.B　13.A　14.D　15.D　16.A　17.B　18.D　19.B

（二）多项选择题

1.ABD　2.ABCD　3.ABD　4.ABCD　5.AC　6.ABCD　7.AD　8.ABCD　9.BCD　10.ABCD　11.BCD　12.ABCD　13.ABC　14.AC　15.BCD　16.ABCD　17.BC　18.ABCD　19.BD　20.ABCD　21.BC　22.BD　23.AD　24.BC　25.ABCD　26.BD　27.AB　28.BC　29.ABCD　30.BD

（三）判断题

1.×　2.×　3.×　4.×　5.√　6.√　7.×　8.×　9.√　10.×　11.√　12.×　13.√　14.√　15.×　16.×　17.×　18.√　19.√　20.×　21.×　22.√　23.√　24.×　25.×　26.×

（四）分析题

1.（1）A、B、C、D 4种情况下可接受的检查风险水平分别是1.67%、4%、3.75%、5.71%。

（2）A种情况下注册会计师需要获取最多的审计证据。

（3）审计风险模型为：

AR=MMR×DR

式中，AR为审计风险，MMR为重大错报风险，DR为检查风险。

可接受的审计风险与审计证据的数量是反向关系，即可接受的审计风险越低，需要收集的审计证据越多。重大错报风险与审计证据是正向关系，即重大错报风险水平越高，需要收集的审计证据越多。可接受的检查风险与审计证据是反向关系，即可接受的检查风险越低，需要收集的审计证据越多。

（4）审计风险与重要性水平是反向关系，即重要性水平越高，审计风险越低；重要性水平越低，审计风险越高。

2.（1）财务报表层次的重要性水平见表8-4。

表8-4 **重要性水平**

项目	金额（万元）	百分比（%）	重要性水平（万元）
资产总额	90 000	0.5	450
净资产	44 000	1	440
主营业务收入	120 000	0.5	600
净利润	12 060	5	603

所以，财务报表层次的重要性水平是440万元。

（2）重要性水平和审计证据是反向关系，即重要性水平越低，需要收集的审计证据越多；反之则反。

（五）讨论题

（1）在原审计风险模型下，审计风险包括固有风险、控制风险和检查风险；在新审计风险模型下，审计风险包括重大错报风险和检查风险，检查风险没有变化，以重大错报风险替代了固有风险和控制风险。

（2）变化的原因主要有两个方面：一是在原模型下，固有风险和控制风险的划分在理论上可行，在实务中难以操作和评估；二是原模型难以充分体现风险基础审计的原则，不能充分关注重大错报风险，审计资源的配置与重大错报风险没有实现有效的一致。

（3）在新的审计风险模型下，注册会计师重点要完成的一项工作就是了解被审计单位及其环境，评估重大错报风险，对识别出的重大错报风险实施进一步程序，包括控制测试和实质性程序，更充分地体现了风险导向的理念。这一点在原审计风险模型下没有得到充分体现。

第九章 风险评估

（一）单项选择题

1.D 2.B 3.D 4.D 5.B 6.D 7.B 8.C 9.D 10.C 11.A 12.C 13.C 14.B 15.D 16.B 17.D 18.A

（二）多项选择题

1.ABC 2.ABCD 3.ABCD 4.ABCD 5.ABC 6.ACD 7.ABC 8.ABD 9.ABCD 10.ACD 11.BCD 12.ABCD 13.ABC 14.ABC 15.ABCD 16.ABCD

（三）判断题

1.× 2.√ 3.× 4.× 5.× 6.× 7.× 8.√ 9.√ 10.√ 11.√ 12.× 13.× 14.× 15.× 16.√ 17.√ 18.× 19.× 20.√ 21.√ 22.× 23.√ 24.√ 25.√

第十章 风险应对

（一）单项选择题

1.A 2.B 3.B 4.D 5.A 6.B 7.C 8.D 9.B 10.D 11.C 12.B 13.A

（二）多项选择题

1.ABCD 2.ABCD 3.AC 4.ACD 5.ABCD 6.ABCD 7.BC 8.ABCD 9.ABC 10.ACD 11.ABCD 12.ABCD 13.ABCD 14.AB 15.ABCD 16.ABCD 17.ABCD

（三）判断题

1.√ 2.× 3.√ 4.× 5.√ 6.× 7.× 8.× 9.√ 10.× 11.× 12.√ 13.√ 14.× 15.√ 16.× 17.√ 18.√ 19.√ 20.×

（四）分析题

1.（1）向项目组强调在收集和评价审计证据过程中保持职业怀疑态度的必要性。

（2）分派更有经验或具有特殊技能的注册会计师，或利用专家的工作。

（3）提供更多的督导。

（4）在选择进一步审计程序时，应当注意使某些程序不被管理层预见或事先了解。

（5）对拟实施审计程序的性质、时间和范围作出总体修改。

2.（1）对某些以前未测试的低于设定的重要性水平或风险较小的账户余额和认定实施实质性程序。

（2）调整实施审计程序的时间，使其超出被审计单位的预期。

（3）采取不同的审计抽样方法，使当年抽取的测试样本与以前有所不同。

（4）选取不同的地点实施程序，或预先不告知被审计单位所选定的测试地点。

3.（1）注册会计师评估的财务报表层次的重大错报风险以及采取的总体应对措施，对拟实施进一步审计程序的总体方案具有重大影响。

（2）拟实施进一步审计程序的总体方案包括实质性方案和综合性方案，其中，实质性方案是指注册会计师实施的进一步审计程序以实质性程序为主。

（3）当评估的财务报表层次重大错报风险属于高风险水平时，拟实施进一步审计程序的总体方案往往更倾向于实质性方案。

4.（1）风险的重要性。风险的后果越严重，则越需要精心设计有针对性的进一步审计程序。

（2）重大错报发生的可能性。重大错报发生的可能性越大，则越需要注册会计师精心设计进一步审计程序。

（3）涉及的各类交易、账户余额和列报的特征。注册会计师需要针对不同的交易、账户余额和列报来设计有针对性的进一步审计程序。

（4）被审计单位采用的特定控制的性质。不同性质的控制对注册会计师设计进一步的审计程序具有重要影响。

（5）注册会计师是否拟获取审计证据，以确定内部控制在防止或发现并纠正重大错报方面的有效性。如果注册会计师在风险评估时预期内部控制运行有效，随后拟实施的进一步审计程序就必须包括控制测试，且实质性程序自然会受到之前控制测试结果的影响。

5.（1）控制环境和其他相关的控制。

（2）实施审计程序所需信息在期中之后的可获得性。

（3）实质性程序的目标。

（4）评估的重大错报风险。

（5）各类交易或账户余额以及相关认定的性质。

（6）针对剩余期间，能否通过实施实质性程序或将实质性程序与控制测试相结合，降低期末存在错报而未被发现的风险。

第十一章　审计抽样

（一）单项选择题

1.D　2.A　3.A　4.D　5.C　6.C　7.D　8.A　9.A　10.A　11.D　12.B

（二）多项选择题

1.ABCD　2.ABC　3.ABC　4.ABCD　5.BC　6.AD　7.ABCD　8.CD

（三）判断题

1.√　2.√　3.×　4.×　5.√　6.×　7.√　8.√　9.√　10.√　11.√　12.×

（四）分析题

1.抽样间距为30（900÷30）。

2.（1）2368，0995，4130，2527，2167。

（2）3093，2905，1977，4342，0961。

3.根据比率估计抽样的计算公式：

估计应付账款总体价值=总体账面价值×（样本实际价值之和÷样本账面价值之和）

=5 000 000×（245 600÷240 000）

=5 116 667（元）

或者，运用差额估计抽样计算公式：

估计的总体差额=（样本实际价值-样本账面价值）÷样本量×总体项目个数

=（245 600 -240 000）÷200×4 000

=112 000（元）

估计应付账款总体价值=112 000+5 000 000=5 112 000（元）

第十二章　审计报告

（一）单项选择题

1.B　2.C　3.C　4.D　5.A　6.C　7.C　8.A　9.D　10.D　11.C　12.C

13.D

（二）多项选择题

1.ACD　2.BC　3.BD　4.ABCD　5.AC　6.ABCD　7.BD　8.BC　9.ACD　10.CD　11.ABCD　12.ABD　13.AC　14.ABCD

（三）判断题

1.√　2.×　3.×　4.√　5.×　6.√　7.√　8.×　9.√　10.×　11.√　12.√　13.×　14.×　15.√　16.×

（四）分析题

（1）情况（1）应出具无保留意见的审计报告。公司的做法不影响财务报表的合法性和公允性。

情况（2）应出具带强调事项段的无保留意见的审计报告。A公司的做法符合会计准则和会计制度的要求，但这一情况属于重大的不确定事项，注册会计师应当在审计报告的意见段之后增加强调事项段说明这一情况，以提醒财务报表使用者关注。

情况（3）应出具保留意见的审计报告。A公司拒绝调整20×6年度财务报表，影响了财务报表的合法性和公允性，但从应调整的金额（45万元）看，还不至于导致注册会计师发表否定意见。

情况（4）应出具保留意见的审计报告。A公司应当对该投资计提减值准备32万元，A公司的做法使财务报表不能公允地反映财务状况、经营成果和现金流量，但从应调整的金额看，还不至于导致注册会计师发表否定意见。

情况（5）应出具无保留意见的审计报告。A公司当年应计提折旧准备10 000元（500 000×2%），远远低于重要性水平，这一错报不影响财务报表使用者的决策，因此不影响注册会计师的审计意见。

情况（6）应出具无保留意见的审计报告。当应收账款的函证没有结果时，可以采用替代审计程序证实应收账款的真实性。

情况（7）应出具无法表示意见的审计报告。因为A公司利润总额中的70%无法验证，所以无法判断财务报表整体的公允性。

（2）如果只存在（3）、（4）两种情况，且A公司不接受注册会计师的调整意见，应当出具否定意见的审计报告。因为公司的错误做法虚增利润77万元，而审计前的利润总额为110万元，虚增金额重大，使财务报表不能在所有重大方面公允反映A公司的财务状况、经营成果和现金流量。

续写审计报告如下：

一、否定意见

我们审计了A股份有限公司（以下简称公司）的财务报表，包括20×6年12月31日的资产负债表，20×6年度的利润表、现金流量表、股东权益变动表以及财务报表附注。

我们认为，由于“形成否定意见的基础”部分所述事项的重要性，后附的财务报表没有在所有重大方面按照企业会计准则的规定编制，未能公允反映公司20×6年12月31日的财务状况以及20×6年度的经营成果和现金流量。

二、形成否定意见的基础

如财务报表附注所述，A公司20×6年涉及的诉讼案于20×7年3月20日判决A公司应向原告赔偿45万元，A公司仅在财务报表附注5中进行了披露；另外，A公司20×6年7月购买某公司发行的债券，确认为债权投资，成本为112万元，20×6年12月31日的市价为80万元，A公司仅在财务报表附注中揭示了该市价。上述两个问题使A公司的利润总额虚增77万元。

我们按照中国注册会计师审计准则的规定执行了审计工作。审计报告的“注册会计师对财务报表审计的责任”部分进一步阐述了我们在这些准则下的责任。按照中国注册会计师职业道德守则，我们独立于公司，并履行了职业道德方面的其他责任。我们相信，我们获取的审计证据是充分、适当的，为发表否定意见提供了基础。

三、关键审计事项

除“形成否定意见的基础”部分所述事项外，我们认为，没有其他需要在我们的报告中沟通的关键审计事项。

第十三章　销售与收款循环审计

（一）单项选择题

1.A　2.B　3.A　4.C　5.D　6.B　7.D　8.C　9.A　10.A　11.C　12.B

13.D　14.B　15.A

（二）多项选择题

1.AB　2.ABCD　3.ABC　4.ABC　5.ABC　6.BCD　7.ABC　8.ABCD　9.BCD　10.ABD　11.BCD　12.AC　13.ABCD　14.BC　15.ABCD

（三）判断题

1.√　2.√　3.×　4.×　5.×　6.√　7.×　8.√　9.×　10.√　11.×　12.×　13.×　14.×　15.×

（四）分析题

1.（1）审计人员于20×7年1月15日函证，并于20×7年1月22日收到函证结果，有可能在20×7年1月15日至20×7年1月22日之间已收到款项，审计人员应对此项收款情况进行检查，如果仍未收到，应向客户再次发函，要求其将有关凭证复印件邮寄过来，以便查找。

（2）审计人员于20×7年1月15日函证，并于20×7年1月19日收到函证结果，审计人员应当对近期退货情况进行检查，有可能在20×6年12月28日至20×7年1月15日已收到退回的货物，被审计单位未及时冲账，审计人员应提醒其按会计制度的规定及时处理；也有可能在20×7年1月15日至20×7年1月19日之间收到退回的货物，审计人员应当对此期间的退货及会计处理情况进行检查；如果仍未收到，应向客户再次发函，要求其将有关凭证复印件邮寄过来，以便查找。

（3）在采用委托代销方式下，受托代销方在尚未销售的情况下，委托方不应确认销售收入及应收账款。审计人员应检查代销合同，确认是否属于委托代销方式，如果确实属于委托代销，应要求被审计单位冲销销售收入及应收账款。

（4）在采用分期收款方式下，在合同约定收款期已到，但仍未收到应收账款时，审计人员应检查购货合同，并检查20×6年年底和20×7年1月是否收到首付300 000元，如果未收到，应按300 000元确认应收账款，而非900 000元。

（5）审计人员应检查地址是否错误，如果属于地址错误，应按正确的地址重新发函；如果地址没有错误，审计人员可以考虑会不会是一笔虚构的应收账款。

2.（1）在此种情况下，应采取替代程序，主要审查客户订货单、购销合同、发票副本、运货文件、收款凭证等文件、资料，验证构成应收账款的销售交易是否确实发生。

(2) 这种情况可能是由时间差异造成的，审计人员应审查收款凭证，看货款是否收到及收到的日期。如果货款在函证日之前已收到，则可能是记账错误，即收到货款时贷记另一客户的明细账户，审计人员应审查账户记录并对贷记的账户进行函证。

(3) 该客户的回答很不清楚。审计人员应重新函证，要求对方具体、准确答复。

(4) 此种情况很有可能是客户在货物所有权尚未转移前就认定为销售实现。审计人员应审查销售发票的副本和有关的购销合同、协议。

(5) 审计人员应查明预收货款是否确实收到并已入账，如查明确能抵付，应提请客户进行相应的账务处理。

(6) 审核货运文件等资料，以查明货物是否确已运出。如确已运出，应将货运文件复印件送请顾客重新查证；如确未运出，应提请客户作调账处理。

3. (1) 测试真实性目标时，起点应是明细账；测试完整性目标时，起点应是相关凭证；测试其他目标时，方向一般无关紧要。所以，采用从明细账追查至有关凭证的审计路线对测试目标①、③是适用的，对于测试目标②是不适用的。

(2) 就目标①的测试而言：A.针对未曾发货却已将销售业务登记入账这类错误发生的可能性，可以从主营业务收入明细账中抽取几笔分录，追查有无发运凭证及其他佐证凭证。如对发运凭证的真实性存疑，可能有必要进一步追查存货的永续盘存记录，测试存货余额有无减少。B.针对销售业务重复入账这类错误发生的可能性，可以通过检查企业的销售交易记录清单以确定是否存在重号、缺号。C.针对向虚构的客户发货并作为销售业务登记入账这类错误发生的可能性，应当检查主营业务收入明细账中与销售分录对应的销售单，以确定销售是否经过赊销批准手续和发货审批手续。

检查上述3类多报销售错误发生的可能性的另一有效方法是追查应收账款明细账中贷方发生额的记录。如果贷方发生额是注销坏账，或者直到审计时所欠货款仍未收回，就必须详细追查至相应的发运凭证和客户订货单等，以查明是否存在虚构销售业务。

（3）通常的做法是以主营业务收入明细账中会计分录为起点，将所选择的交易业务的合计数与应收账款明细账的销售发票存根进行比较核对。销售发票存根上所列的单价，通常还要与经过批准的商品价目表进行比较、核对。另外，往往还要审核顾客订货单和销售单中的同类数据。

第十四章　购货与付款循环审计

（一）单项选择题

1.A　2.A　3.D　4.C　5.D　6.A　7.C　8.A　9.C　10.A　11.A　12.A　13.D　14.C　15.A

（二）多项选择题

1.BCDE　2.BD　3.BCD　4.ACD　5.ABCD　6.ABC　7.BC　8.ABC　9.ABCD　10.ABC　11.ABCD　12.AB　13.ABCD　14.BD　15.ABCD

（三）判断题

1.√　2.√　3.×　4.√　5.×　6.×　7.√　8.×　9.√　10.√　11.√　12.×　13.×　14.×　15.√

（四）分析题

1.（1）该审计人员应选择B公司和D公司进行应付账款余额的函证。因为函证客户的应付账款，应选择那些可能存在较大余额或并非在会计决算日有较大余额的债权人。函证的目的在于查实有无未入账负债，而不在于验证具有较大年末余额的债务。本年度H公司从B、D两家公司采购了大量商品，存在漏记负债业务的可能性更大。

（2）该审计人员应选择C公司和D公司作为应收账款的函证对象。因为函证应收账款的目的在于验证各期期末余额的准确性，防止客户多计应收账款，夸大资产。C公司和D公司在会计决算日欠客户货款最多，因而高估的风险最大。

2.注册会计师A和B查找未入账应付账款的审计程序如下：

（1）检查红光公司在资产负债表日未处理的不相符购货发票及有材料入库凭证但未收到购货发票的经济业务。

（2）检查红光公司在资产负债表日后收到的购货发票，确认其入账时间是否正确。

（3）检查红光公司在资产负债表日后应付账款明细账贷方发生额的相应凭证，确认其入账时间是否正确。

3.“应付账款——开富化工厂”明细账可能存在的问题有：

（1）该公司与开富化工厂在业务上有纠纷，故拒付货款。

（2）该公司故意拖欠货款，占有开富化工厂的资金。

（3）可能是记账差错。

要查明事实真相，应该进行进一步的审查，方法是采用面询或函证的方法对开富化工厂进行调查。针对不同的情况，作出不同的处理：若是纠纷，双方协商解决；若是故意拖欠，应尽快归还欠款；若是记账错误，则应及时加以更正。

4.由于B公司获得了A公司转让的股份，所以本笔交易可能属于关联方交易，审计人员应特别警惕。概括地讲，该项固定资产（房屋）的成本不能被简单地认定为2 400 000元。首先，审计人员应取得该房屋的建筑工程记录，仔细核对相关的成本费用，包括原材料、人工和制造费用的附件凭证；其次，审计人员应调查建筑行业正常利润率，进一步准确确定工程价值；再次，审核抵押贷款合同及附件，因为该借款也许代表全部房屋建筑成本；最后，应请资产评估机构确定该房屋的现值。经过上述程序后，审计人员取得房屋建筑成本、正常利润和现值（重置成本）的有关凭证，如建筑成本和正常利润之和超过重置成本，则必须以重置成本为评价依据。

5.11月份购入设备一台，原值20 000元，已安装完工交付使用；11月份融资租入一台设备投入车间使用，入账价值10 000元。两者从12月份开始均应计提折旧。

11月份交外单位修理设备一台，原值50 000元。大修设备不应计提折旧，因此12月份不应增加计提折旧。

11月份对一台设备进行技术改造，当月交付使用，该设备原值为200 000元，技术改造支出为50 000元，变价收入为20 000元，12月份应调整账面价值计提折旧。

该企业12月份应计提折旧额=12 000+（20 000+10 000+200 000+50 000−20 000）×6%÷12

=13 300（元）

A企业多计提折旧额=21 000-13 300=7 700（元）

调整分录为：

借：累计折旧　　7 700

　贷：制造费用　　7 700

6.能够实现每一审计目标的一项最佳审计程序见表14-6。

表14-6　　选项表

审计目标	（1）	（2）	（3）	（4）	（5）	（6）	（7）
审计程序	B	E	C	F	D	G	B

7.本表中可能存在两处不合理：一是“累计折旧——土地”的本年增加数为15万元，这与国家规定土地不计提折旧的要求相悖；二是“固定资产原价——房屋及建筑物”的本年减少数为21万元，小于“累计折旧——房屋及建筑物”的本年减少数（31万元），根据会计核算的基本原理，考虑固定资产净残值率这一因素，即便这些减少的房屋及建筑物已提足折旧，其累计折旧数也应小于相应的固定资产原价。

第十五章　生产与薪酬循环审计

（一）单项选择题

1.A　2.D　3.C　4.A　5.C　6.C　7.B　8.B　9.D　10.C　11.B　12.D　13.B　14.C　15.A

（二）多项选择题

1.ABCD　2.ABCD　3.BC　4.BD　5.ABD　6.BD　7.ABCD　8.ABCD　9.ABCD　10.ABCD　11.ABCD　12.ABCD　13.ABCD　14.ABD　15.ABC

（三）判断题

1.×　2.×　3.√　4.√　5.√　6.√　7.√　8.√　9.×　10.×　11.√　12.√　13.×　14.×　15.×

（四）分析题

1.（1）对期末存货进行监盘。

（2）对期末存货进行截止测试。

（3）向B公司进行函证。

（4）向管理层询问，审阅相关合同与信函，并向B公司进行函证。

（5）进行存货计价测试。

2.（1）不妥当。为了有效实施存货监盘，注册会计师应与被审计单位就有关问题达成一致意见，但注册会计师应尽可能避免被审计单位了解自己将抽取测试的存货项目。

（2）不妥当。对所有权不属于被审计单位的存货，注册会计师应当取得关于其规格、数量等有关资料，确定是否已分别存放、标明，且未纳入盘点的范围。此外，注册会计师还应向受托代存存货的所有权人函证，确定受托代存的存货属于所有权人。

（3）不妥当。在检查时，注册会计师应当从存货盘点记录中选取项目追查至存货实物，以测试盘点记录的准确性；注册会计师还应该从存货实物中选取项目追查至盘点记录，以测试存货盘点记录的完整性。

（4）不妥当。尽管盘点存货的时候最好保持存货不发生移动，但在某些情况下，存货的移动是难以避免的。如果在盘点过程中被审计单位的生产经营仍将持续进行，注册会计师应通过实施必要的检查程序，确定被审计单位是否对此设置了相应的程序，确保在适当的期间对存货作出准确记录。所以，注册会计师应当尽量避免被审计单位停产，采用恰当的方法进行监盘。

（5）不妥当。如果存货已作质押，助理人员应当向保险公司函证与被质押的存货有关的内容，取得书面证据，必要时到保险公司实施存货监盘程序。

3.（1）注册会计师应该建议A公司把代管和自身的存货单独摆放，并关注A公司是否未将代管存货纳入盘点范围。

（2）重新计算存货明细账余额，重新盘点存货，确定差异是否存在；查明差异原因，实施包括函证、检查出库单和入库单等程序，并及时提请被审计单位更正，做到账实相符。

（3）注册会计师应建议被审计单位对废品与毁损品进行盘点，并关注其品质状况。

（4）由于存货性质原因，注册会计师应建议被审计单位将存货妥善保管于符合标准的仓库内，若被审计单位不具备实物条件，应考虑将存货寄存于临近的其他公司仓库内。

（5）检查与销售有关的凭证、存货盘点表，确认销售是否实现以及装运出库存货是否被纳入存货盘点表。

4.（1）审计方法：首先检查“生产成本”、“原材料”和“材料成本差异”等明细账，抽查甲材料购进、领用的原始凭证以及发出材料汇总表等，验算领用材料应负担的成本差异。

（2）存在的问题：

验算领用材料应负担的成本差异：

$$材料成本差异率=\frac{10\ 800+(2\ 356\ 800-2\ 400\ 000)}{300\ 000+2\ 400\ 000}\times100\%=-1.2\%$$

发出材料应负担的成本差异=480 000×（−1.2%）=−5 760（元）

通过计算可以发现，企业多转了发出材料应负担的成本差异−15 360元（−5 760−9 600）。

（3）建议企业作如下调整：

借：生产成本　　15 360

　贷：材料成本差异　　15 360

5.在工资发放中，销售科长吃空额的可能性非常大，也就是说，由销售科长代领工资的人员可能根本不存在，而这笔工资款被销售科长侵吞了。

造成这种情况的原因是内部控制的严重缺陷。被审计单位没有为临时销售人员建立人事记录，财务部门不对人员工资进行复核，只凭临时销售人员在工资结算单上签字是不足以起到控制作用的。

对被审计单位的这一部分内部控制措施提出如下几点改进建议：

（1）由销售部门和人事部门共同负责录用临时销售人员，人事部门为每个人建立人事记录，临时销售人员离职应由销售部门及时通知人事部门，人事部门每月向财会部门报送一份临时销售人员名单。

（2）取消人均工资800元的发放方法，改为按销售量提成的方式。每月由临时销售人员在销售量统计表上签名，销售部门再按产品分类汇总编制销售量统计表（公司所售产品的品种不多），同时交财会部门与有关记录核对。

（3）每月由销售部门计算临时销售人员工资，送交财会部门审核，与销售量统计核对，并验算提成工资计算的正确性。

第十六章　筹资与投资循环审计

(一) 单项选择题

1.C　2.C　3.A　4.B　5.D　6.B　7.D　8.A　9.B　10.C

(二) 多项选择题

1.ABC　2.ACD　3.BC　4.ABCD　5.AD　6.ABD　7.AB　8.ABD　9.BCD　10.ABCD

(三) 判断题

1.×　2.√　3.×　4.×　5.√　6.√　7.√　8.×　9.×　10.√

(四) 分析题

(1) 存在的问题：根据企业会计准则，作为交易性金融资产的股票，在购买时支付交易费用应记入“投资收益”科目；年末对该股票按公允价值调整时，产生的收益应记入“公允价值变动损益”科目。

(2) 审计建议：注册会计师应建议该公司调整会计处理。

(3) 调整分录。

①调整投资收益和财务费用：

借：投资收益　　2 000

　贷：财务费用　　2 000

②调整资本公积和公允价值变动损益：

借：资本公积——其他资本公积　　700 000

　贷：公允价值变动损益　　700 000

同时，调整财务报表其他项目。

第十七章　货币资金审计

(一) 单项选择题

1.B　2.C　3.B　4.A　5.D　6.C　7.D　8.B　9.C　10.D

(二) 多项选择题

1.CD　2.BC　3.ABCD　4.BD　5.ACD　6.AC　7.ABCD　8.ABD　9.BCD　10.ABCD

(三) 判断题

1.√　2.√　3.√　4.×　5.×　6.√　7.×　8.×　9.√　10.√

（四）分析题

（1）有白条抵库的情况，如王伟借款1 500元。

（2）库存现金超过库存限额30 000元的部分没有及时送存银行。

（3）现金短款3 800元。因为20×6年12月22日开出转账支票400元付给往来单位，因漏盖负责人图章，转账支票被退回，后以现金付讫，对此账面未作出处理，应调整此400元，其余短款应由出纳赔偿。

第十八章　特殊项目审计

（一）单项选择题

1.D　2.B　3.C　4.D　5.C　6.A　7.D　8.C　9.A　10.B

（二）多项选择题

1.AD　2.ABCD　3.BD　4.ABC　5.ABCD　6.ABC　7.ACD　8.BC　9.AC　10.ABCD

（三）判断题

1.×　2.√　3.√　4.×　5.√　6.√　7.√　8.×　9.√　10.√　11.×　12.√　13.×　14.×　15.×

（四）分析题

（1）在下列情况下，注册会计师应对X公司20×5年度财务报表的期初余额作出适当的审计：

①被审计单位首次接受审计。

②在上期财务报表是由前任注册会计师审计的情况下接受的审计委托，即被审计单位更换注册会计师。

对期初余额审计的目的是：

①期初余额是否包含对本期财务报表产生重大影响的错报，即期初余额中是否存在足以影响或改变财务报表使用者决策的错报。

②期初余额反映的恰当的会计政策是否在本期财务报表中得到一贯运用，或会计政策的变更是否已按照适用的财务报告框架作出恰当的会计处理和充分的列报与披露。

（2）V会计师事务所通常可通过向U会计师事务所调阅审计档案来了解期初余额情况。应了解的主要内容包括：通过协商查阅前任注册会计师的审计工作底稿，以获取有关期初余额的审计证据，并通过了解前任的专业胜任能力，判断前任会计师事务所获取证据的充分性和适当性。了解前任注册会计师对上期财务报表出具的审计意见类型。如果是非标准审计报告，应查清原因，并关注其中与本期财务报表有关的部分。

（3）如果U会计师事务所在20×4年度的审计报告中提及的保留事项对本期财务报表的影响已经消除，则V会计师事务所可对20×5年度财务报表出具无保留意见。

（4）A注册会计师不能签发X公司20×5年度财务报表的审计报告。因为A注册会计师的转所手续直至20×6年5月才办完，而V会计师事务所对X公司20×5年度财务报表的审计报告需要在20×6年4月签发，此时A注册会计师属于U会计师事务所的注册会计师，不能代表V会计师事务所签发审计报告。

第十九章　终结审计

（一）单项选择题

1.C　2.A　3.C　4.D　5.B　6.A　7.D　8.C　9.C

（二）多项选择题

1.AB　2.ABC　3.ABC　4.AC　5.BCD　6.ABCD　7.AD　8.BC　9.BCD

（三）判断题

1.×　2.√　3.×　4.√　5.√　6.√　7.√　8.×　9.√　10.√

（四）分析题

1.X公司于20×6年年末所作的会计处理是正确的，但在法院于20×7年年初作出终审判决、X公司已经支付了赔偿款后，该事项的不确定性已不复存在，A和B注册会计师可以建议X公司将原已记入“预计负债”科目的4 240万元调整记入“其他应付款”科目。调整分录如下：

借：预计负债　　　　42 400 000

　贷：其他应付款——××银行　　　　42 400 000

（注：上述调整分录不影响X公司20×6年度的利润总额，注册会计师可以不向X公司提出该调整建议）

在对X公司持续经营假设的合理性存在疑虑的情况下，A和B注册会计师应建议X公司在20×6年度财务报表附注中适当披露导致对持续经营能力产生重大疑虑的事项或情况以及持续经营能力存在重大不确定性的事实，并充分披露拟采取的改善措施。

2.（1）虽然担保协议是20×4年签署的，但是担保协议并非X公司赔偿的直接根源，不应要求X公司调整20×4年度的财务报表。

（2）虽然Z银行没有于20×6年年底以前就担保赔偿事项向法院提出诉讼，但X公司应基于K公司已无力偿还逾期借款这一事实和担保协议的规定进行财务处理：

借：营业外支出　　1 100 000

　贷：其他应付款——Z银行　　1 100 000

（3）导致X公司向Z银行支付赔偿款的直接根源在于20×6年K公司无力偿还借款。注册会计师应提请X公司调整20×6年度财务报表。调整分录为：

借：营业外支出　　1 100 000

　贷：其他应付款——Z银行　　1 100 000

第二十章　财务报表审阅和其他鉴证业务

（一）单项选择题

1.A　2.B　3.C

（二）多项选择题

1.ABC　2.ABD　3.ABCD　4.ABC　5.ABD　6.ABCD

（三）判断题

1.√　2.√　3.×　4.×　5.√　6.×　7.√　8.×　9.√　10.√

（四）分析题

该审阅报告存在三处错误：（1）范围段中的“合理保证”应改为“有限保证”；（2）范围段中的“审阅包括询问公司有关人员和对财务数据实施分析程序以及其他审计程序”应改为“审阅主要限于询问公司有关人员和对财务数据实施分析程序”；（3）意见段中的“根据我们的审阅，我们相信ABC公司财务报表按照企业会计准则的规定编制，在所有重大方面公允反映了被审阅单位的财务状况、经营成果和现金流量”应改为“根据我们的审阅，我们没有注意到任何事项使我们相信财务报表没有按照企业会计准则的规定编制，未能在所有重大方面公允反映被审阅单位的财务状况、经营成果和现金流量”。

修改后的审阅报告如下：

审阅报告
ABC股份有限公司全体股东： 我们审阅了后附的ABC股份有限公司（以下简称ABC公司）财务报表，包括20×6年12月31日的资产负债表，20×6年度的利润表、所有者权益（或股东权益）变动表和现金流量表及财务报表附注。这些财务报表的编制是ABC公司管理层的责任，我们的责任是在实施审阅工作的基础上对这些财务报表出具审阅报告。 我们按照《中国注册会计师审阅准则第2101号——财务报表审阅》的规定执行了审阅业务。该准则要求我们计划和实施审阅工作，以对财务报表是否不存在重大错报获取有限保证。审阅主要限于询问公司有关人员和对财务数据实施分析程序，提供的保证程度低于审计。我们没有实施审计，因而不发表审计意见。 根据我们的审阅，我们没有注意到任何事项使我们相信财务报表没有按照企业会计准则的规定编制，未能在所有重大方面公允反映被审阅单位的财务状况、经营成果和现金流量。 明泽会计师事务所（盖章） 中国注册会计师：×××（签名并盖章） 中国注册会计师：×××（签名并盖章） 地址：中国大连市　　报告日期：20×7年4月10日

第二十一章　相关服务

（一）单项选择题

1.A　2.A　3.D　4.D　5.A　6.D　7.C

（二）多项选择题

1.BCD　2.ABCD　3.ABCD　4.CD

第二十二章　其他类型的审计

（一）单项选择题

1.B　2.B　3.A　4.C　5.D　6.B　7.A　8.C

（二）多项选择题

1.ABC　2.ABCD　3.BCD　4.ABCD　5.ABCD　6.ABC　7.BD　8.AC

（三）判断题

1.√　2.×　3.√　4.√　5.√　6.×　7.√　8.×　9.√　10.×　11.√　12.×　13.×　14.×

（四）分析题

略。

附录二 《审计》模拟试题一

一、单项选择题（在下列每小题的备选答案中，只有一个符合题意的正确答案。请将你选定的答案字母填入题后的括号中。本类题共20个小题，每小题1分，共20分。多选、错选、不选均不得分）

1.关于审计的分类可以从不同角度加以考察，以下对审计的分类不恰当的是（　　）。

A.审计按主体不同，分为国家审计、内部审计和注册会计师审计

B.审计按范围不同，分为合理保证审计和有限保证审计

C.审计按内容不同，分为财务报表审计、经营审计和合规审计

D.审计按与被审计单位关系不同，分为内部审计和外部审计

2.注册会计师执行的下列业务中，不属于鉴证业务的是（　　）。

A.验资　　B.财务报表审阅

C.对财务信息执行商定程序　　D.预测性财务信息审核

3.一般情况下，因违约和过失可能使注册会计师承担的法律责任是（　　）。

A.民事责任和行政责任　　B.刑事责任

C.民事责任　　D.行政责任和刑事责任

4.下列关于审计风险的说法中，不恰当的是（　　）。

A.审计风险是指财务报表存在重大错报而注册会计师发表不恰当意见的可能性

B.审计风险取决于重大错报风险和检查风险

C.在审计业务中，可接受的审计风险越低，已审计财务报表不含有重大错报的保证程度越高

D.审计失败对会计师事务所造成的损失越大，可接受的审计风险越高

5.在确定审计证据的数量是否充分时，下列表述中错误的

是（　　）。

A.重大错报风险越大，需要的审计证据越多

B.审计证据质量越高，需要的审计证据越少

C.审计证据的质量缺陷，无法通过获取更多的审计证据予以弥补

D.确定的重要性水平越高，所需获取的审计证据数量越多

6.盘点有形资产可以为（　　）认定提供可靠的审计证据，但不一定能够为权利和义务或计价认定提供可靠的审计证据。

A.存在　　　　B.完整性

C.可理解性　　　　D.计价和分摊

7.在下列各项中，不属于内部控制要素的是（　　）。

A.控制制度　　　　B.控制活动

C.对控制的监督　　　　D.控制环境

8.下列关于财务报表层次重大错报风险的说法不正确的是（　　）。

A.通常与控制环境有关

B.与财务报表整体存在广泛联系

C.可能影响多项认定

D.可以直接界定于某类交易、账户余额、列报的具体认定

9.在下列情形中，（　　）属于审计抽样中的信赖过度风险。

A.将实际上没有失效的内部控制推断为失效的

B.将实际上没有失效的内部控制推断为有效的

C.将实际上失效的内部控制推断为失效的

D.将实际上失效的内部控制推断为有效的

10.注册会计师从总体规模为10 000个、账面价值为3 000 000元的存货项目中选取2 000个项目（账面价值500 000元）进行检查，确定其审定金额为505 000元。如果采用差额估计抽样，A注册会计师推断的存货总体错报为（　　）元。

A.5 000　　　　B.30 000

C.25 000　　　　D.47 500

11.会计师事务所在归档期间对审计工作底稿作出的变动属于事务性的。注册会计师实施的以下工作中不恰当的是（　　）。

A.删除或废弃部分工作底稿

B.对审计工作底稿进行分类、整理和交叉索引

C.对审计档案规整工作的完成核对表签字认可

D.记录在审计报告日前获取的适当的审计证据

12.在对资产“存在”认定获取审计证据时，正确的测试方向是（　　）。

A.从会计记录到支持性证据　　B.从会计记录到财务报表

C.从财务报表到会计记录　　D.从支持性证据到会计记录

13.在下列情形中，会因密切关系对注册会计师执业产生不利影响的情况有（　　）。

A.会计师事务所为客户编制原始数据，这些数据构成鉴证业务的对象

B.会计师事务所的收入过分依赖某一客户

C.客户的某位董事最近曾担任会计师事务所的项目合伙人

D.在鉴证客户与第三方发生诉讼或纠纷时，注册会计师担任该客户的辩护人

14.如果会计师事务所采取维护独立性的措施不足以消除对独立性的不利影响或将其降至可接受水平，会计师事务所应当采取的措施是（　　）。

A.以或有收费形式收取审计费用

B.出具非标准审计报告

C.将该成员调离审计项目组

D.拒绝承担该项审计业务或终止业务约定

15.以下关于管理层、治理层和注册会计师对财务报表审计责任的表达不恰当的是（　　）。

A.管理层和治理层对编制财务报表承担完全责任

B.注册会计师对财务报表的编制不承担责任

C.注册会计师审计后如果财务报表存在重大错报，其应承担完全责任

D.如果审计后的财务报表存在重大错报，则管理层和治理层承担编制责任，注册会计师承担审计责任

16.注册会计师在控制测试确定样本规模时，没有必要考虑的因素

有（　　）。

A.可接受的信赖过度风险　　　B.总体变异性

C.预计总体偏差率　　　　　　D.可容忍偏差率

17.为了证实被审计单位销售业务的记录是否及时，注册会计师应将（　　）两项的日期进行核对，看二者是否相近是最有效的。

A.发运凭证与销售发票

B.销售订单与发运凭证

C.发运凭证与营业收入明细账

D.销售订单与营业收入明细账

18.如果将与存货相关的内部控制评估为高风险，那么注册会计师可能采取的措施是（　　）。

A.减少与存货相关的内部控制测试范围

B.要求公司在期末实施存货盘点

C.在期末前实施存货监盘程序，不再测试盘点日至期末发生的存货交易

D.检查购货、生产、销售的记录和凭证，以确定期末存货的余额

19.注册会计师在审计应付债券时，如果被审计单位应付债券业务不多，则可直接进行（　　）。

A.内部控制调查　　　　　　B.控制测试

C.实质性程序　　　　　　　D.穿行测试

20.针对下列与库存现金相关的内部控制，注册会计师应提出的改进建议是（　　）。

A.每日记录库存现金收入并定期向客户寄送对账单

B.登记库存现金日记账及总账的职责与现金出纳职责由一专人担任

C.现金折扣需经过适当审批

D.每日盘点库存现金并与账面金额核对

二、多项选择题（在下列每小题的备选答案中，有两个或两个以上符合题意的正确答案。请将你选定的答案字母按顺序填入题后的括号中。本类题共10个小题，每小题2分，共20分。多选、少选、错选、不选均不得分）

1.下列关于注册会计师审计的产生和发展，正确的说法有（　　）。

A.注册会计师审计是商品经济发展到一定阶段的产物

B.注册会计师审计具有独立、客观、公正的特征

C.注册会计师审计产生的直接原因是所有权和经营权的分离

D.现代社会注册会计师的审计就是对股东负责

2.以下关于财务报表审计定义的理解，恰当的有（　　）。

A.审计是一个系统化的过程

B.审计最终是对财务报表的合法性与公允性提出审计报告

C.审计的核心工作是对认定与既定标准是否相符获取、评价审计证据

D.审计工作的主要目的是对被审计财务报表是否存在重大错报形成审计意见

3.会计师事务所在承办具体鉴证业务时维护独立性的措施主要包括（　　）。

A.定期轮换项目负责人及签字注册会计师

B.安排鉴证小组以外的注册会计师进行复核

C.与鉴证客户的审计委员会或监事会讨论独立性的问题

D.将独立性受到损害的鉴证小组成员调离鉴证小组

4.下列说法中正确的有（　　）。

A.审计风险越低，重要性水平越高

B.重要性水平越低，应当获取的审计证据越多

C.审计风险越高，重要性水平越高

D.重要性水平和审计证据之间无联系

5.下列关于审计工作底稿的归档期限，正确的有（　　）。

A.审计报告日后60天内　　B.资产负债表日后60天内

C.审计业务中止后的60天内　　D.财务报表报出日后60天内

6.审计抽样应当具备的特征有（　　）。

A.对某类交易或账户余额中低于100%的项目实施审计程序

B.审计测试的目的是评价该账户余额或交易类型的某一特征

C.抽样风险的最理想值是0

D.所有抽样单元都有被选取的机会

7.在确定进一步审计程序的时间时，注册会计师应当考虑的主要因

素有（　　）。

A.评估的认定层次重大错报风险

B.控制环境

C.错报风险的性质

D.审计证据适用的期间或时点

8.下列关于重要性的理解，恰当的是（　　）。

A.在判断一项错报对财务报表使用者是否重大时，有时需要考虑个别特定使用者的需求

B.如果财务报表中的某项错报足以改变或是影响报表使用者的决策，则该错报就是重要的

C.对重要性的判断离不开具体环境

D.在任何情况下，金额大的错报都比金额小的错报重要

9.职业道德概念框架的目的在于为会员提供解决职业道德问题的思路，下列说法恰当的有（　　）。

A.会员在评价不利影响的重要程度时，不考虑不利影响的数量和性质因素

B.会员应该识别对遵循职业道德基本原则的不利影响

C.会员应该评价以及识别不利影响的重要程度

D.会员应该采取必要的防范措施消除不利影响或将其降到可接受的水平

10.注册会计师进行变更验资的情况主要包括（　　）。

A.新投入资本　　B.以资本公积转增资本

C.吸收合并变更注册资本　　D.被审验单位整体改制

三、判断题（本类题共10小题，每小题1分，共10分。请将你的判断结果填入题后的括号中。你认为正确的，填“√”；你认为错误的，填“×”。每小题判断结果符合标准答案的得1分）

1.当注册会计师选择综合型方案时，注册会计师没有必要对所有重大的各类交易、账户余额、列报设计实施实质性程序。（　　）

2.根据审计风险模型可知，注册会计师可以通过实施审计程序控制重大错报风险。（　　）

3.重要性的概念是基于成本效益原则的要求产生的。（　　）

4.在对被审计单位进行审计时，其中了解被审计单位及其环境不是可有可无的程序，而是必须实施的程序。（　）

5.如果注册会计师未能完成审计业务，会计师事务所应当自审计业务中止日起，对审计工作底稿至少保存10年。（　）

6.如果会计师事务所的高级管理人员加入审计客户担任董事或高级管理人员，则应将其调离该项目组以维护独立性。（　）

7.12月底入账的发票如果附有12月31日之前的验收报告，则货物应该包括在本年的实地盘点范围之内。（　）

8.如果认为预测性财务信息的列报不恰当，注册会计师应当对预测性财务信息出具保留或者否定意见的审核报告，或解除业务约定。（　）

9.在货币资金的内部控制中，由于企业规模较小，单位可以允许由一人办理货币资金业务的全过程。（　）

10.在审计过程中，若注册会计师怀疑其所注意到的违反法规行为涉及高级管理人员，注册会计师应当及时和被审计单位的相关高级管理人员进行沟通。（　）

四、综合题（本类题共4小题，第1题10分，第2题10分，第3题15分，第4题15分，共50分。计算结果出现小数的，除特殊要求外，均保留小数点后两位。凡要求解释、分析、说明理由的内容，必须有相应的文字阐述）

1.简述注册会计师针对评估的财务报表层次重大错报风险确定的总体应对措施。若被审计单位的财务报表层次重大错报风险被评估为高水平，注册会计师拟实施进一步审计程序的总体方案通常更倾向于何种方案？要求对此方案进行简要阐述。

2.某公司主要从事电子消费品的生产和销售，产品销售以某仓库为交货地点，某公司日常交易采用自动化信息系统（以下简称系统）和手工控制相结合的方式进行。某公司产品主要销售给国内各主要城市的电子消费品经销商。甲和乙注册会计师负责审计某公司20×6年度财务报表。甲和乙注册会计师首先对某公司的内部控制情况进行了解，得知如下情况：

（1）被审计单位的财会人员对编制财务报表所适用的会计准则和相

关会计制度有足够的了解并能正确运用，主要管理人员和其他相关人员能够胜任承担的工作。

（2）被审计单位在一定的时间内以一定的形式确定、收集和交换信息，从而使员工能够行使责任。

（3）被审计单位于当年年初购买了一套新的信息管理系统，该系统与原系统相比具有很大的变化，相关的操作和技术术语均有很大的不同，需要进行很长时间的员工培训才能达到使用要求。针对该情况，管理层并未采取及时、有效的解决办法。

（4）被审计单位在开具账单过程中建立了如下两项控制程序：应根据已授权批准的价格编制销售发票；独立检查销售发票计价和计算的正确性。

（5）被审计单位设立专门职位对大额销售业务的相关原始凭证以及会计记录进行核对。

要求：

（1）指出第（1）～（5）项分别描述的是内部控制的哪些要素？

（2）指出第（1）～（5）项分别影响哪个层次的认定。如果认为影响财务报表层次重大错报风险，“项目和认定”一栏填“无”；如果是认定层次，请指出涉及哪个项目的哪个认定。请将答案填入表1。

表1　**项目认定表**

项目	财务报表层次/认定层次	项目和认定
（1）		
（2）		
（3）		
（4）		
（5）		

3.某注册会计师20×7年3月份完成了对A公司20×6年度财务报表的审计工作。该公司的资产总额500万元，利润总额100万元。该注册会计师确定的财务报表层次的重要性水平为100万元。在审计中，注册会计师发现如下情况：

（1）20×6年12月末，A公司被控侵犯专利权，对方要求收取专利使用费以及罚款200万元，公司已提出辩护，此案正在审理中，最终结果无法确定。

（2）20×7年2月份，A公司的某一仓库发生火灾，保险公司和A公司正在核定损失，该项存货经初步估计在300万元左右，A公司拒绝在财务报表附注中披露该事项及其影响。

（3）A公司存货约占资产总额的50%，因为位置和性质特殊，注册会计师无法实施监盘，且无法实施相应的替代审计程序。

（4）A公司的应收账款总额为400万元，对于其中的270万元应收账款，注册会计师没有收到函证回函。同时，由于A公司缺少相应的原始凭证，注册会计师也没有办法对此实施相应的替代审计程序。

（5）注册会计师在阅读A公司的其他信息时，发现与已审计的20×6年度财务报表存在重大不一致。注册会计师确定需要修改已审计的财务报表，但遭到A公司管理层的拒绝，此时审计报告已提交给被审计单位。

要求：逐项分析上述5种情况，分别对每种情况指出应出具的审计报告的类型，并简要说明理由。

4.甲注册会计师制订了对某公司存货的监盘计划，由助理人员实施监盘工作。

请判断下面有关监盘计划和监盘工作有无不妥之处。若有，请予以更正。

（1）注册会计师在制订存货监盘计划时，应与某公司沟通，确定检查的重点。

（2）对外单位存放于某公司的存货，注册会计师未要求纳入盘点的范围，助理人员也未实施其他审计程序。

（3）在检查存货盘点结果时，助理人员从存货实物中选取项目追查至存货盘点记录，目的是测试存货盘点记录的真实性。

（4）虽然年度前后是销售旺季，但为进行盘点和监盘，注册会计师要求生产产品的生产线停产。

（5）该公司的一批重要存货已被保险公司质押，助理人员通过电话询问了其真实性。

《审计》模拟试题一参考答案

一、单项选择题

1.B　2.C　3.A　4.D　5.D　6.A　7.A　8.D　9.D　10.B　11.A　12.A　13.C　14.D　15.C　16.B　17.C　18.B　19.C　20.B

二、多项选择题

1.ABC　2.ABC　3.ABCD　4.AB　5.AC　6.ABD　7.ABCD　8.BC　9.BCD　10.ABCD

三、判断题

1.×　2.×　3.√　4.√　5.√　6.×　7.√　8.√　9.×　10.×

四、综合题

1.答案：

（1）①向项目组强调在收集和评价审计证据的过程中保持职业怀疑态度的必要性。（1分）

②分派更有经验或具有特殊技能的注册会计师，或利用专家的工作。（1分）

③提供更多的督导。（1分）

④在选择进一步审计程序时，应注意使某些程序不被被审计单位管理层预见或事先了解，或者提高审计程序的不可预见性。（1分）

⑤对拟实施审计程序的性质、时间和范围作出总体修改。（1分）

（2）实质性方案（1分）

①执行方案主要采用实质性程序。（1分）

②实质性程序是指注册会计师对评估的重大错报风险实施的直接用以发现认定层次重大错报的审计程序。（1分）

③实质性程序包括对各类交易、账户余额、列报的细节测试，以及实质性分析程序。（2分）

2.答案：

（1）评分说明：本题每点1分。

①控制环境。

②控制环境。

③风险评估程序。

④控制活动。

⑤控制活动。

（2）答案见表2。评分说明：本题每空0.5分。

表2 项目认定表

项目	财务报表层次/认定层次	项目和认定
(1)	财务报表层次	无
(2)	财务报表层次	无
(3)	财务报表层次	无
(4)	认定层次	应收账款/计价和分摊
(5)	财务报表层次	无

3.答案：

（1）带强调事项段的无保留意见。(1分)

理由：因为此案最终结果无法确定，所以该事项属于重大不确定事项。(2分)

（2）保留意见。(1分)

理由：该事项属于资产负债表日后非调整事项，其损失金额巨大，超过了设定的重要性水平，且被审计单位拒绝就此事项进行披露，因此应出具保留意见。(2分)

（3）无法表示意见。(1分)

理由：审计范围受到重大限制。(2分)

（4）无法表示意见。(1分)

理由：审计范围受到重大限制，且应收账款科目性质重要，涉及金额远超过了重要性水平。(2分)

（5）保留意见或否定意见。(1分)

理由：在阅读其他信息发现重大不一致时，若需修改已审计的财务

报表而被审计单位拒绝的，应根据具体情况出具保留或否定意见的审计报告。(2分)

4.答案：

(1) 不妥当。(1分)

为了有效实施存货监盘，注册会计师应与被审计单位就有关问题达成一致意见，但注册会计师应尽可能避免被审计单位了解自己将抽取测试的存货项目。(2分)

(2) 不妥当。(1分)

对所有权不属于被审计单位的存货，注册会计师应当取得其规格、数量等有关资料，确定是否已分别存放、标明，且未被纳入盘点的范围。此外，注册会计师还应向受托代存存货的所有权人函证，确定受托代存的存货属于所有权人。(2分)

(3) 不妥当。(1分)

在检查时，注册会计师应当从存货盘点记录中选取项目追查至存货实物，以测试盘点记录的准确性；还应该从存货实物中选取项目追查至盘点记录，以测试存货盘点记录的完整性。(2分)

(4) 不妥当。(1分)

尽管盘点存货的时候最好保持存货不发生移动，但在某些情况下存货的移动是难以避免的。如果在盘点过程中被审计单位的生产经营仍将持续进行，注册会计师应通过实施必要的检查程序，确定被审计单位是否对此设置了相应的程序，确保在适当的期间对存货作出准确记录。所以，注册会计师应当尽量避免被审计单位停产，采用恰当的方法进行监盘。(2分)

(5) 不妥当。(1分)

如果存货已作质押，助理人员应当向保险公司函证与被质押的存货有关的内容，取得书面证据，必要时到保险公司实施存货监盘程序。(2分)

附录三 《审计》模拟试题二

一、单项选择题（在下列每小题的备选答案中，只有一个符合题意的正确答案。请将你选定的答案字母填入题后的括号中。本类题共20个小题，每小题1分，共20分。多选、错选、不选均不得分）

1.下列关于审计监督体系的表述中，恰当的是（　　）。

A.国家审计是独立性最弱的审计

B.内部审计是注册会计师的审计基础

C.注册会计师审计的审计意见旨在提高财务报表的可信赖程度

D.财务报表的合法性是财务报表使用者最为关心的问题

2.注册会计师在对上市公司的财务报表进行审计时，一般会将“发生”认定作为重点证明的认定项目是（　　）。

A.应付账款　　B.营业收入

C.预收账款　　D.预付账款

3.关于审计风险模型，其各要素的下列说法中，不正确的是（　　）。

A.审计风险是注册会计师预先设定的

B.审计风险是注册会计师审计前面临的

C.重大错报风险是评估的

D.对于检查风险，注册会计师可以通过实施实质性程序予以控制

4.在确定审计证据的相关性时，下列表述中错误的是（　　）。

A.特定的审计程序可能只为某些认定提供相关的审计证据，而与其他认定无关

B.针对某项认定，从不同来源获取的审计证据之间存在矛盾，表明审计证据不存在说服力

C.只与特定认定相关的审计证据并不能替代与其他认定相关的审计证据

D.针对同一项认定，可以从不同来源获取审计证据或获取不同性

质的审计证据

5.以下关于审计工作底稿的描述，正确的是（　　）。

A.审计工作底稿只能以纸质形式存在

B.审计工作底稿一经归档就不能修改

C.以电子形式存在的审计工作底稿不需要进行归档

D.审计工作底稿可以以纸质、电子和其他介质形式共存

6.为了获得有关控制设计和执行的审计证据，注册会计师通常采用的审计程序不包括（　　）。

A.对应收账款进行函证　　B.观察特定控制的运用

C.询问被审计单位的人员　　D.检查文件、报告

7.注册会计师在对应收账款进行审计的时候，通过比较商品价目表与发票上的价格、发货单与销售订购单上的数量是否一致，重新计算发票上的金额，这些程序可以证明的认定是（　　）。

A.发生　　B.计价和分摊

C.完整性　　D.截止

8.在下列情形中，（　　）属于审计抽样中的误拒风险。

A.将实际上没有失效的内部控制推断为失效的

B.将实际上没有失效的内部控制推断为有效的

C.将实际上失效的内部控制推断为失效的

D.将实际上失效的内部控制推断为有效的

9.A注册会计师从总体规模为1 000个、账面价值为420 000元的存货项目中选取300个项目（账面价值60 000元）进行检查，确定其审定金额为60 500元。如果采用比率估计抽样，A注册会计师推断的存货总体错报为（　　）元。

A.1 500　　B.2 500

C.3 500　　D.3 000

10.在下列各项中，与丙公司财务报表层次重大错报风险评估最相关的是（　　）。

A.丙公司应收账款周转率呈明显下降趋势

B.丙公司库存大量技术含量高的存货

C.丙公司的生产成本计算过程相当复杂

D.丙公司控制环境薄弱

11.为了证实已发生的销售业务是否均已登记入账，最有效的做法是（　　）。

A.只审查销售日记账

B.由日记账追查至有关原始凭证

C.只审查有关原始凭证

D.由有关原始凭证追查至日记账

12.在下列情况中，因过度推荐而对注册会计师执业产生不利情况的是（　　）。

A.在评价其所在的会计师事务所的人员以前提供专业服务的结果时，注册会计师发现重大错误

B.会计师事务所为鉴证客户提供的其他服务，直接影响鉴证服务中的鉴证对象信息

C.会计师事务所推介客户的股份

D.客户的高级财务经理最近曾是会计师事务所的合伙人

13.在注册会计师执业的下列业务中，保证程度最高的是（　　）。

A.上市公司年度财务报表审计

B.财务报表审阅

C.预测性财务信息审核

D.对财务信息执行商定程序

14.如果注册会计师将资产负债表日前适当日期当作函证截止日，则说明注册会计师评估的重大错报风险为（　　）。

A.低水平　　　　B.中等水平

C.高水平　　　　D.无法应对风险

15.注册会计师负责对甲公司的财务报表进行审计，在对应收账款实施函证程序时，针对下列方面，难以获取有效审计证据的是（　　）。

A.应收账款的真实性

B.应收账款的可变现净值

C.应收账款金额的准确性

D.应收账款是否归属于甲公司

16.注册会计师为了证实被审计单位营业收入的完整性认定，下列

程序中，最有效的是（　　）。

A.从主营业务收入明细账追查到销售发票

B.从销售发票追查到发运凭证

C.从销售发票追查到主营业务收入明细账

D.从发运凭证追查到销售发票和主营业务收入明细账

17.注册会计师在设计与存货项目相关的审计程序时，确定以下审计策略，不正确的是（　　）。

A.对单位价值较高的存货，以实施实质性程序为主

B.对由少数项目构成的存货，以实施实质性程序为主

C.对单位价值较高的存货，以实施控制测试为主

D.在实施实质性测试程序时，抽查存货的范围取决于存货的性质和样本选择方法

18.在下列各项措施中，最有可能防止员工挪用现金收入的内部控制是（　　）。

A.库存现金收取与应收账款过账之间职责分离

B.坏账冲销直接由主管授权，不经过信用审批部门的批准

C.监督每日库存现金汇总表与库存现金日记账之间的核对

D.对库存现金日记账和每日库存现金汇总表实施独立的内部稽核

19.以下关于应对舞弊风险识别的表述不恰当的是（　　）。

A.如果公司管理层能够凌驾于内部控制之上，可以操纵会计记录，则使舞弊者具有了舞弊的机会

B.对财务信息作出虚假报告通常与管理层凌驾于控制之上有关，注册会计师应当特别关注

C.注册会计师实施舞弊风险评估程序的目的在于评估管理层是否可以胜任本职工作

D.注册会计师对其注意的超出正常经营过程的异常交易，应当了解其是否具有合理的商业理由

20.从注册会计师审计的发展来看，目前的审计处于（　　）阶段。

A.账项基础审计　　B.制度基础审计

C.财务基础审计　　D.风险导向审计

二、多项选择题（在下列每小题的备选答案中，有两个或两个以上符合题意的正确答案。请将你选定的答案字母按顺序填入题后的括号中。本类题共10个小题，每小题2分，共20分。多选、少选、错选、不选均不得分）

1.下列各项中，属于审计业务的有（　　）。

A.审计企业财务报表，出具审计报告

B.验证企业资本，出具验资报告

C.办理企业合并、分立、清算事宜中的审计业务，出具有关报告

D.办理法律、行政法规规定的其他审计业务，出具相应的报告

2.下列关于审计风险与审计证据的说法中，恰当的是（　　）。

A.会计师事务所在对被审计单位进行审计时，面临的审计风险与审计证据之间是同向关系，面临的风险越高，所需的审计证据越多

B.会计师事务所在对被审计单位进行审计时，面临的审计风险与审计证据之间是反向关系，面临的风险越高，所需的审计证据越少

C.会计师事务所在对被审计单位进行审计时，可接受的审计风险与审计证据之间是反向关系，可接受的风险越低，所需的审计证据越多

D.会计师事务所在对被审计单位进行审计时，可接受的审计风险与审计证据之间是同向关系，可接受的风险越低，所需的审计证据越少

3.具体审计计划包括的内容有（　　）。

A.风险评估程序

B.审计范围、时间和方向

C.计划实施的进一步审计程序

D.计划的其他审计程序

4.在了解控制环境时，注册会计师应当关注的内容有（　　）。

A.公司管理层的理念和经营风格

B.公司员工整体的道德价值观

C.公司对控制的监督

D.公司治理层相对于管理层的独立性

5.注册会计师在进行审计抽样时，在（　　）情形下，注册会计师可以考虑选取全部项目进行测试。

A.总体由少量大额项目构成

B.存在特别风险且其他方法未提供充分、适当的审计证据

C.被审计单位存在重大错报风险

D.符合成本效益原则

6.注册会计师在设计样本时，需要考虑影响样本量大小的有关事项，从而对审计抽样进行规划。在以下各项表述中，正确的有（　　）。

A.可接受的抽样风险越低，需选取的样本量越大

B.划分的层次越多，需选取的样本量越大

C.可容忍的误差越小，需选取的样本量越大

D.预期误差越小，需选取的样本量越大

7.存货通常存在较高水平的重大错报风险，影响重大错报风险的因素具体包括（　　）。

A.存货的数量和种类

B.成本计算的难易程度

C.陈旧过时的速度或损坏程度

D.注册会计师的实践经验和水平

8.在下列涉及舞弊导致的重大错报风险事项中，注册会计师应当与治理层沟通的有（　　）。

A.管理层未能恰当应对已发现的内部控制重大缺陷

B.注册会计师对被审计单位控制环境的评价，包括对管理层胜任能力和诚信的疑虑

C.注册会计师对超出正常经营过程的交易的授权恰当性的疑虑

D.注册会计师注意到的可能对财务报表信息作出虚假报告的行为

9.在注册会计师实施的下列程序中，有助于证实采购交易记录的完整性认定的有（　　）。

A.从有效的订购单追查到验收单

B.从验收单追查到采购明细账

C.从付款凭证追查到购货发票

D.从购货发票追查到采购明细账

10.针对实物资产出资，注册会计师应执行的审验程序有（　　）。

A.检查实物是否办理了交接手续

B.检查相关文件，确认出资的实物是否未设定担保

C.检查实物的交接清单是否得到出资者及被审验单位的确认

D.以资本公积、留存收益转增资本

三、判断题（本类题共10小题，每小题1分，共10分。请将判断结果填入题后的括号中。你认为正确的，填“√”；你认为错误的，填“×”。每小题判断结果符合标准答案的得1分）

1.评估的某项认定的重大错报风险水平越高，针对该认定所需获取的审计证据的相关性和可靠性要求越高，注册会计师应当考虑将实质性程序集中于期末执行。（　　）

2.在确定重要性水平时，要综合考虑各方面的影响因素，一旦确定便不能修改。（　　）

3.控制测试的目的是评价控制是否有效运行；细节测试的目的是发现认定层次的重大错报。（　　）

4.审计报告的强调事项段是指注册会计师在审计意见段之后增加的对重大事项予以强调的段落。（　　）

5.如果重大错报风险评估为高水平，则注册会计师通常以资产负债表日为截止日，在资产负债表日前适当时间内实施函证。（　　）

6.注册会计师在确定重要性水平时，需要考虑与具体项目计量相关的固有不确定性。（　　）

7.如果采购物资的验收报告为次年1月份的日期，则货物一般不会被列入年底实地盘点范围之内。（　　）

8.在货币资金的内部控制中，被审计单位在设计内部控制时“不能由一人办理货币资金业务的全过程”。（　　）

9.注册会计师注意到被审计单位存在违反法规行为，如果认为违反法规行为是故意和重大的，注册会计师应就发现的情况立即与治理层进行沟通。（　　）

10.将财务报表与相关记录相核对、检查财务报表编制过程中作出的重大会计分录和其他重大会计调整均属于控制测试。（　　）

四、综合题（本类题共4小题，第1题10分，第2题15分，第3题10分，第4题15分，共50分。计算结果出现小数的，除特殊要求外，均保留小数点后两位小数。凡要求解释、分析、说明理由的内容，必须有相应的文字阐述）

1.注册会计师应当从哪些方面了解被审计单位的内部控制？

2.A注册会计师在对X股份有限公司的财务报表进行审计时，针对应付账款项目确定了以下目标或程序：

A.应付账款明细账中没有记录属于其他应付款科目的负债业务。

B.资产负债表日前后，应付账款账户中贷方发生额的相应凭证表明应付账款入账时间正确。

C.客户当年发生的尚未偿还的应付账款均包含在资产负债表内，没有遗漏。

D.应付账款如存在借方余额，原因清楚，并作必要的重分类调整。

E.所有大额应付账款均得到债权人的回函确认。

F.以非记账本位币结算的应付账款所采用的核算汇率是正确的。

G.资产负债表日，财务报表上列示的应付账款确实属于X股份有限公司的义务。

请根据审计目标的含义，确定与上述各目标对应的审计目标名称，将审计目标代码填入表1中，并在表中“应付账款审计目标含义”一栏对各个目标进行简要解释。

表1 **资料对应表**

审计目标	应付账款审计目标代码	应付账款审计目标含义
存在		
完整性		
权利和义务		
计价和分摊		
分类和可理解性		

3.ABC会计师事务所负责对X股份有限公司20×6年度的财务报表进行审计，审计前财务报表的资产总额为5 000万元。ABC会计师事务所

委派A和B两名注册会计师共同承担X公司的审计业务。注册会计师确定的重要性水平为90万元。在对X公司进行审计的过程中，A和B注册会计师注意到以下事项：

（1）由于该公司一栋建于19年前、原值为200万元、预计使用年限为40年、已提折旧95万元的办公大楼出现裂缝，经过专家鉴定后将使用年限改为30年，决定从20×7年起改变年折旧率，该公司同意在20×6年年末报表中作相应披露。

（2）该公司全部存货占资产总额50%以上，放置于临近单位仓库内。由于此仓库倒塌，至审计时尚未清理完毕，使注册会计师不仅无法估计损失，也无法进行存货监盘。

（3）由于存货使用受到倒塌仓库的限制，正常业务受到严重影响，使即将到期的1 000万元债务的偿还存在重大不确定性。

（4）20×6年11月，该公司被控侵犯专利权，对方要求收取专利使用费以及罚款200万元，公司已提出辩护，此案正在审理中，最终结果无法确定。

（5）由于财务困难，该公司没有预付下一年度的广告费15万元。

要求：逐项分析上述5种情况，分别指出在每种情况下应出具何种类型的审计报告，并简要说明理由。

4.北京U会计师事务所接受委托对X股份有限公司20×7年度的财务报表实施审计。根据审计小组的职责分工。A注册会计师负责监盘X股份有限公司的存货。A注册会计师根据审计计划指定方式对X股份有限公司的存货盘点实施监盘程序，并已完成了对盘点过程的观察程序，现正在考虑如何在观察程序的基础上进一步实施抽查程序。

要求：请代A注册会计师就以下问题作出专业判断。

（1）在实施监盘时，可供A注册会计师选择的监盘方式有哪些？在不同的监盘方式下，对盘点结果进行抽查的目的分别是什么？

（2）在确定将要抽查的存货项目时，A注册会计师是否应当与X股份有限公司进行沟通？如未能观察到X股份有限公司对重要存货的盘点，A注册会计师应采取何种对策？

（3）对于通过实施抽查程序发现的差异，A注册会计师应如何处理？

《审计》模拟试题二参考答案

一、单项选择题

1.C　2.B　3.B　4.B　5.D　6.A　7.B　8.A　9.C　10.D　11.D　12.C　13.A　14.A　15.B　16.D　17.C　18.A　19.C　20.D

二、多项选择题

1.ABCD　2.AC　3.ACD　4.ABD　5.ABD　6.AC　7.ABC　8.ABCD　9.BD　10.ABC

三、判断题

1.√　2.×　3.√　4.√　5.×　6.×　7.√　8.√　9.√　10.×

四、综合题

1.答案:

应从以下5个方面了解被审计单位的内部控制:

(1) 控制环境。(1分)

控制环境是指对建立、加强或削弱特定政策、程序及其效率产生影响的各种因素，包括治理职能和管理职能，以及治理层和管理层对内部控制及其重要性的态度、认识和措施。(1分)

(2) 风险评估过程。(1分)

风险评估过程是指企业确认和分析与其目标实现相关的风险的过程，它形成了如何管理风险的基础。风险评估要对与按照公认会计原则编制的财务报表有关的风险进行确认、分析和管理。(1分)

(3) 信息系统与沟通。(1分)

信息系统与沟通围绕在控制活动周围，这些系统使企业的内部员工能够取得他们在执行、管理和控制企业经营过程中所需要的信息，并交换这些信息。(1分)

(4) 控制活动。(1分)

控制活动包括与授权、业绩评价、信息处理、实物控制和职责分离

等相关的活动。(1分)

(5)对控制的监督。(1分)

对控制的监督主要包括两个方面：一个是管理控制方法；另一个是内部审计。(1分)

2.答案：

见表2。

表2 资料对应表

审计目标	应付账款审计目标代码	应付账款审计目标含义
存在	E	所列的应付账款没有被高估
完整性	C	发生的应付账款均已记录
权利和义务	G	所列的应付账款确实属于公司的义务
计价和分摊	F	所列的应付账款余额均经过正确的估价和计量
分类和可理解性	D	所列应付账款均已恰当分类

3.答案：

(1)无保留意见。(1分)

理由：合理改变会计处理方法，改变了会计估计，但在报表附注中进行了充分披露。(2分)

(2)无法表示意见。(1分)

理由：审计范围受到重大限制，重大资产无法审查。(2分)

(3)带强调事项段的无保留意见。(1分)

理由：对企业是否可以持续经营产生疑虑，由于所发生事项对正常业务造成严重影响，且对巨额债务的偿还存在不确定性，所以对持续经营产生不利影响。(2分)

(4)带强调事项段的无保留意见。(1分)

理由：最终判决结果无法确定，属于重大不确定事项，需要在强调事项段中予以说明，提请报表使用者注意。(2分)

(5)无保留意见。(1分)

所涉及金额远远小于所设的重要性水平。(2分)

4.答案：

（1）监盘方式包括控制测试与实质性程序两种。在控制测试方式下，抽查的目的主要是确认X股份有限公司的盘点计划是否得到了适当执行；在实质性程序方式下，抽查的主要目的是证实X股份有限公司的存货实物总额。

（2）对于将要抽查测试的存货项目，不仅不应与X股份有限公司进行沟通，而且应尽可能避免X股份有限公司了解将要抽查测试的存货项目。如未能观察到X股份有限公司对重要存货的盘点，应要求X股份有限公司重新实施盘点或自行实施实质性盘点程序。

（3）对于抽查发现的差异，应查明原因，及时提请X股份有限公司更正。同时，应考虑潜在的错误范围和重大程度，或者要求X股份有限公司调整财务报表，或者扩大抽查范围，或者实施追加审计程序以降低审计风险，也可以要求X股份有限公司就某一特定领域或特定盘点小组的盘点范围进行重新盘点。